汽车发动机正时链传动系统开发技术

冯增铭　奚佳欣　杨金兴　著

机械工业出版社

本书介绍了汽车发动机正时链传动系统的工作原理、开发流程、设计方法、动力学建模与仿真技术，液压张紧器的工作原理、设计流程与动力学特性分析，发动机正时链条的磨损与回转疲劳试验，正时链传动系统的噪声测试及振动噪声特性分析等关键技术。本书可供高等院校及科研院所相关科研人员与研究生、汽车行业与链传动行业相关工程技术人员参考使用。

图书在版编目（CIP）数据

汽车发动机正时链传动系统开发技术/冯增铭，奚佳欣，杨金兴著 . —北京：机械工业出版社，2019.10
ISBN 978-7-111-63685-4

Ⅰ.①汽⋯ Ⅱ.①冯⋯②奚⋯③杨⋯ Ⅲ.①汽车-发动机-链传动-技术开发 Ⅳ.①U464

中国版本图书馆 CIP 数据核字（2019）第 215524 号

机械工业出版社（北京市百万庄大街 22 号 邮政编码 100037）
策划编辑：张 强 责任编辑：王 良
责任校对：李 伟
北京宝昌彩色印刷有限公司印刷
2019 年 10 月第 1 版第 1 次印刷
185mm×260mm · 17.25 印张 · 500 千字
标准书号：ISBN 978-7-111-63685-4
定价：108.00 元

电话服务 网络服务
客服电话：010-88361066 机 工 官 网：www.cmpbook.com
　　　　　010-88379833 机 工 官 博：weibo.com/cmp1952
　　　　　010-68326294 金 书 网：www.golden-book.com
封底无防伪标均为盗版 机工教育服务网：www.cmpedu.com

  本书是作者在已完成的吉林省重大科技专项课题（20126003）和吉林省自然科学基金项目（20140101085JC）研究成果的基础上，结合多年来教学、科研与实际工程项目开发经验积累撰写而成的，并由吉林大学机械与仿生工程学科群"双一流"学科建设经费资助出版。全书由冯增铭、奚佳欣、杨金兴撰写，研究生王飞、王艳鹏、王正阳、刘高洋、赵中远、李鑫宇、韩炜等参与了本书内容的研究与验证工作。

  全书共分 5 章，分别阐述了汽车发动机正时链传动系统的工作原理、开发流程、设计方法、动力学建模与仿真技术，液压张紧器的工作原理、设计流程与动力学特性分析，发动机正时链条的磨损与回转疲劳试验，正时链传动系统的噪声测试及振动噪声特性分析等关键技术。本书可供高等院校及科研院所相关科研人员与研究生、汽车行业与链传动行业相关工程技术人员参考使用。

  在撰写本书的过程中，作者得到了吉林大学机械与航空航天工程学院、中国第一汽车股份有限公司技术中心、杭州东华链条集团有限公司、青岛征和工业股份有限公司、韩国 FunctionBay 公司等单位领导与朋友的支持与帮助，在此一并表示衷心感谢。同时，由于作者水平有限，如有不足之处，请批评指正。

作 者
2019 年 2 月于长春

前言
第1章 正时链传动系统的设计
1.1 绪论 ·········· 1
1.2 正时链传动系统理论基础 ·········· 2
1.2.1 汽油发动机的工作原理 ·········· 2
1.2.2 发动机配气机构的换气过程 ·········· 3
1.2.3 发动机正时链传动系统工作原理 ·········· 4
1.2.4 齿形链的分类 ·········· 5
1.3 正时齿形链传动系统的设计开发 ·········· 7
1.3.1 正时链传动系统的设计 ·········· 7
1.3.2 正时链传动系统的实体评估 ·········· 18
1.4 正时齿形链传动系统数字化设计平台开发 ·········· 20
1.4.1 软件功能介绍 ·········· 20
1.4.2 平台开发过程 ·········· 21
1.4.3 软件总体设计 ·········· 24
1.4.4 RecurDyn 二次开发 ·········· 26
1.5 系统数字化设计案例 ·········· 29
1.5.1 单顶置正时齿形链传动系统 ·········· 29
1.5.2 双顶置正时齿形链传动系统 ·········· 31
1.6 本章总结 ·········· 33
参考文献 ·········· 34

第2章 正时链传动系统液压张紧器的设计 ·········· 35
2.1 张紧器的国内外研究现状 ·········· 35
2.2 液压张紧器结构形式及工作原理 ·········· 37
2.2.1 张紧器的分类 ·········· 37
2.2.2 液压张紧器的分类 ·········· 38

2.3 液压张紧器理论模型 ·········· 42
2.3.1 柱塞运动方程 ·········· 43
2.3.2 单向阀钢球运动方程 ·········· 43
2.3.3 单向阀进油量计算 ·········· 43
2.3.4 阻尼系数计算 ·········· 44
2.3.5 油液体积模量 ·········· 46
2.3.6 高压腔体积与压力变化 ·········· 47
2.3.7 油液黏度 ·········· 47
2.4 液压张紧器结构设计 ·········· 48
2.4.1 初始设计边界条件 ·········· 48
2.4.2 设计目标 ·········· 50
2.4.3 液压张紧器构件设计 ·········· 50
2.4.4 柱塞 pv 值计算 ·········· 65
2.4.5 棘爪强度校核 ·········· 66
2.4.6 模态分析 ·········· 70
2.5 液压张紧器动态特性分析及试验研究 ·········· 72
2.5.1 动力学建模 ·········· 72
2.5.2 动力学特性研究 ·········· 74
2.5.3 试验研究 ·········· 77
2.6 迷宫阀液压张紧器CFD研究 ·········· 81
2.6.1 迷宫阀液压张紧器结构及工作原理 ·········· 81
2.6.2 迷宫阀液压张紧器CFD模型建立及网格划分 ·········· 83
2.6.3 迷宫阀液压张紧器CFD求解分析 ·········· 89
2.7 本章总结 ·········· 110

参考文献 …………………………………… 111

第3章 正时齿形链传动系统的动力学仿真分析 …………………… 113

3.1 正时齿形链传动系统链条波动分析 … 113
   3.1.1 波动量的理论分析 …………… 113
   3.1.2 正时齿形链传动系统链条波动量仿真分析 ……………………… 115
3.2 单层正时齿形链传动系统动态特性分析 ………………………………… 118
   3.2.1 正时齿形链传动系统仿真模型的建立 …………………………… 119
   3.2.2 接触理论介绍 ………………… 122
   3.2.3 单层正时链传动系统动态特性分析结果 …………………… 127
   3.2.4 正时链传动系统试验研究 … 131
3.3 双层正时齿形链传动系统动态特性分析 ………………………………… 135
   3.3.1 正时链传动系统的动力学建模 … 135
   3.3.2 双层正时链传动系统动态特性分析 ……………………………… 137
   3.3.3 正时链传动系统的喷油润滑分析 ……………………………… 146
3.4 本章总结 ………………………………… 151

第4章 正时齿形链疲劳磨损分析及试验研究 ………………………… 152

4.1 正时链条磨损及疲劳研究现状 ……… 152
4.2 齿形链的失效形式及可靠性评估 …… 154
   4.2.1 链条的可靠性评估 …………… 154
   4.2.2 齿形链的失效形式 …………… 155
   4.2.3 销轴表面处理技术 …………… 156
4.3 正时齿形链疲劳分析及试验研究 …… 158
   4.3.1 疲劳分析理论 ………………… 158
   4.3.2 齿形链的静强度分析 ………… 159
   4.3.3 正时齿形链的刚柔耦合动力学寿命分析 ………………………… 161
   4.3.4 回转疲劳试验验证 …………… 168

   4.3.5 链条断裂分析 ………………… 171
4.4 正时齿形链磨损试验和磨损形貌分析 ………………………………… 173
   4.4.1 磨损分析理论 ………………… 173
   4.4.2 磨损试验台 …………………… 174
   4.4.3 链长的测量 …………………… 175
   4.4.4 试验时间的科学性 …………… 176
   4.4.5 磨损试验 ……………………… 177
   4.4.6 磨损形貌分析 ………………… 178
4.5 本章总结 ………………………………… 184
参考文献 …………………………………… 185

第5章 正时链传动系统噪声测试及振动噪声特性研究 ……………… 187

5.1 发动机振动噪声特性的研究现状 …… 187
   5.1.1 发动机振动噪声特性的研究现状 ……………………………… 187
   5.1.2 链传动系统的振动噪声特性研究 ……………………………… 189
5.2 发动机噪声产生机理与检测 ………… 190
   5.2.1 发动机噪声产生机理 ………… 190
   5.2.2 齿形链传动系统噪声分析 …… 195
   5.2.3 噪声测量技术 ………………… 200
   5.2.4 噪声源识别方法及其原理 …… 202
5.3 国产4D20柴油发动机噪声源识别及正时链传动系统动力学分析 …… 204
   5.3.1 国产4D20柴油发动机振动噪声源的识别 …………………… 204
   5.3.2 国产4D20发动机正时链传动系统动力学分析 …………………… 216
5.4 正时链传动系统的振动特性研究 …… 227
   5.4.1 正时链传动系统有限元模型的建立 …………………………… 227
   5.4.2 正时链传动系统的静力学分析 … 228
   5.4.3 正时链传动系统的模态分析 … 230
   5.4.4 正时链传动系统的谐响应分析 … 232
5.5 正时链传动系统振动噪声预测分析 … 237

- 5.5.1 导入结构有限元模型 …… 238
- 5.5.2 导入声学边界元网格和场点网格 …… 238
- 5.5.3 结构网格与声学网格之间的数据映射 …… 238
- 5.5.4 声学计算结果 …… 239
- 5.6 正时链传动系统噪声台架试验 …… 241
  - 5.6.1 TA1 正时链传动系统布局 …… 241
  - 5.6.2 噪声台架试验的设备及测试仪器 …… 241
  - 5.6.3 噪声台架试验的试验规范 …… 245
  - 5.6.4 台架试验结果对比 …… 245
- 5.7 改进试验台后的正时链传动系统噪声试验 …… 253
  - 5.7.1 噪声试验台的改进 …… 253
  - 5.7.2 改进试验台噪声试验 …… 254
  - 5.7.3 改进后试验结果分析 …… 254
  - 5.7.4 改进前后试验结果对比分析 …… 258
- 5.8 正时链传动系统噪声点火试验 …… 262
  - 5.8.1 消声室基础理论 …… 262
  - 5.8.2 噪声点火试验规范 …… 264
  - 5.8.3 噪声点火试验结果分析和评价 …… 265
- 5.9 本章总结 …… 265

参考文献 …… 267

第 1 章
正时链传动系统的设计

1.1 绪论

随着我国经济的不断发展，人民物质生活水平逐步提高，我国汽车产销量也在迅速增长。2017 年，我国汽车累计产销量分别为 2901.54 万辆和 2887.89 万辆，同比增长 3.19% 和 3.04%。我国汽车工业起步较晚，但是抓住了全球经济一体化和汽车制造产业转移的历史机遇，实现了跨越式的发展。如今，我国正逐步从汽车生产大国向汽车生产强国转变。

在汽车整车行业高速发展的带动下，我国汽车零部件产业也在快速发展。国内汽车零部件生产企业在发挥产品价格优势的同时，努力创新，不断开拓海外市场，使得产品在国际市场的竞争力不断增强。但是，在众多的汽车零部件生产企业中，大部分企业由于受到规模和资金的限制，不具备汽车零配件系统总成或单一系统模块的研发生产能力，这使得大部分企业只能在利润有限的低端零部件市场竞争。现如今，我国劳动力和材料成本日益增长，国内汽车零部件企业想要继续提高在国际市场的竞争力，就必须由以前的依靠产品价格优势向依靠产品技术优势转变。

正时系统是汽车发动机配气机构的重要组成部分，连接着曲轴链轮和凸轮轴链轮。发动机气缸内燃料燃烧做功推动活塞运动，活塞通过连杆、曲轴将运动传到曲轴链轮，使曲轴链轮产生转动，正时链条将曲轴转动以精确的传动比传递到凸轮轴，凸轮轴的转动将控制进、排气门的适时开启与关闭。进气门适时开启使气缸进气充足，排气门适时关闭使气缸排气彻底，从而保证了气缸内燃料的充分燃烧。正时系统出现问题后，气缸内燃料燃烧不充分，极易在气缸内产生大量积炭。积炭长期不清理，会沉积在活塞的凹槽内，导致活塞环卡死，进而造成发动机异响、油耗过高、尾气排放不达标、动力不足、无法起动等问题。因此，发动机能否高效持久地输出动力，正时系统起着至关重要的作用。

目前，正时系统主要分为三种：正时齿轮传动系统、正时带传动系统和正时链传动系统。正时齿轮传动系统具有工作可靠、寿命长、效率高、传递转矩大等优点，但是当发动机体积较大时，正时齿轮传动系统会显得比较笨重，且系统噪声大，齿轮传动啸叫尖锐明显，所以正时齿轮传动系统多用于低转速，大转矩的柴油发动机。正时带传动系统具有传动误差小、噪声低、成本低廉等优点，但正时带传动多为没有润滑油的干式传动，易发热，长期运转后正时带的磨损会很严重，所以发动机正时带需要定期维护更换。正时链传动系统分为正时套筒链传动系统、正时滚子链传动系统和正时齿形链传动系统三种。正时齿形链传动系统具有传动噪声低、传动精度高、传动效率高、耐久性好等优点，且能实现与发动机同寿命。

正时齿形链传动系统能够在高转速下稳定工作，当发动机转速变化范围较大时，系统依然可以保证精确的传动比，控制配气机构的正时启闭。为了满足发动机越来越高的性能要求，越来越多的汽车发动机厂商选用正时齿形链传动系统。目前，国内正时齿形链厂商缺乏自主研发能力，在市场竞争中处于劣势，国内高端发动机所使用的正时链条主要依赖于进口。因此，针对发动机零部件核心技术的研究，对于指导我国汽车发动机零部件制造企业走出困境，摆脱受制于人的境况，发展我国自主品牌具有非常重要的意义。

1.2　正时链传动系统理论基础

链条有着悠久的发展历史。公元前 322 年，马其顿已经用金属锚链代替锚绳。公元前 200 年左右我国出现的翻车和水车已初具链条雏形。15 世纪，达·芬奇设计了第一个齿形链的概念图。第一个有记录的齿形链商业应用出现在 1843 年，应用在了英国的蒸汽船上。汉斯·雷诺分别于 1880 年、1885 年发明了滚子链、圆销式齿形链，奠定了链传动广泛应用的基础。

1.2.1　汽油发动机的工作原理

发动机是整车的动力源，它能够把其他形式的能转化为机械能，主要类型有电动机、外燃机以及内燃机。而汽油发动机作为往复式活塞内燃机的一种，可以将汽油的化学能转化为机械能。汽油发动机良好的运转状态是整车处于较佳工作状况的重要保证。依照往复式活塞内燃机工作过程的不同，汽油发动机可以分为四冲程和两冲程两种。曲轴旋转两周是标准四冲程汽油发动机的一个完整的工作过程（进气、压缩、做功、排气，如图 1.1 所示）。在整个工作过程中，活塞上下往复运动两次（含四个行程），每一个活塞行程对应一个工作过程。

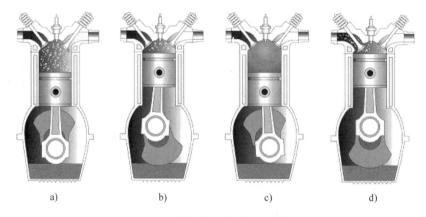

图 1.1　四冲程内燃机的工作循环
a）进气过程　b）压缩过程　c）做功过程　d）排气过程

1. 进气行程

在这个过程中，进气门打开，排气门关闭，在曲轴的带动下，活塞由上止点（TDC）移动到下止点（BDC），气缸容积变大，形成一定的真空度，汽油与空气的混合气体被吸入气缸。在进气过程结束时，进气门关闭，曲轴旋转 180°。此时，在进气管阻力的作用下，外

界大气压高于气缸内气体压力(约为 0.075~0.09MPa);由于在吸入混合气体的过程中,混合气体不仅要与发动机的高温部件接触,而且还要与上一个工作行程中残余的废气进行混合,因此,气缸内气体温度达到 370~400K。

2. 压缩行程

在进气终了阶段,进、排气门同时关闭,活塞由下止点向上止点运动,完成对可燃混合气体的压缩,致使可燃混合气体压力和温度升高。当活塞达到上止点处,压缩过程结束。此时,可燃混合气体压力为 0.6~1.2MPa,气缸内气体温度达到 600~700K,这就为气体的燃烧营造了良好的条件。

3. 做功行程

当活塞完成压缩过程后,此时进、排气门均处于闭合状态,火花塞点燃空气与汽油的可燃混合气体,气缸内混合气瞬间燃烧膨胀,在很短的时间内,气缸内气体的压力达到 3~5MPa,温度达到 2200~2800K。高温高压的气体推动活塞向下运动,完成对外做功。随着活塞的向下运动,气缸的容积逐渐变大,缸内的压力和温度也逐渐降低。在做功行程结束时,气缸内的压力下降到 0.3~0.5MPa,温度下降到 1300~1600K。

4. 排气行程

该行程就是把可燃混合气体燃烧形成的废气排出,为下一个工作行程做准备。在该工作行程中,进气门关闭,排气门开启,活塞由下止点向上止点运动。当活塞运动到上止点位置时,排气门闭合,该工作过程停止。此时,缸内废气气体压力为 0.105~0.115MPa,温度为 900~1200K。

在整个工作循环过程中,曲轴旋转两周,凸轮轴旋转一周,所以正时系统的传动比通常为 2。

1.2.2 发动机配气机构的换气过程

发动机的进气和排气过程统称为换气过程,其主要作用是在进气阶段尽可能多地吸入混合气体,保证可燃混合气体的充分燃烧;在排气阶段及时将废气排出,保证在进气阶段能够吸入足够多的混合气体。因此,执行换气过程的配气机构是否能够稳定运行,决定着发动机的燃油经济性、动力性能和环保性能。接下来对换气过程中的进气、排气和气门叠开三个阶段进行介绍。

1. 进气阶段

在进气阶段,进气门开启,排气门关闭,活塞从气缸上止点向下移动,可燃混合气体通过进气门进入气缸。为了确保有足够的混合气体进入气缸,进气门在活塞到达上止点之前就已经提前开启(通常将进气门提前打开的这一时间段内曲轴转过的角度叫做进气提前角,一般取 10°~30°),这样既可以提前吸入混合气体,又可以使气缸到达上止点时进气门的气体流通有效面积足够大,同时有效减少了在进气过程中因阻力较大产生的能量损耗。

在进气的初始阶段,气缸容积不断增大,气缸内压力自然会随之下降,此时由于压力差和进气门气体流通有效面积的增大,混合气体进入气缸相对容易。随着越来越多的混合气体进入气缸,气缸内压力逐渐升高,进气门气体流通有效面积也不再增加,混合气体进入气缸的速度也会随之减小。当气缸运动到下止点时,气缸内气体压力仍然低于进气管内气体压力,此时会延迟进气门的关闭(通常将进气门延迟关闭的这一时间段内曲轴转过的角度叫做进气迟闭角,一般取 40°~80°),利用气体流动的惯性吸入更多的混合气体。为了增加进气阶段的进气量,有的发动机会采用涡轮增压器,利用排出废气的惯性力压缩气体,增加进气管中的气体压力。

2. 排气阶段

在排气阶段，排气门开启，进气门关闭，活塞从气缸下止点向上移动，燃烧废气通过排气门离开气缸，进入排气管。为了最大化地将废气排出气缸，排气门在活塞到达下止点之前就已提前开启（通常将排气门提前打开的这一时间段内曲轴转过的角度叫做排气提前角，一般取40°~80°），这样既可以提前排出部分废气，又可以使气缸到达下止点时排气门的气体流通有效面积足够大，同时有效减少了排气过程中因阻力较大产生的能量损耗。

在排气的初始阶段，由于气缸内刚刚完成燃烧做功，气缸内压力大约是排气管内压力的两倍，又由于排气门已经提前打开，排气门的气体流通有效面积足够大，此时废气会以声速流入排气管。随着废气的高速排出，气缸内气体压力逐渐减小，当气缸内气体压力与排气管内气体压力相等时，自由排气阶段结束。该阶段虽然持续时间较短，但由于废气排速高，排气量占整个排气阶段的60%。

自由排气阶段结束后，曲轴继续转动，通过连杆带动活塞继续向上运动，使气缸内容积减小，压力增大，从而推动废气继续流入排气管。此时废气的排出速度主要与发动机转速有关，发动机转速越高，气体流速越快，但能量损耗也越高。

当活塞快到达上止点时，为了让气缸内剩余废气能够顺利排出，通常会延迟排气门的关闭（通常将排气门延迟关闭的这一时间段内曲轴转过的角度叫做排气迟闭角，一般取10°~30°），保证排气门的气体流通有效面积足够大，利用气体流动的惯性排出更多的废气。

3. 气门叠开阶段

进气门的提前开启与排气门的延迟关闭使进气门和排气门在一段时间内同时打开，这个现象叫做气门叠开，进气提前角和排气延迟角的和称为气门叠开角。在此阶段，要利用压力差尽可能多地将进气管内的气体吸入气缸，又要防止废气流入进气管和燃料混合气体流入排气管，同时利用气体的流动惯性尽可能多地将废气排出。因此，气门叠开角的选取至关重要。在此过程中，气体的流通也起到了一定的降温作用。

1.2.3 发动机正时链传动系统工作原理

正时系统在配气机构中起着桥梁的作用，它将曲轴的转动传递给凸轮轴，凸轮轴控制着气门的开启与关闭，进气门和排气门适时的开启和关闭对发动机的正常运转起着至关重要的作用。

图1.2所示为正时链传动系统示意图，气缸内可燃混合气体燃烧产生动能推动活塞向下运动，通过连杆将动力传递到曲轴，曲轴通过正时链条将转速传递给凸轮轴，凸轮轴通过不同的凸轮位置控制着所有气门适时的开启和关闭，使气缸内可燃混合气体充分燃烧。在系统工作过程中，曲轴会通过链条将部分动力传递给机油泵链轮，机油泵会将机油输送到各个润滑油道和需要机油的部位。

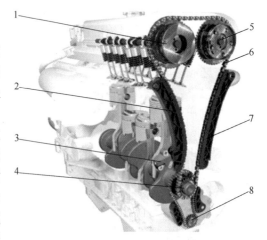

图1.2 发动机正时链传动系统
1—进气凸轮轴 2—张紧导轨 3—张紧器
4—曲轴 5—排气凸轮轴 6—正时链条
7—固定导轨 8—机油泵链轮

1.2.4 齿形链的分类

相比于其他传动链条，齿形链具有噪声小、可靠性高、传动精度高等优点，因而广泛应用于正时链传动系统。如图 1.3 所示，按销轴的类型分类，齿形链可以分为圆销式齿形链和滚销式齿形链（Hy-Vo 链）。滚销式齿形链具有内外复合啮合和节距可变的特点，因此其传动性能优越，但其结构相对复杂，一般用于分动箱中。

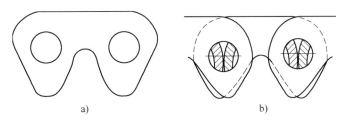

图 1.3　两种齿形链对比
a）圆销式齿形链　b）滚销式齿形链

正时齿形链传动系统多采用圆销式齿形链。齿形链链板与链轮的啮合方式主要有内啮合、外啮合、内外复合啮合，以及三种啮合方式之间的组合。

1. 外啮合齿形链

外啮合齿形链是应用最早的一种齿形链，其啮合方式为链板外侧齿廓与链轮齿廓的啮合。如图 1.4 所示，刚开始链板与链轮完全不接触，直到某一瞬间链板啮入链轮并完成定位。链板与链轮之间只存在未啮合和完全啮合两个状态，链板啮入链轮是在瞬间完成的，因此啮合冲击和振动大，多边形效应严重。因此，外啮合齿形链虽然具有接触定位稳定等优点，但冲击噪声大，内侧齿廓没有参与啮合过程，链板外侧磨损严重。

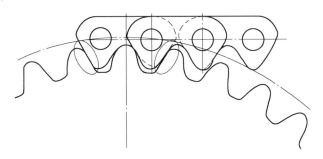

图 1.4　外啮合齿形链

2. 内啮合齿形链

内啮合齿形链是在外啮合齿形链的基础上发展起来的，其啮合方式为链板内侧外凸齿廓与链轮齿廓的啮合。如图 1.5 所示，链板与链轮之间是点接触，随着链轮转动接触点会逐渐移动，因此链板是逐渐啮入链轮的，这有效减小了多边形效应，在移动过程中链板与链轮之间存在相对滑动。因为链板与链轮是点接触，接触面积小，所以其接触定位不够稳定，且由于链轮转速通常比较高，导致链板与链轮的工作齿面磨损严重。综上分析可知：内啮合齿形链具有传动平稳、传动噪声低等优点；但由于链板与链轮之间是点接触，其接触定位不够稳定，且外侧齿廓没有参与啮合过程，导致链板内侧齿面磨损严重。

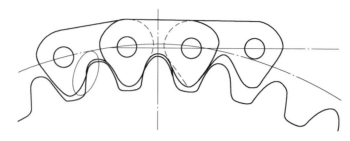

图1.5　内啮合齿形链

3. 内-外复合啮合齿形链

通过对内啮合和外啮合齿形链进行介绍，可以发现它们各有优缺点，且它们只磨损链板内侧或者链板外侧，在这种情况下，内-外复合啮合齿形链应运而生。如图1.6所示，在链板啮入初期，链板内侧与链轮齿廓点接触并逐渐啮入链轮轮齿，之后靠链板之间的相对运动实现链板外侧与链轮的接触定位，当链板快要啮出时，又由外啮合转为内啮合，最终平稳啮出链轮。综上分析可知内外复合啮合机制集合前两种啮合机制的优点，既可以平稳啮入链轮，又能够实现链板与链轮的稳定定位，在啮合过程中交替使用了链板的内侧和外侧，减小了链板的磨损。

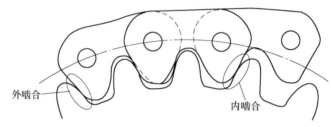

图1.6　内-外复合啮合齿形链

4. 外啮合齿形与内-外复合啮合齿形有序排列的齿形链

外啮合齿形与内-外复合啮合齿形两种链板的有序排列衍生发展出一种新型的混合啮合机理。整挂链条由特定数目的外啮合齿形链节和内-外复合啮合齿形链节按照设计顺序连接而成。两种链板的排列组合方式可以根据链条节距、链条长度、链轮齿数和链轮中心距等参数的不同进行调整和优化，以提升齿形链系统的传动性能。

5. 内-外复合啮合与内啮合齿形有序排列的齿形链

内-外复合啮合与内啮合混合啮合机制是一种新型啮合机制，是在内-外复合啮合机制上的延伸，在本质上还是内-外复合啮合机制。此种啮合机制可以在主动链轮上实现内-外复合啮合、在从动链轮上实现内啮合，多用于主动链轮齿数比较少而从动链轮齿数比较多的齿形链传动系统中。当链条开始啮入主动链轮时，链板的内侧外凸齿廓与链轮轮齿接触，实现内啮合。随着啮合的进一步深入，逐渐由内啮合向外啮合过渡，当相邻的链节转过$\frac{2\pi}{z_1}$（z_1为主动链轮齿数）的角度时，链板的外侧直线齿廓开始与链轮接触定位，实现一个内-外复合啮合；当链条开始啮入从动链轮时，仍然是链板的内侧外凸齿廓与链轮轮齿接触，实现内啮合，与啮入主动链轮不同的是，随着啮合的进一步深入，相邻的链节转过的角度为$\frac{2\pi}{z_2}$（z_2为从动链轮齿数），由于主动链轮齿数比从动链轮齿数少，所以相邻链节转过的角度比啮入主动链轮时要小，这就导致链板的内侧外凸齿廓一直与链轮轮齿接触，并没有啮出，实现的仍然是一个内啮合机制。

1.3 正时齿形链传动系统的设计开发

一种产品的质量在很大程度上依赖于设计水平，对于产品质量的保证，设计的贡献率可达 70%。对机械零部件进行设计开发的一般流程如图 1.7 所示。

在对正时齿形链传动系统进行动态特性分析以及试验研究之前，不仅要了解正时链传动系统的工作原理，还要对正时链传动系统的开发设计流程有一定程度的掌握。随着汽车产业的日益发展，汽车发动机的正时链传动系统已经成为配气机构的重要部件。然而汽车发动机正时链传动系统所存在的问题不仅仅是各组成零件的质量有待提高，更多的是在于正时链传动系统的设计方法以及评价体系的建立与改进。因此，该部分主要是概述了正时链传动系统的设计开发流程，并且阐述了系统的相关评价准则。

目前，随着客户对汽车低排放、低油耗、高性能、长寿命、低噪声、低价格等的要求越来越高，如果想要最大限度地占有市场份额，实现利益的最大化，就需要建立正时链传动系统的研发体系，在短周期内实现正时链传动系统的开发。

在开发正时链传动系统时，通常的做法是首先运用 CAE 的方法对系统的运动学和动力学特性进行仿真分析，对系统相关的零部件进行强度方面的有限元分析，然后以试验为依据，对系统进行评估，同时与 CAE 方法进行对比分析。通过 CAE 方法与试验评估的相互配合，能够在较短的时间内设计出客户所需求的正时链传动系统。

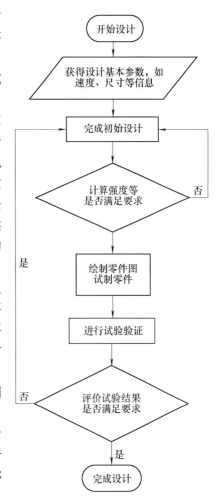

图 1.7 产品设计流程图

1.3.1 正时链传动系统的设计

汽油发动机用正时链传动系统的设计开发流程见表 1.1，其总体设计流程也极其相似。首先需要从主机厂家处得到凸轮轴的布置方式、最高转速、发动机缸数、功率、正时链条的传动对象是否包括凸轮轴以外的其他部件（比如机油泵链轮）、发动机预留给正时齿形链传动系统的空间范围、预期寿命、噪声值等具体参数（表 1.2），作为设计正时链传动系统的重要参考依据。在已知这些设计条件后，就可以设计链条型线、确定链片及链轮外形尺寸，完成初始化设计。初始化设计完成后需要对所设计的系统进行分析评价，首先要做的就是动力学性能分析，建立所设计系统的多体动力学模型，对其进行分析计算，提取链条张力、张

紧器作用反力、转角误差等结果，检验是否满足要求，若不满足设计要求，则需分析设计存在缺陷的部位，对其进行改进，再对改进后的系统进行仿真分析。若满足设计要求，则需对链片、链轮及导轨进行有限元分析，检验是否满足静态强度要求，若不满足强度要求，则需进行改进。若满足要求，则可加工链轮，组装链条，制作导轨，匹配张紧器，对传动系统进行试验，测量所设计正时链传动系统的噪声值大小、链条张力大小、回转疲劳极限、摩擦损失等相关数据。之后对所测的各项试验结果进行分析处理，若所得各项数据均满足主机厂要求，则设计完成，可将设计数据交由厂家配套生产，若试验结果不满足设计要求，则需分析原因，进行改进，重新设计，直到各项设计指标均得到满足。综上所述，整个设计流程包括三个阶段：系统初始设计、动力学及有限元分析、试验验证。

表1.1 正时链传动系统的开发设计评估流程

	对象	CAE	试验评估
系统设计	链条的选择	链系统的动态分析	—
	布局研究	自动计算系统布局	—
		链系统的动态分析	
零件设计评估	链条	FEM分析	回转疲劳极限
	链轮	啮合的动态分析	链轮磨损特性
		FEM分析	
	导轨	FEM分析	实体疲劳极限
			实体磨损特性
	张紧器	张紧器特征分析	振动特性
系统评估	链条张力	链系统的动态分析	链条张力的测量
	张紧器作用反力	张紧器特性分析	张紧器作用反力的测量
	导轨应力	FEM分析	导轨应力的测量
	噪声、振动	链系统的动态分析	噪声、振动的测量
		啮合的动态分析	

表1.2 用户提供的产品要求实例

发动机规格	气缸排列方式、气缸数、排量、空间位置（包括可动范围）、载荷、轴载荷、功率、凸轮轴个数、最高转速
使用条件	所用燃料、用途、行驶道路
所需性能	寿命要求、传动误差、噪声值、传动效率
其他	开发周期、成本、产量

链轮、链条、张紧器和导轨是组成正时链传动系统的四个零部件，正时链传动系统的开发设计，主要是对这四个零部件进行设计。设计过程可以分为如下几个步骤：

1. 正时链传动系统的布局

如图1.8所示，发动机的布局按照气缸的排列方式、凸轮轴的位置和数量可分为单顶置、双顶置和V形等多种形式。

单顶置凸轮轴（SOHC）出现的最早，通过一根轴直接驱动进、排气门，结构相对简单，应用广泛。双顶置凸轮轴（DOHC）有两根轴，一根控制进气门的启闭，一根控制排气门的启闭，这样可以更好的控制进排气门适时开启和关闭，另外火花塞可以布置在进排气门中间，使可燃混合气体得到更充分的燃烧。V形发动机将两组气缸以一定夹角对称布置，通常有四根轴分别控制两边进、排气气门的开启和关闭，V形布局有利于扩大气缸的直径，从而提高发动机的排量和功率，多用于中高端车型。

a)   b)   c)

图 1.8 发动机正时链传动系统布局形式

a) 单顶置发动机正时链传动系统 b) 双顶置发动机正时链传动系统 c) V形发动机正时链传动系统

当曲轴位置与凸轮轴位置相距较远时，如果仍采用一挂链条连接曲轴链轮和凸轮轴链轮，就会使得链条很长，导致正时链传动系统在运行过程中链条波动严重，这增大了系统传动噪声和传动误差，降低了传动效率。针对此情况，多采用两层子系统的设计方式，图 1.9 所示为某款发动机正时链传动系统的布局形式。

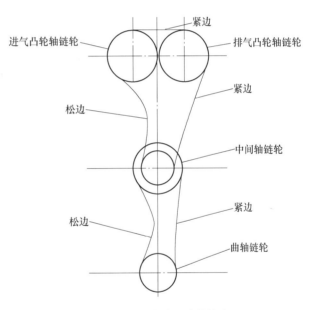

图 1.9 正时链传动系统整体布局

2. 选定基本参数

基本参数包括链条节距、片型、链轮齿数等。首先，根据发动机的排量、缸数、最高转速、最大转矩等已知的发动机性能参数，根据经验预估链条的张力，初选链条的节距。发动机正时齿形链系统中常用的链条节距 p 有 6.35mm、8mm、9.525mm 等几种。在按照啮合机理分类时，可以将齿形链分为内啮合、外啮合、内外复合啮合等啮合形式，一挂链条可以只包含单一的链片形式，也可以是由多种不同的链片形式通过交错排列来组成。每种形式的链片都有自己的优缺点，在正时链传动系统开发设计初期，需根据运行的工况信息及设计要求（噪声大小，寿命长短），对比同类型发动机的正时链传动系统，选定采用哪种啮合方式的齿形链，然后选定链轮齿数和链条片型。

对于正时链传动系统，在已知正时链传动系统空间布局和各个链轮轴位置坐标的条件下，就可以确定链轮的齿数。为使磨损能够较为均匀，曲轴链轮齿数一般取奇数，凸轮轴链轮齿数为曲轴链轮齿数的 2 倍，若有其他链轮则需按传动比选定其对应齿数。在保证不与边界或其他零部件发生干涉的情况下，为使系统具有良好的传动性能，一般建议尽量选取较大的链轮齿数。

链条片型的选取,需要考虑到链条的破断载荷 $Q_{\min}$,一般需满足式(1-1):

$$Q_{\min} \geq nkF \tag{1-1}$$

式中,n 为安全系数;k 为工况系数;F 为链条张力。

3. 宽腰形齿形链链板的设计

内-外复合啮合齿形链链板分为"窄腰形"和"宽腰形"两种类型。"窄腰形"为较旧的设计,胯部高于节距线,在疲劳测试时裂纹会从胯部开始出现。"宽腰形"是较新的设计,主要的设计要求是让胯部低于链条节距线,避开受力线,提高链条的疲劳强度。本文主要对"宽腰形"齿形链的设计进行介绍。图1.10所示为"宽腰形"齿形链链板,其内侧齿廓为外凸圆弧。下面对宽腰形齿形链链板的主要设计参数进行详细介绍。

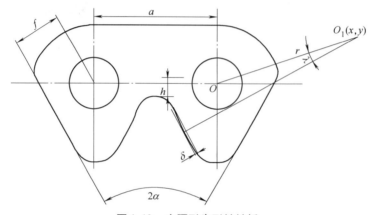

图1.10 宽腰形齿形链链板

(1)孔心距 a

$$a = p - \Delta L \tag{1-2}$$

式中,p 为齿形链节距;ΔL 为销轴与链板孔的间隙。常用的宽腰形齿形链节距有 6.35mm、7.62mm、8mm、9.525mm、12.7mm。齿形链节距越小,越有利于减小链条多边形效应。

(2)边心距 f

$$f = 0.4p \tag{1-3}$$

(3)齿形半角 α

α 通常取 30°,分岔口高度 h 通常取 0.75~2.25mm。

(4)链板内侧工作齿廓曲率半径 r

$$r = r_b \tan \alpha_x \tag{1-4}$$

式中,r_b 为基圆半径;α_x 为压力角。适度增大曲率半径有利于提高重合度,但过度增大曲率半径会影响链板内侧与链轮齿廓的啮合,增大链条多边形效应。常用的宽腰形齿形链内侧工作齿廓曲率半径见表1.3。

表1.3 宽腰形齿形链内侧工作齿廓曲率半径 r (单位:mm)

节距 p	6.35	7.62	8.00	9.525	12.7
$\alpha_x = 30°$	10.61	12.73	13.37	15.92	21.22
$\alpha_x = 31.5°$	11.09	13.31	13.97	16.63	22.18

(5) 伸出量 δ

伸出量 δ 通常有一个固定的取值范围：0.1～0.3mm。适度增大伸出量会延长链板内侧与链轮齿廓的啮合时间，有利于减小多边形效应，但当链轮转过 $\frac{2\pi}{z}$ 时，过大的 δ 会使内啮合无法转换为外啮合。同时过大的链轮齿数会使链轮转角 $\frac{2\pi}{z}$ 变小，为了顺利完成内啮合到外啮合的转换，伸出量就应随之变小，因此即使采用同一节距的链条，不同系统因链轮齿数的不同，链板的伸出量也会不同。

(6) 链板内侧工作齿廓曲率中心 $O_1(x,y)$

$$x_1 = \frac{(r-f-\delta)\sin(\lambda+60°)}{\cos\lambda} \tag{1-5}$$

$$y_1 = \frac{(r-f-\delta)\cos(\lambda+60°)}{\cos\lambda} \tag{1-6}$$

式中，λ 通常取 9°～11°，当 λ 取值较小时，内侧工作齿廓与链轮轮齿的啮合区上移，当 λ 取值较大时，其啮合区下移。因此，宽腰形齿形链的 λ 应取较大值。当内侧工作齿廓曲率半径 r 一定时，其曲率中心坐标 x_1、y_1 的变换将直接影响齿形链与链轮的啮合特性和传动性能，因而 x_1、y_1 是一个非常重要的设计参数。

4. 导板的设计

(1) 普通导板

齿形链普通导板（图 1.11）的主要参数有：孔心距 a、边心距 f、齿形半角 α。其中孔心距 a 通常可取齿形链节距，即 a = p；边心距 f = 0.4p；齿形半角 α 通常取 30°。

(2) 蝴蝶状异形导板

蝴蝶状异形导板的孔心距 a、边心距 f、齿形半角 α 的设计方法与普通导板相同。蝴蝶状导板是对普通导板的一种改进，其外部轮廓是建立在普通导板基础之上的。如图 1.12 所示，通过在普通导板中间腰部的顶端"挖"一个圆滑的凹槽，从而改变了导板腰部的高度，增加了导板伸长量的变化。蝴蝶状导板在受力时，不能像普通导板一样直接采用简单胡克定律对伸长量进行求解，其伸长量不仅包括横向受力伸长量，还包括两个蝶翅因受力而向外产生的 X 方向的伸长量。

图 1.11 普通导板

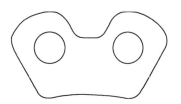
图 1.12 蝴蝶状异形导板

在不影响强导板强度的条件下，蝴蝶状导板腰部上端圆弧半径 R_G 应取较大值；为了满足强度要求，中间腰部尺寸 $H_G > \frac{H}{2}$；在不影响导板作用的情况下，尽量提高导板底部的圆弧高度，同时上端圆弧最低点最好不要低于导板孔连心线；由于蝴蝶状导板的形状复杂，通常需要采用有限元的现代设计方法进行设计。

5. 链轮的设计（图 1.13）

（1）链轮齿数 z

链轮的齿数通常由传动比决定，在设计链轮齿数时，通常要保证正时链传动系统的传动比为 2。链轮齿数通常取 15～60，为了减小多边形效应，一般尽量选取较大的链轮齿数。

（2）链轮的压力角 α

链轮的压力角 α 一般由链轮的齿数决定，当链轮的齿数小于 26 时，压力角通常取 31.5°，当链轮的齿数大于 25 时，压力角通常取 30°。

（3）链轮的分度圆直径 d

$$d = \frac{p}{\sin(\pi/z)} \quad (1\text{-}7)$$

（4）齿顶圆直径 d_a

$$d_a = d - 2d_1 - c_1 m \quad (1\text{-}8)$$

式中，m 为模数，$m = p/\pi$；c_1 为齿顶圆间隙系数，其取值范围通常为 0.1～0.12；d_1 为链轮分度圆与链板内侧顶端的距离，由式（1-7）可知链轮分度圆会随链轮齿数的变化发生改变，所以 d_1 也会随链轮齿数的改变而发生改变。

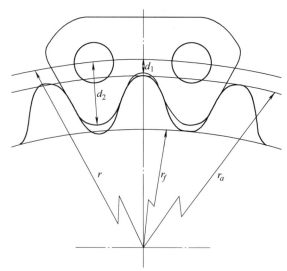

图 1.13 链轮设计示意图

（5）齿根圆直径 d_f

$$d_f = d - 2d_2 - c_2 m \quad (1\text{-}9)$$

式中，c_2 为齿根圆间隙系数，其取值范围通常为 0.1～0.2；d_2 为链轮分度圆到链板最底端的距离。

（6）变位系数 x

内-外复合啮合齿形链内侧齿廓是外凸圆弧曲线，在设计匹配的链轮渐开线齿形时，应利用链板和链轮的围链验证链板与链轮的齿廓型线啮合时是否干涉，尤其是齿顶齿廓型线是否与链板内侧齿廓相干涉，必要时可对链轮齿顶齿廓型线进行修形，甚至重新设计调整链板内侧齿廓参数。因此，内-外复合啮合齿形链所匹配的链轮需要采用负变位，避免干涉而影响围链。当链轮的齿数、模数、压力角等主要参数确定后，渐开线链轮量柱测量距的大小将由变位系数的大小确定，所以变位系数的计算显得非常重要，变位系数 x 按式（1-10）进行计算：

$$x = \frac{\pi \cot \alpha_2}{4} - \frac{z}{2} + \frac{\pi}{2\tan(\pi/z)} - \frac{\pi f_0}{p_2 \sin \alpha_2} \quad (1\text{-}10)$$

式中，p_2 为滚刀法向齿距；α_2 为滚刀法向齿形角，通常取 30°；f_0 为假想的链条初始边心距，其计算公式为

$$f_0 = f - \left(\cot \frac{\pi}{z} - \sqrt{3}\right)\frac{p - p_2}{4} \quad (1\text{-}11)$$

6. 导轨的设计

在正时链传动系统运行过程中，如果两链轮中心距较大，会导致链条在工作过程中波动

严重，影响系统的传动精度，增大系统噪声。因此需要在两链轮之间安装导轨，抑制链条的抖动。

通常为了使正时链传动系统在运行过程中链条与导轨有更好的配合，导轨与链条接触部位的轮廓一般选用多段相切圆弧，如果链轮中心距较小，也可以采用一段圆弧。常用的导轨形式有两种：固定导轨和张紧导轨。固定导轨位于张紧边，由于链条在张紧边时处于张紧状态，所以导轨曲率半径通常较大；张紧导轨位于松边，张紧导轨需要补偿系统运行时链条产生的伸长量，所以导轨曲率半径通常较小。导轨曲率半径的设计是导轨设计的关键，曲率半径直接决定着导板工作部位的曲线形状，链板是否能平稳啮入导轨、在啮出导轨的同时平稳啮入链轮都与导轨曲率半径息息相关。在设计导轨曲率半径时还要考虑链条总节数，因为正时链传动系统其他部位都是固定不变的，要使链节总数为偶数（为了方便装配，使系统稳定传动），通常要通过曲率半径的设计去实现。

（1）固定导轨的设计

图1.14所示为固定导轨的设计示意图，其中 β 为 O_1O_2 与 O_2O 的夹角，其计算公式为

$$\beta = \cos^{-1}\left(\frac{a\cos\alpha}{2(r_1+R)}\right) \quad (1\text{-}12)$$

式中，r_1、r_2 为链轮半径；R 为曲率半径；a 为两链轮中心距离；α 的计算公式为

$$\alpha = \sin^{-1}\left(\frac{r_2-r_1}{a}\right) \quad (1\text{-}13)$$

紧边垂度的计算公式为

$$C = R\left[1-\cos\left(\frac{\pi}{2}+\alpha-\beta\right)\right] \quad (1\text{-}14)$$

紧边垂度根据设计经验通常取链轮中心距的2%~10%，当求出紧边垂度时，可以通过联立式（1-12）~（1-14）对 R 进行求解。

固定导轨的曲率半径 R_g 为

$$R_g = (0.95 \sim 0.98)R - h \quad (1\text{-}15)$$

式中，h 为链板孔中心到链板上端的距离。为了保证固定导轨在与其他部件不产生干涉的同时又能保证系统稳定运行，导轨的实际长度通常取导轨设计长度的70%~85%。

（2）张紧导轨的设计

张紧导轨的设计方法与固定导轨的设计方法大致相同，区别比较大的是松边垂度取链轮中心距的8%~15%。系统在运行一段时间之后，链条将会变长，为保证系统能够继续平稳运行，需要布置张紧器，系统中张紧器一般布置在链条松边，如图1.15所示。

链片是在链轮及导轨组成的闭合型线上运动的，

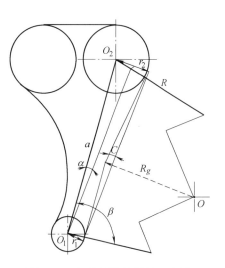

图1.14 固定导轨的设计示意图

图1.15 张紧器工作状态示意图

链条伸长后，原来的闭合型线的周长将小于实际链条的周长，即不能保证每个链片每时每刻都位于型线上，这时需要有新的型线发挥作用。新型线的生成是靠改变张紧导轨的位置来实现的。张紧导轨一端与缸体铰接，一端与张紧器相互接触，张紧导轨在链条及张紧器柱塞的共同作用下维持一个相对稳定的状态，不会发生大角度的任意转动。链条伸长松弛后对张紧导轨的作用力变小，与此同时张紧导轨对张紧器柱塞的作用力也变小，张紧器在油压的作用下使得柱塞向外伸出，推动张紧导轨转动，形成新的运行轨迹。不难得知，在磨损量一定时，张紧器柱塞的伸出量与张紧器的安装位置和张紧导轨的曲率半径有关。张紧导轨的转动应不影响链条的平稳运转，即新形成的型线各处均应光滑连接，为更好地实现此目的，张紧导轨一般不采用单一圆弧，而是在靠近柱塞一端采用一段较小半径的圆弧，初始状态下，该段圆弧在运行中有部分未与链片接触，以使张紧导轨可以保有一段裕量，当张紧导轨转动一定角度之后，链片还能在链轮与导轨之间平稳运行，不发生干涉现象。图1.16 所示为两种情况的对比，右侧情况下，当链条伸长达到一定程度之后，存在一个干涉区域，链条在进出这段干涉区域时不顺畅，会引起链条的波动，影响系统性能，因此，在对张紧导轨进行设计时要考虑链条伸长以后的情况。

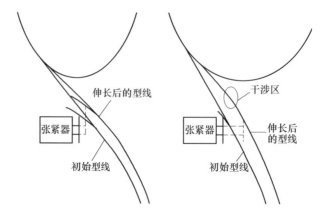

图1.16　不同张紧器柱塞伸长量对比图

（3）导轨型线对正时链传动系统的影响

导轨型线设计完成之后，如果是采用多段圆弧，一般需满足各段圆弧之间均相切的要求，安装后与链条及链轮之间不存在干涉，链条能够平稳的进入和退出导轨部分。对导轨自身的要求还包括安装位置准确、满足静强度要求，在受到链条作用力后不会发生断裂、耐磨、质量小等。对导轨的结构设计完成之后可以建立相应的模型，进行有限元分析，查看受力后所设计导轨各处的应力分布情况及所能承受的最大应力。接下来将详细介绍导轨型线对正时链传动系统整体性能所产生的影响。

1）导轨型线对链节数的影响。正时链传动系统中，一般取链节为偶数、整数，设计导轨曲率半径时，首先要保证链节数。本部分研究改变导轨曲率半径对链节数造成的影响。

为简化问题，以单侧导轨、单段圆弧为研究对象，计算两链轮中心连线一侧的链节数随导轨曲率半径的改变量。如图1.17 所示，

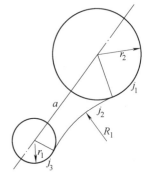

图1.17　链节计算示意图

该部分链节由j_1、j_2、j_3三部分组成。

图 1.17 中 a 为两链轮中心距，r_1、r_2 分别为两链轮分度圆半径，R_1 为与两链轮相切的圆弧段半径值。

取中心距 $a=100$mm，$r_2 = 2r_1 = 42.4466$mm，每部分对应的链节数为 j，则：

$$j_i = \varphi_i / \theta_i, \quad i = 1,2,3 \tag{1-16}$$

式中，φ_i 为 j_i 段链节所围成圆弧的圆心角；θ_i 为 j_i 段链节中单个链节所对应的圆心角。设置不同的 R_1 值，计算出其对应的链节数见表1.4。对应的图线如图1.18所示。

从表1.4及图1.18中可以看出，导轨曲率半径取较小值时，对链节数有较大影响，但是当导轨曲率半径达到两倍的中心距之后，再增加导轨的曲率半径对链节个数的影响几乎可以忽略不计。从内凹量与链节数的关系图中可以看出，当内凹量取较小值时，链节数增长曲线的斜率较平缓，即对链节数的影响较小；当内凹量取较大值时，对链节数的影响较大，但内凹量取值过大会使导轨曲率半径变小，导轨受到的链条作用力将会加大，造成导轨的磨损加剧，另外对链条的张力及疲劳寿命也会造成影响，故内凹量应在合理范围内取值。由于固定导轨的内凹量一般取值较小，导轨曲率半径较大，因此，一般情况下通过调整固定导轨来调整链节总数的效果并不明显。

表 1.4 不同半径值对应的链节数

R_1/mm	c_1	n
40	19.345	33.372
60	14.138	32.658
100	9.406	32.195
150	6.694	32.012
200	5.21	31.938
500	2.249	31.846
800	1.436	31.833
1000	1.158	31.83
1500	0.779	31.828
2000	0.588	31.828

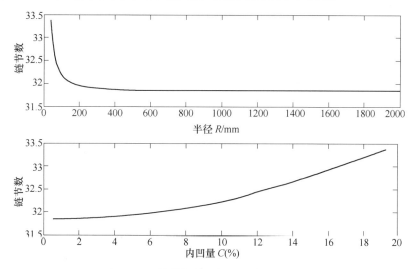

图 1.18 链节数与导轨曲率半径关系图

2）导轨型线与摩擦损耗间的关系。随着人们对汽车燃油经济性的要求越来越高，正时链传动系统作为发动机的关键零部件，也必须考虑能量损耗的问题。正时链传动系统的能量损耗主要包括链片与链轮的冲击，链片与导轨之间的摩擦磨损两部分。采用齿形链传动可以降低链片与链轮的冲击，因为相比于滚子链传动，齿形链片与链轮的啮合定位是通过链片和轮齿间的相对滑动来实现的，而滚子链则是通过碰撞实现啮合定位的，也即是齿形链片与链轮轮齿从开始接触到完全啮合定位有一个滑动的过程,而滚子链与链轮轮齿从接触到啮合定位是通过瞬间的碰撞完成的。所以齿形链相对于滚子链的冲击能量损耗较小,这一点也可以通过噪声特性来体现,齿形链传动的噪声值明显低于滚子链传动。

考虑齿形链片与导轨之间的摩擦损失,当链片紧贴导轨滑过时,摩擦力做功造成能量损失,视其摩擦形式为库仑摩擦,摩擦力所做的功为 W,则

$$W = FS \tag{1-17}$$

式中,F 为摩擦力的大小;S 为摩擦力作用的距离,即导轨的弧长。

减小摩擦损耗就是使 FS 的结果变小,假设单个链片两端所受的拉力相同,大小均为 F_1,则该力在沿导轨法线方向的分力大小 N 可以通过式(1-18)和式(1-19)计算获得。

$$N = 2F_1 \sin\theta \tag{1-18}$$

$$\theta = 2\arctan\left(\frac{p}{2R}\right) \tag{1-19}$$

式中,p 为链条节距;R 为导板圆弧半径。

又有 $F = \mu N$,其中 μ 为摩擦因数,$S \approx np$,n 为链节数。则联立以上各式可得:

$$W = 2F_1\mu\sin\left[2\arctan\left(\frac{p}{2R}\right)\right]np \tag{1-20}$$

由于 $\frac{p}{2R}$ 一般取值较小,故 $\sin\left[2\arctan\left(\frac{p}{2R}\right)\right] \approx p/R$,则可将上式简化为

$$W = \frac{2F_1\mu pnp}{R} \tag{1-21}$$

假定 $F_1 = 1200\text{N}$(实际中链条张力是变化的),$\mu = 0.025$,$n = 40$,$p = 6.35$,对应不同的 R 值进行计算,结果如图 1.19 所示。

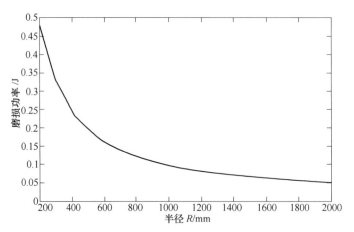

图 1.19　摩擦损耗与导轨曲率半径关系图

对图 1.19 分析可以看出,当 R 取值较小时,W 值较大,随着 R 的取值增大,W 减小明显;当 R 取值大于 1000mm 时,此时 W 已经很小,但仍随 R 的增大而减小,但是变化相对减缓。因此,考虑到摩擦损失,在对正时链传动系统进行初始设计时,导轨曲率半径不宜设计得过小,采用较大的导轨曲率半径可以明显降低因摩擦损失的能量。

从式(1-21)可以看出,F_1、μ、np 都与能量损失的大小呈线性关系,通常情况下,进

行发动机正时链传动系统设计时，发动机的规格参数、各个链轮的坐标位置等参数已经确定，链条张力F_1及导轨弧长np的大小就可以在一定范围内进行确定，设计时通常不考虑从这两方面来降低摩擦损耗。设计时可以通过改变μ的大小来降低摩擦损耗，由于μ与摩擦损失能W成正比，因此改变μ的大小可以显著的降低摩擦损耗。动摩擦因数μ与润滑条件和工作温度及相对运动速度等有关，除了直接减小动摩擦因数，还可以通过控制接触面的表面粗糙度、提高接触刚度、改变接触类型等措施来减小摩擦力。例如博格华纳摩斯链条通过将链片背部直线结构改为圆弧结构的方式来降低摩擦损耗的做法，就是改变了链片与导轨的接触类型。

7. 液压张紧器的选取

链条在运行一段时间后会存在一定的伸长量，链条伸长会导致系统在运行过程中出现链条波动，与导轨冲击产生噪声，同时会对配气正时产生影响，甚至影响发动机的整体性能。因此，在正时链传动系统设计过程中，必须考虑链条的伸长量。为减小链条伸长对系统造成的影响，大多数正时链传动系统采用了张紧装置。张紧器对控制系统运行时链条的伸长量起着至关重要的作用，因此，张紧器的性能对正时齿形链传动系统的性能有重要影响。本书第二章将对张紧器的设计选取做详细介绍。

8. 链条伸长量的影响因素

除去设计公差和制造误差，一般认为链条的伸长量是由以下几方面因素造成的：温度影响、受力伸长、磨损伸长。温度对链条产生的影响与工作环境的温度T（温度改变量$\Delta T = T - $初始温度$T_0$）和链条材料的热胀系数$\alpha$有关，温度变化造成的伸长量$\Delta L$可以按照下式进行计算：

$$\Delta L = \Delta T L \alpha \quad (1\text{-}22)$$

受温度影响造成的链条的伸长率为：

$$\delta = \Delta L / L = \Delta T \alpha \quad (1\text{-}23)$$

若取初始温度为20°，系统运行一段时间后温度达到150°，链片的热胀系数取$11.7 \times 10^{-6}/(°)$，计算可得：

$$\delta = (150 - 20) \times 11.7 \times 10^{-6} = 1.521 \times 10^{-3} = 0.15\% \quad (1\text{-}24)$$

即由温度引起的链条伸长量的最大值在0.15%左右。

若不考虑系统的阻尼，则链条受力引起的伸长量仅与链片的张力及刚度有关，刚度值一般通过试验测得，也可通过有限元方法计算获得，由张力引起的伸长量可由式（1-25）估算。

$$\Delta L = FL/EA \quad (1\text{-}25)$$

式中，F为链片受到的张力；L为链片长度；E为弹性模量；A为链片截面面积。

若单个链片受到的最大拉力$F = 500\text{N}$，链片长度$L = 10\text{mm}$，弹性模量$E = 2.06 \times 10^{11}\text{Pa}$，链片截面积$A = 4.2\text{mm}^2$，代入计算可得$\Delta L = 5.8 \times 10^{-3}\text{mm}$，对应的伸长率$\delta$为：

$$\delta = \Delta L / L = 0.058\% \quad (1\text{-}26)$$

即在最大的受力状态下，由张力引起的伸长量大致在0.06%左右。

综上可知，温度和张力引起的链条总伸长量大概在0.2%左右，这对系统造成的影响较小。在实际运行的系统中，链条在达到使用期限时，其最大伸长量可达到1.2%左右，由此可知，磨损是引起链条伸长的最主要因素。

磨损伸长是由多个因素产生的，与其直接相关的是销轴、销轴孔及链片。销轴与链板孔构成转动副，二者之间存在相对运动，在销轴和链板孔内接触面间会存在磨屑等微小颗粒，微小颗粒的存在使得销轴易磨损，致使链条增长。对销轴进行表面处理，增加销轴的表面接触硬度，能够提高销轴的耐磨性，减小磨损伸长量。

销轴孔的加工精度对链片的磨损也有重要影响，链片在冲压成形的加工过程中，会形成剪切面Ⅰ和断裂面Ⅱ，如图 1.20 所示。

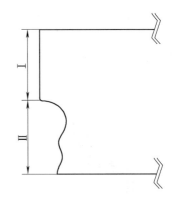

图 1.20　链片冲裁断面示意图

Ⅰ+Ⅱ即为链片的厚度，Ⅰ面最初与销轴接触，由于受力截面积较小，受力较大，故磨损较快，磨损后引起链条伸长。磨损量与Ⅰ的长度呈线性关系，Ⅰ/(Ⅰ+Ⅱ) 的值越大，即与销轴发生相对转动的接触面积越大，截面所受应力越小，耐磨特性较好。因此，为了控制链条不因磨损而导致伸长过快，需保证链片的冲裁质量，使得Ⅰ/(Ⅰ+Ⅱ) 尽可能的大，同时要控制表面质量。

由于设计公差和加工误差的存在，安装完成的链节真实接触情况如图 1.21 所示。

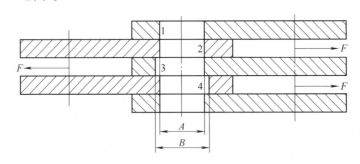

图 1.21　链片接触示意图

初始状态下，截面 1 和截面 2 与销轴接触，运行一段时间后，截面 1 和截面 2 逐渐磨损，链片销轴孔半径增大，截面 3 和截面 4 开始与销轴接触，发生相对转动，此时各个链板均受到拉力作用，链节伸长量为 ($B-A$)。为控制由此产生的伸长量，需合理的设计尺寸公差，提高加工精度。

1.3.2　正时链传动系统的实体评估

为了验证所开发设计的正时链传动系统的正确性，需要基于该系统的实体模型对表 1.1 所示的相关内容进行实体评估。实体评估主要分为零部件评估和系统评估。

1. 正时链传动系统零部件评估

在进行系统评估之前，需要对所设计的关键性构件进行局部的实体评估，因为各个组成构件的性能决定着系统评估的有效性。如果局部构件的实际使用性能达不到预期的设计要求，系统的评估也就无从谈起。

(1) 链条回转疲劳强度

对于常规链条的强度，一般认为静态抗拉强度是动态疲劳强度的 2 倍。但正时链传动系统多应用于高速运转工况，需要通过专门的试验设备进行测量。现在链条回转疲劳强度测量的通常做法是：利用链条回转疲劳测试仪，链条绕在链轮上，在施加张力的状态下，根据给定的回转速度得到对应的回转疲劳极限。

（2）链条伸长量

链条的伸长量可以利用图 1.22 所示的设备进行评估。本文之前已经讨论过链条伸长量的影响因素。除此之外，润滑油量、润滑油劣化等润滑条件也是影响链条伸长量的重要因素，特别是润滑油的劣化对伸长量的影响非常大。

图 1.22　链条伸长量测试

2. 正时链传动系统系统评估

在完成了对零部件的校核评估之后，就需要对正时链传动系统的整体特性进行评估。以往的系统评价总是仅仅针对耐久性方面，然而仅凭耐久性的测试结果来判定系统的设计是否合理是不全面的。为了全方位的评估系统，除了传统的耐久性评估，定量了解系统其他方面的特性也是必不可少的。

（1）链条张力

链条张力反映了正时链条在传动过程中的受力情况，它是由驱动轴载荷产生的载荷张力和链条自身的离心张力的综合体现。对于真正的发动机，由于链条振动以及张紧器匹配程度的影响，链条张力会发生很大的变化。因此，在发动机满载的工况下，链条张力的评估是验证正时链传动系统开发设计是否合理的必要步骤。

在实际的试验中，可以通过测定导轨处安装螺栓的应力（固定导轨）和张紧器的柱塞作用力（张紧导轨），然后经过简单的计算得到链条张力。由于高精度测量方法的不断发展，通过直接测量链轮轮齿的应力来确定链条张力的方法不断得到推广和应用。同时，在试验过程中，需要测出对正时链条动态分析很重要的发动机实时动态数据，这样可以提高后续的分析精度。

一般情况下，链条张力会随着回转速度的上升而增大。系统在中速以下运转时，回转速度的突然变化会导致链条张力的突然变化。另外，与无负载起动相比，全负载起动的正时链传动系统的链条张力会变大，这种倾向在多缸发动机和柴油机上更加明显。

(2)噪声测量

正时链条是安装在封闭发动机内部的金属制链条,由于链条和其他部位的振动传播了链的噪声,并以此产生了辐射噪声。特别是对于链条刚度低的场合,共振会产生很大的辐射噪声。

正时链传动系统的噪声包括链条和链轮的啮合噪声、链条的弦振动噪声等。这些噪声的大小依赖于系统所用链条的种类、链轮齿数以及系统的布局等基本设计。但是在设计评估阶段要大幅度降低噪声是很困难的,因此,通常的做法是通过调整张紧器来降低系统噪声。

通常使用的噪声测量方案是在链罩的前方设置一个送话器,对正时链传动系统在不同的边界条件下进行相应噪声水平的测量,然后验证噪声水平是否符合主机厂家的要求。

(3)耐久性评估

为了保证正时链传动系统在实际工作中稳定运转,需要对开发设计的系统进行不同模式的耐久性评估。试验条件主要有回转速度波动和连续高速运转两种。此外,链条的伸长量是正时链传动系统耐久性评估的一个重要指标。

1.4 正时齿形链传动系统数字化设计平台开发

数字化设计是将数字化技术应用于设计领域,利用计算机进行辅助设计。数字化设计能够提高设计效率、保证设计结果的准确可靠、节省系统开发时间,在系统开发中发挥着越来越重要的作用,因此也得到了越来越广泛的应用。各类计算机高级语言所编制的数字化设计软件已经成为设计者手中一个有力的辅助工具。除了用于有限元分析、结构设计、动力学分析等方面的大型通用商业软件越来越成熟之外,各个领域的研究者还开发出了大量适用于本领域的专业化软件或功能模块,用于机构设计、数据分析、零件选型等,这些软件或功能模块在本领域都发挥了重要的作用。

正时链传动系统作为汽车发动机的重要子模块,在发动机开发阶段,在确定了发动机的排量、缸数、布置方式等相关参数后,便可以相对独立的进行开发设计和分析。一般来说,设计方案通过一次计算是不能确定的,设计是一个不断重复计算,在多组计算结果中选优的过程。对于正时齿形链传动系统来说,由于系统组成零件较多,布局形式各异,求得精确数值解的计算过程比较复杂烦琐,一般需要对正时链传动系统开发比较了解的专业人员来完成。开发用于正时齿形链传动系统数字化设计的专业软件平台,可以提高设计效率,减轻设计者研发之初的工作量,同时,降低了对设计人员的要求,可以使设计者从单调重复的设计中解脱出来。数字化设计结果可以直接以图片和文字相结合的形式显示出所设计正时齿形链传动系统的细节,使设计者在设计之初就可以对系统进行整体把握,并且能够对所设计系统在实际运行时的状态做出合理预测。

本节内容是在对正时链传动系统的研究基础上,对所开发的正时齿形链传动系统设计软件进行介绍,该软件是在.NET 4.0平台上用C#语言实现的。

1.4.1 软件功能介绍

针对各种布局形式(单顶置、双顶置、多轴及V形布局等)及多层次结构的正时齿形链传动系统,设计软件可以完成其初始设计工作,包括链片、链轮、导板的轮廓外形设计及系统整体布局设计。

1.4.2 平台开发过程

1. 需求分析

（1）功能需求

1）完整性需求。正时齿形链传动系统包括链片、链轮、导轨等部件，所开发的软件系统应能对传动系统的大多数零部件进行关键参数的设计。另外，软件功能要完整，输出结果要包含设计者所关心的大部分内容。在设计开发软件时，要从产品的全生命周期进行考虑，能够从全局的角度为产品开发的后续步骤提供便利。

2）通用性需求。依据发动机布置方式和配置参数的不同，正时齿形链传动系统的布局和结构形式也多种多样，变化不一。因此，所设计开发的软件系统必须能够满足一定的通用性要求，不能只针对某一种固定的布局形式。

3）输入输出需求。系统设计时有大量的设计参数需要输入，在行业内一般由特定字母指代特定参数名，软件开发时指代关系要清晰，使不熟悉行业内这种指代关系的使用者也能正常使用。软件要有一定的智能性，能够避免用户一些无意识的输入错误，诸如输入的尺寸值不能包含字符，输入的齿数中不能包含负数及小数点等。

工程设计是一项比较复杂细致的工作，可能需要多个软件配合使用才能最终完成整个设计。一般工程设计结果都包括文字结果和图形结果，设计软件不仅要能够查看设计结果，还应对设计结果进行文字和图形输出，且输出的结果文件为常用的数据格式，能够在常用的软件中进行打开、编辑等操作。

4）准确性要求。由于设计公差和制造安装误差等的存在，实际系统与计算结果间会存在一定误差，要保证计算结果的准确可靠，使最终误差控制在可接受和调整的范围内。

（2）软件使用要求

对计算机硬件配置要求较低，在一般配置的计算机上即可以运行；为保证设计人员能高效地利用该软件进行设计，设计界面要友好，操作过程要简单；软件运行要稳定，可移植性要强。

2. 软件系统框架

根据上述功能需求，确定软件系统的框架结构如图 1.23 所示。在进行正时齿形链传动

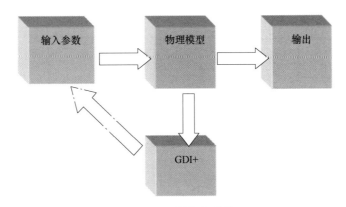

图 1.23 系统框架结构

系统开发设计时，依靠输入参数确定零部件的物理模型，运用图形处理的方法，设计者可以在设计过程中直观观察到对应的设计效果，如果发现问题或是对设计结果不满意，可以调整设计参数，重新进行设计。在达到满意设计效果后，可以对各种设计结果进行输出操作。

3. 文件输出实现方法

软件在进行输出操作时，需要输出 *.dwg 格式二维视图和 *.CATPart 格式的三维模型文件，需与 AutoCAD 软件及 Catia 软件进行连接，为实现此功能，在程序文件中添加如图 1.24 所示的引用。

在添加了必要的引用文件之后，编写内部接口语句分别如下：

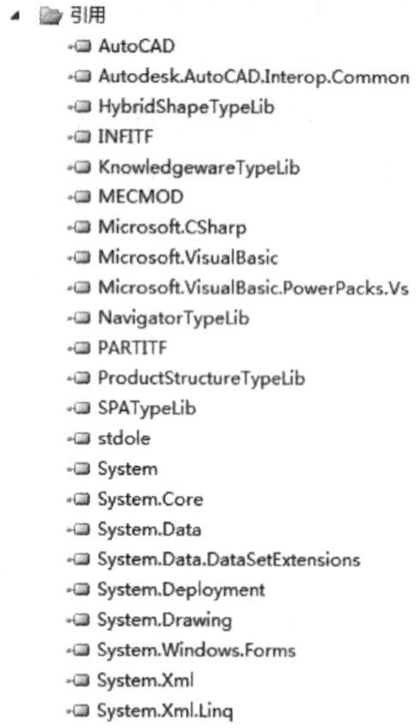

（1）与 CATIA 的内部接口

在建立三维模型时，用到的主要命名空间如下所示：

```
usingProductStructureTypeLib;
using MECMOD;
using PARTITF;
usingHybridShapeTypeLib;
using INFITF;
usingKnowledgewareTypeLib;
```

对 Catia 进行操作的关键语句如下：

```
……
INFITF.Application CATIA;
try
{
CATIA = (INFITF.Application)Microsoft.VisualBasic.
Interaction.GetObject(null,"CATIA.Application");
}
catch
{
CATIA = (INFITF.Application)Microsoft.VisualBasic.
Interaction.CreateObject("CATIA.Application");
}
……
```

图 1.24　添加的引用

（2）与 AutoCAD 的内部接口

绘制二维视图时，用到的主要命名空间如下：

```
usingAutodesk.AutoCAD;
usingAutodesk.AutoCAD.Interop;
usingAutodesk.AutoCAD.Interop.Common;
```

对 AutoCAD 进行操作的关键语句如下：

```
……
AcadApplication a = new AcadApplication();
……
```

在内部接口语句设定好之后，就可以调用相关函数进行图形文件的绘制和输出操作。

4. 主要算法

在对布局设计进行计算时，为计算出链条围链型线，需要求出两个圆弧的切点。连接两个圆弧共有四条公切线（两条外公切线，两条内公切线），如图 1.25 所示。为了能够正确地求出所需的那条公切线，需要添加两个条件：要知道圆 1 和圆 2 的转动方向及起始次序。转动方向是指一节链片走过的方向，对于链轮来说，就是链轮的转动方向；起始次序是指首先在圆 1 上，然后运动到圆 2 上或者反之。若两个链轮的转动方向一致，则可确定所求的公切线应为外共切线，按照外公切线的计算方法，可求出公切线 1、4 的切点 P_2、P_5、P_8、P_{11} 的坐标，如图 1.26 所示。假定链片由圆 1 运动到圆 2，两圆都沿顺时针方向转动，则可知所要求的切线为切线 1，所需的切点为 P_2 和 P_5。通过求公切线可知 P_5 和 P_8 位于圆 1 上，P_2 和 P_{11} 位于圆 2 上，但是还不能直接区分哪个是所需要的。为正确辨别出所需的位置坐标，需要对求出的各个切点做一下处理。把圆 1 上的两个切点 P_5、P_8 分别以圆心 O_1 为中心，沿着与圆 1 相同的方向（假定条件下为顺时针）转动一个较小的角度可得到另外两个点 P_4 和 P_7，同样，把圆 2 上的两个切点 P_2、P_{11} 以圆心 O_2 为中心，沿着与圆 2 相反的方向（假定条件下为逆时针）转动一个较小的角度可得到另外两个点 P_3 和 P_{12}。其中 P_2、P_3、P_4、P_5 位于两圆中心连线 O_1O_2 的同一侧，易知，直线段 P_3P_4 的距离将小于直线段 P_2P_5（即切线 1）的距离，同理可知，直线段 P_7P_{12} 的距离将大于直线段 P_8P_{11}（即切线 4）的距离。因此根据新直线 P_3P_4 及 P_7P_{12} 的距离，即可确定出切线 1 是所要求的直线。对于其他情况，可以利用同样的方法唯一的确定出正确的切线和切点坐标。

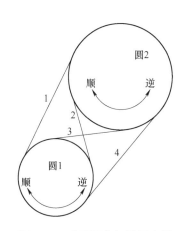

图 1.25 求两圆公切线示意图

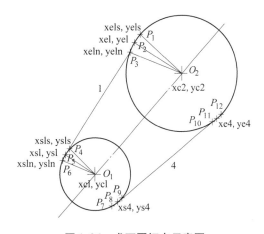

图 1.26 求两圆切点示意图

5. 正时齿形链传动系统数字化设计流程

系统设计开发的流程图如图 1.27 所示。前面已经提到，相比于带传动，链传动系统具有使用寿命长、传递效率高等优点，已经越来越多地被应用到汽车发动机中。此外，正时链传动系统不仅被应用于连接发动机曲轴和凸轮轴，还被用于驱动水泵、机油泵、平衡轴等。因此，在一台发动机中，可能包含有多个链传动系统。考虑到这种情况，为了能够在设计过程中查看整体多系统的设计效果，即为满足通用性的功能需求，所开发的设计软件允许用户建立多层链传动系统。

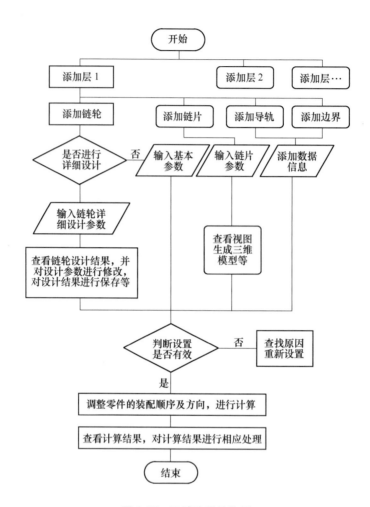

图1.27 设计流程结构图

从设计流程图中亦能发现，软件系统包含了链轮、链片、导轨、边界等几个功能子模块，每个功能子模块间相互独立。在进行系统设计时，首先需要在子模块内设置好链轮、链片、导轨等零件的参数，然后将设计好的零件添加到对应层中，进行系统的布局分析计算。

需要说明的是，实际应用中，发动机内的链条并非全部都需要应用齿形链，也有可能采用套筒链或者滚子链，不管采用哪种形式的链条，其初始布局设计都是相似的，可以用同一种方法进行设计计算。

1.4.3 软件总体设计

本软件编写的所有代码都在同一个命名空间内，包含了完成各项功能的类，如图1.28所示。各类的作用见表1.5。软件主界面如图1.29所示。

表 1.5 各个类的类型及功能

名　　称	类　　型	功　　能
Addnodes	代码文件	添加节点到模型树中
Assemble	Windows 窗体	装配窗体
AssembleInfo	代码文件	装配信息
CADplot	代码文件	绘制二维视图
Calculator	代码文件	计算代码
Chain	Windows 窗体	链片设计窗体
ChainInfo	代码文件	链片信息
Constrain	Windows 窗体	添加边界窗体
ConstrainInfo	代码文件	边界信息
Data	代码文件	记录计算数据
Form1	Windows 窗体	主窗体
Guide	Windows 窗体	添加导板窗体
GuideInfo	代码文件	导板信息
helpabout	Windows 窗体	帮助 "About" 窗体
helpexample	Windows 窗体	帮助 "Example" 窗体
Program	代码文件	程序入口
remark	代码文件	备注内容
Showdata	Windows 窗体	计算数据显示窗体
Sprocket	Windows 窗体	链轮设计窗体
SprocketInfo	代码文件	链轮信息
ThreeDModel	代码文件	生成 3D 模型
xmlfile	代码文件	生成及打开 xml 文件

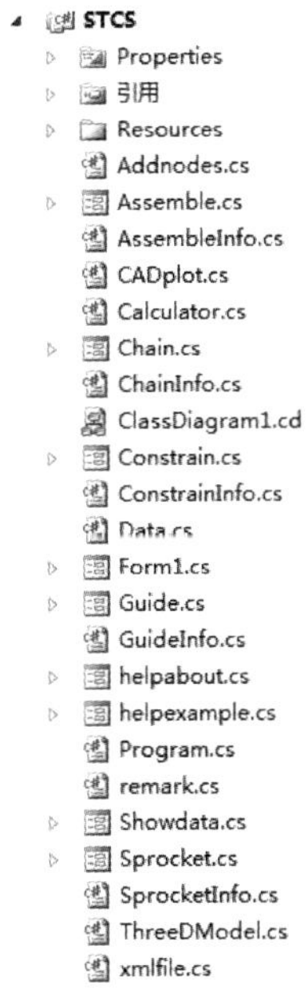

图 1.28　类汇总图

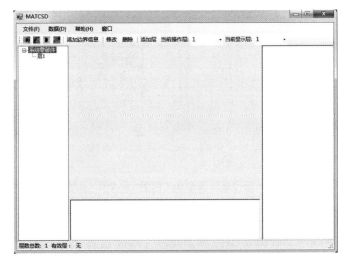

图 1.29　软件主界面

从图 1.29 可知，所设计完成的主界面包括菜单栏、工具栏、模型树、视图框、文本框、状态栏等部分。

菜单栏位于软件顶部，共包含文件、数据、帮助和窗口四个菜单项，能够完成保存项目、打开项目，保存结果，查看计算数据结果，查看软件相关信息，改变主界面窗口布局形式等功能。查看计算数据结果时，会弹出一个用户界面，使用者可以对选定的数据进行查看，并能对数据进行坐标转换、单位转换等操作。

工具栏位于菜单栏下面，包括向设计系统中添加各个零部件信息，添加系统边界参数，节点信息的修改，选取对应操作层等。在向系统中添加零部件信息时会弹出新的用户界面，满足用户对链片参数、链轮参数和导轨外形进行设计，以及生成相应的二维视图和三维模型等。在添加完所有的零件，进行装配计算时，会弹出一个用户界面，供使用者完成调整装配顺序，设定链板背部的距离等操作。

组成系统的零部件名称和添加的层个数都会在模型树内显示，模型树包含三层节点，第一层有且只有一个根节点"系统零部件"，不能对其进行添加、修改、删除等操作。第二层节点为层信息，初始时包含一个节点"层1"，新建的层信息都会显示在第二层节点中。第三层为组成系统的零部件信息，可以给层内的每个零部件任意命名，但是名称不能重复，在设置好各个参数后还可以对其进行修改或删除等操作。

视图框显示出有效操作层的正时链传动系统布局视图及导板转动一定角度后对应的新的围链迹线，文本框显示出链轮坐标位置，导板各段起始坐标，导板转过的角度，系统的链节总数等对应的文字结果。

状态栏显示出添加的层数总数及有效层数等基本信息，其中有效层数是指能够进行围链操作的层的个数。判断是否能够进行围链的条件取决于链轮的个数，一个链传动系统至少包括两个链轮，因此，若当前层内的链轮个数大于等于2，则不管导板的个数是多少，都认为是可以进行围链的，都视当前层为有效层。

在对系统进行设计时，需知道所设计系统的工作环境等信息，因此，主界面上还包含了添加备注的功能，可以对系统的设计要求、预期性能、工作条件等相关事宜进行记录和保存，以便在系统设计时进行参考。

对于所开发的设计软件，还有以下两点需要说明：

（1）软件使用中，将设计结果生成.dwg格式文件的操作是通过调用AutoCAD软件来实现的，将设计结果生成三维模型的操作是通过调用CATIA软件来实现的，因此，使用之前，需安装AutoCAD 2010和CATIA V5R19这两款对应版本的软件，否则对应功能将无法实现。

（2）为使软件更具实用性和稳定性，在对软件进行设计时考虑到了一些可能由于人为操作不当而引起的错误，并进行了相应处理。比如若在要求输入节距、齿数及坐标位置等数字的文本框里输入了字符，则不能计算得到正确结果。经过处理之后软件可以避免这类错误的发生。还有一些错误可能是由输入数据不合理而造成的，例如除数为零，可能导致求解时陷入死循环，在软件中也都做了相应处理，在发生错误时会给出相应提示信息。一旦发生错误，使用者应根据提示信息，仔细核对各输入项。

1.4.4 RecurDyn 二次开发

能够对正时链传动系统进行动力学特性分析的成熟商用软件有 AVL、Adamas、RecurDyn

等,应用此类软件都能够得出较为可信的分析结果。其中,RecurDyn 软件具有更快的求解速度,并且其操作界面较为友好。在利用 RecurDyn 软件对所设计的正时齿形链传动系统进行动力学特性分析时,需要建立系统装配后的三维模型,并在各运动部件处添加运动副。一般来说,系统的链节个数都在一百个以上,因此建立相应的三维模型,并添加约束是很费时费力的一件工作,并且稍有不慎便容易错选和漏选,最终影响分析结果。针对此类问题,为了实现建模、仿真分析及后处理过程的自动化操作,RecurDyn 提供了 ProcessNet 二次开发平台,该平台提供标准的 Microsoft 开发工具(Visual Studio Tools for Applications VSTA,.Net 架构)C#、VB 与 RecurDyn 函数的接口,因此可以方便地利用 ProcessNet 开发平台,对 RecurDyn 进行二次开发。为降低求解之前的诸如建模和施加约束时的工作量及避免错加或漏加约束等错误的发生,结合应用设计软件所得出的结果,基于 ProcessNet 二次开发平台,对 RecurDyn 进行了二次开发,定制了用于正时链传动系统建模专业化的用户界面,应用 RecurDyn 可以直接导入链片并进行自动装配,导入链片的操作界面如图 1.30 所示。假如所设计的链片片型为 2×3,在进行动力学分析时希望用 1×2 的链片片型进行替代,则为了减小这种变换片型的影响,需要改变对应的链片的密度值,使得链片的质量和转动惯量等物理属性的变化较小。正确选定链片路径,输入链片节数并设置好其他参数后单击"确定",会弹出打开文件的窗口,选定保存各个链片坐标位置的 doc 文件或 txt 文件,RecurDyn 就开始自动装配和添加转动约束副的过程,装配的结果和所添加的转动副分别如图 1.31 和图 1.32 所示。

图 1.30　导入链片的界面

图 1.31　导入的链片

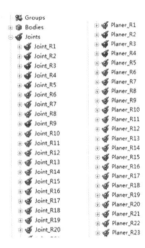

图 1.32　添加的铰接副和平面副

导入链片并修改材料密度值的部分代码如下所示:

```
modelDocument.FileImport(path1);
modelDocument.FileImport(path2);
IBody lianjie1 = model.GetEntity(qianzhuiming + (j + 1).ToString())as IBody;
IBody lianjie2 = model.GetEntity(qianzhuiming + (j + 2).ToString())as IBody;

lianjie1.MaterialInput = MaterialInput.Density;
lianjie2.MaterialInput = MaterialInput.Density;
```

```
lianjie1.Density = MyForm2.mid1;
lianjie2.Density = MyForm2.mid2;
```
添加转动副和平面副的代码如下所示：
```
for(int s =1; s < t-1; s++)
    {
        IBody jie1 = model.GetEntity(qianzhuiming + s.ToString()) as IBody;
        IBody jie2 = model.GetEntity(qianzhuiming + (s +1).ToString()) as IBody;

        IJointRevolute JoR = model.CreateJointRevoluteEx("Joint_R" + s.ToString(),jie1,
jie2,jie2.RefFrame);
    }
    IBody jie3 = model.GetEntity(qianzhuiming + (t-1).ToString()) as IBody;
    IBody jie4 = model.GetEntity(qianzhuiming + "1") as IBody;

    IJointRevolute JoR2 = model.CreateJointRevoluteEx("Joint_R" + (t-1).ToString(),
jie3,jie4,jie4.RefFrame);

    IBody bplaner = model.GetEntity("Ground") as IBody;
    for(inttim=1; tim < t;tim++)
    {
        IBody aplaner = model.GetEntity(qianzhuiming + tim.ToString()) as IBody;
        IJointPlanar JoP = model.CreateJointPlanarEx("Planer_R" + tim.ToString(),bplaner,aplaner,bplaner.RefFrame);
    }
```
由于在一个系统中，链轮和导轨的数量很少，在利用 RecurDyn 软件对系统进行动力学特性分析时，可以直接手动导入链轮和导轨的三维模型。为方便自动添加接触约束，需要更改导入链轮和导轨的名称为 ***_1、***_2、…、***_n，其中 *** 表示任意的字符，1、2、…、n 为连续的数字，n 的大小为链轮和导轨的总个数，添加接触的界面如图 1.33 所示。

图 1.33 添加接触的界面

添加的接触约束如图 1.34 所示，建立的模型如图 1.35 所示。

图 1.34　添加的接触约束

图 1.35　系统模型

与其他的操作方法相比，此方法可以大大缩短建模时间，保证所施加的约束不存在遗漏或重复，提高了模型设计和分析的效率。

1.5　系统数字化设计案例

在以上研究内容的基础之上，运用数字化设计技术和方法，应用所开发的系统设计软件，分别对单顶置、双顶置布局形式的正时齿形链系统进行了系统设计。

1.5.1　单顶置正时齿形链传动系统

该单顶置正时齿形链传动系统应用于某款摩托车发动机中，发动机排量为 0.8L，缸数为 2 缸，额定转速为 6000～6500r/min，额定功率为 40～45kW，最大转矩为 73N·m。正时相位差允许大小为 ±5°。系统包含一个曲轴链轮、一个凸轮轴链轮、两个导轨、一挂齿形链条、一套张紧装置，其系统布局图如图 1.36 所示。

选定曲轴链轮齿数 $z_1=21$，根据传动比之间的关系，确定凸轮轴链轮齿数 $z_2=42$，根据系统运行状况及预估受力条件，选定链条节距 $p=6.35$mm，在对系统进行开发设计时选定曲轴轮中心为坐标原点，依据布局关系可以确定凸轮轴链轮的坐标位置为（191.15，163.92）。

单顶置正时齿形链传动系统初始设计：

根据以上已知条件，分别对链片、链轮及导轨作如下设计。

（1）链片

为了减小系统的多边形效应，提高系统的运行平稳性，同时保证系统的啮合冲击较小，噪声较小，根据齿形链啮合机理，设计链片形式为内外复合啮合式。确定链片的主要设计参数见表 1.6。

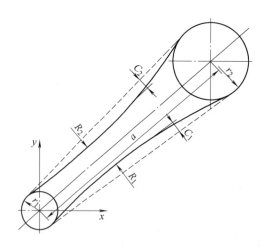

图1.36 单顶置正时齿形链传动系统布局

依据链片各个参数间的几何关系可确定链片的全部结构参数,最终设计的链片轮廓外形如图1.37所示。

表1.6 链片主要参数列表

孔心距	6.35mm
销轴孔半径	1.27mm
边心距	2.49mm
压力角	30°
内侧齿廓半径	10mm

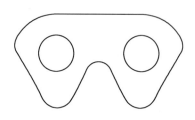

图1.37 链片轮廓外形

(2) 链轮

链轮齿形选择渐开线类型。依据链轮分度圆半径的计算公式 $d = p/[2\sin(\pi/z)]$ 可计算得到两个链轮的分度圆半径分别为21.3027mm和42.4862mm。如前所述,根据齿数的关系,曲轴链轮的压力角为31.5°,凸轮轴链轮的压力角为30°。依据设计好的链片与链轮的啮合关系,可确定曲轴链轮的齿顶圆半径为20.24mm,齿根圆半径为17.14mm,凸轮轴链轮的齿顶圆半径为41.5mm,齿根圆半径为38.15mm。链轮的主要设计参数列表见表1.7。

经检验所设计的链轮与链片满足啮合条件,最终确定的链轮齿形结构如图1.38所示。

表1.7 链轮主要设计参数列表

链轮参数	曲轴链轮	凸轮轴链轮
齿数	21	42
压力角 (°)	31.5	30
分度圆半径/mm	21.3027	42.4862
齿顶圆半径/mm	20.24	41.5
齿根圆半径/mm	17.14	38.15

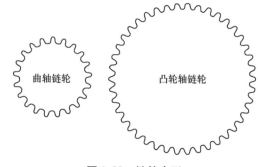

图1.38 链轮齿形

（3）导轨

固定导轨位于紧边，布置在系统右侧，张紧导轨位于松边，布置在系统左侧，张紧装置布置在左侧上方，和张紧导轨相互作用，共同调整系统运行轨迹。受系统空间布局的影响，考虑到系统的实际结构，将两个导轨均设计为单一圆弧。由于系统中两链轮中心距不算太大，系统链节数较少，因此磨损伸长量较小，可以将张紧导轨末端的过渡圆角设计为较大值，通过此过渡圆角来调节系统的磨损伸长量。在导轨初始设计时，一般将内凹量作为重要设计依据，内凹量一般认为是导轨与两链轮公切线之间的最大差值，如图 1.36 中 C_1、C_2 所示。内凹量一般根据经验值和系统布局形式确定。固定导轨侧，初定内凹量为中心距的 3%，经计算并取整后确定固定导轨的曲率半径为 600mm，对于张紧导轨，初定内凹量为中心距的 6.5%，经计算确定张紧导轨的曲率半径为 316.72mm。

根据以上对链片、链轮及导轨的设计，所完成的系统设计如图 1.39 所示，系统中的链节总数为 112 节。

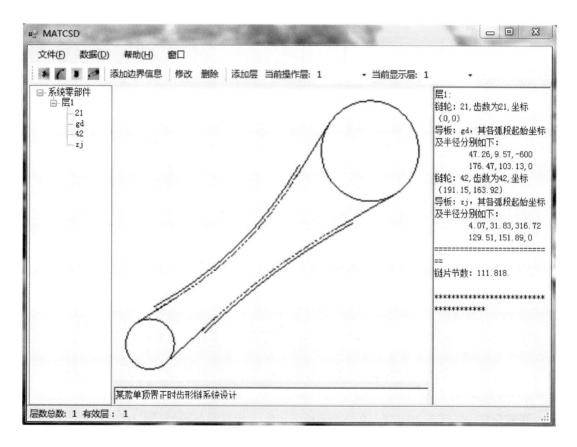

图 1.39　单顶置正时齿形链传动系统设计结果

1.5.2　双顶置正时齿形链传动系统

该双顶置正时齿形链传动系统用于一款排量为 1.13L 的摩托车发动机中，发动机缸数为

4缸，最大功率为81kW，最大转矩为120N·m。正时相位差允许大小为±5°。其正时齿形链传动系统包含一个曲轴链轮、两个凸轮轴链轮、两个导轨、一挂齿形链条、一套张紧装置，其系统布局图如图1.40所示。

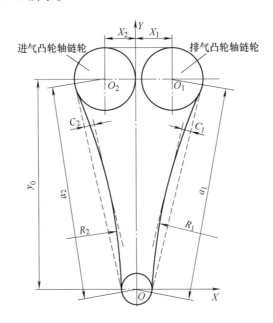

图1.40 双顶置正时齿形链传动系统布局

选定曲轴链轮齿数$z_1 = 21$，根据传动比之间的关系，确定凸轮轴链轮齿数$z_2 = 42$，根据系统运行状况及预估受力条件，选定链条节距$p = 6.35$mm，在对系统进行开发设计时选定曲轴链轮中心为坐标原点，依据布局关系可以确定进气凸轮轴链轮的坐标位置为（-50，300），排气凸轮轴链轮的坐标位置为（45，300）。

双顶置正时齿形链传动系统初始设计：

依据以上已知条件分别对链片、链轮及导轨进行设计，其中链片及链轮的设计可以参照单顶置正时齿形链传动系统中的设计结果，因此只需对导轨进行设计。

固定导轨位于链条紧边，起到限制链条波动的作用，根据以上分析，为使系统有良好的受力特性，固定导轨的曲率半径不宜过小。按照设计经验，参照系统的整体布局，设计固定导轨为单一弧段，取内凹量为中心距的4.5%，经过计算并取整后可得固定导轨的圆弧曲率半径为800mm。

张紧导轨位于链条的松边，有一个转动自由度，与张紧系统相互配合，可以调节系统的磨损伸长量，以避免链条在松边堆积，影响传递性能。考虑到曲轴与进气凸轮轴链轮中心距的大小，设计张紧导轨为两段相切圆弧。为使所设计的系统在初始条件下具有偶数整数链节，经计算调整后确定两段圆弧的半径分别为237.15mm和145.31mm。设计完成的双顶置正时齿形链传动系统如图1.41所示，系统中的链节数为146节。

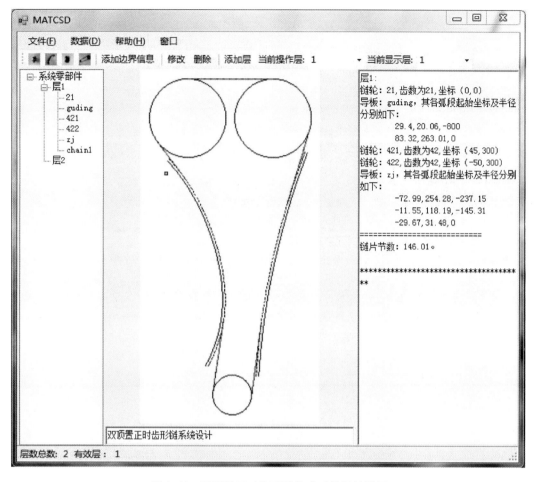

图 1.41 双顶置正时齿形链传动系统设计结果

1.6 本章总结

  本章在详细阐述汽车发动机的工作原理以及配气过程的基础上，介绍了正时链传动系统在发动机中的重要作用。同时，介绍了汽车正时链传动系统常见的几种布局形式，阐释了正时链传动系统的各个组成部分及其作用，讨论了正时齿形链传动系统的评价方法，介绍了齿形链的分类，为正时齿形链传动系统的设计奠定了坚实的理论基础。讨论了正时链传动系统设计开发的一般流程，针对正时齿形链传动系统，分析了系统设计所需考虑的因素。详细介绍了正时齿形链传动系统的设计方法，并分析了导轨曲率半径的大小对正时齿形链传动系统的影响，对引起链条伸长的主要因素进行了分析，为实现正时齿形链传动系统的数字化设计提供了充分的条件。开发了正时齿形链传动系统的数字化设计软件，并对所开发的设计软件进行了详细的说明。同时对动力学分析软件 RecurDyn 进行了二次开发，使之可以利用设计软件所得的结果，实现自动化建模和自动施加约束，减少了进行动力学建模所耗费的时间。最后运用所开发的设计软件进行了案例设计，验证了所开发软件的实用性。

参 考 文 献

[1] 中国汽车工业协会,中国汽车技术研究中心,丰田汽车公司.中国汽车工业发展年度报告［M］.北京:社会科学文献出版社,2018.

[2] SUKIL OH, KOO-TAE KANG, KANG-YOUNG SOH. Whine noise development of engine timing gear system in heavy duty vehicle［C］. ASME 2011 International Design Engineering Technical Conferences and Computers and Information in Engineering Conference, Washington:2011, Volume 8:357-363.

[3] 裘建新,许晓东.正时带的国内外发展和研究现状［J］.机械传动,2007,31(3):100-104.

[4] 金延安.发动机正时传动与改进［J］.发动机技术,2014(4):56-57.

[5] 刘仙洲.中国机械工程发明史［M］.北京:科学出版社,1962.

[6] 陈家瑞.汽车构造［M］.北京:机械工业出版社,2001.

[7] 吴建华.汽车发动机原理［M］.北京:机械工业出版社,2005.

[8] 孟繁忠.齿形链啮合原理［M］.北京:机械工业出版社,2008.

[9] 漆向军,刘明丹.数字化设计技术在农业机械化领域中的应用及展望［J］.农业网络信息,2006(6):4-5.

[10] 葛科宇.发动机磨损故障知识获取方法研究及应用平台开发［D］.南京:南京航空航天大学,2011.

[11] 夏高见.结构状态综合评估方法研究及软件平台开发［D］.哈尔滨:哈尔滨工业大学,2009.

第 2 章 正时链传动系统液压张紧器的设计

2.1 张紧器的国内外研究现状

正时链在传动过程中的工作环境较为复杂，其传动的稳定性会受到多种因素的影响。发动机工作时，曲轴和凸轮轴转矩的波动、外部负载的交变特性、燃烧室内气体压力的剧烈变化都将导致凸轮轴与曲轴转速的强烈波动，这些波动都将传递给正时链条。同时，正时链条在传动过程中，链条在张力、磨损、温度的作用下伸长，将会增大链条横向波动幅度，甚至导致跳齿、脱链，降低正时链条的传动效率和寿命。因此，需要在正时链传动系统中安装张紧器，以维持链条张紧，补偿链条伸长量，减小横向波动，降低噪声，从而保证正时链传动系统稳定工作。在正时链传动系统的发展和应用历程中，主要有机械式张紧器和液压张紧器两种形式。液压张紧器因具有耐磨性较高、系统阻尼较大和空间布局较小等特点而获得生产厂家的青睐，在汽车行业中得到普遍应用。

目前，国内汽车使用的液压张紧器主要由国外的生产厂家供货，国内仅有的几家液压张紧器生产厂家的产品也多是仿制照搬国外的同类产品，难以实现液压张紧器与正时链传动系统的性能匹配。所以目前急需研发我国完全具有自主知识产权的液压张紧器，建立和完善其设计分析方法，缩短与欧美国家的差距，打破国外汽车零部件供应商对此行业的垄断。

1982 年，德国 INA 公司基于客户要求开发了第一款液压张紧器。1984 年，在一款六缸汽油发动机上第一次引入了液压张紧器，其功能和结构是从液压间隙调节器演变而来的。现在液压张紧器已经普遍使用在轿车上，但其主要核心技术均掌握在国外的生产厂家，其中日本、德国、美国掌握了核心的专利技术以及设计方法，并且关键的设计原则和科研成果均不在公开的刊物上发表。

表 2.1 所示是全球主要的液压张紧器供应商所设计的液压张紧器结构形式、阻尼方式、锁止结构以及加工成本的对比。

表 2.1 不同供应商所提供的液压张紧器

制造商	基本结构			成 本
	样 式	阻尼方式	锁止机构	
NTN	锯齿形螺纹	锯齿形螺纹液压	锯齿形螺纹	高
	环式	液压	环式	中
DID-N	环式	液压	环式	中
椿本	棘轮式	液压	棘轮式	中
IWIS	环式	液压	环式	中
博格华纳	棘轮式	液压	棘轮式	中

目前德国的慕尼黑大学对液压张紧器有比较深入的研究，设计出了多种不同类型、不同结构形式的液压张紧器，并建立了相关的试验设施来对其性能进行验证。其中慕尼黑大学应用机械研究中心的 Karin Krueger 等人建立了用于分析不同类型的液压张紧器的试验验证平台，可以分析在不同激励条件、不同温度条件以及不同油压条件下液压张紧器的动力学特性，并利用液压分析软件 HYSIM 建立了关于液压张紧器的仿真分析模型，该分析模型可以针对不同的边界条件对液压张紧器进行动力学仿真分析。Karin Krueger 针对带有单向阀的液压张紧器和没有单向阀的液压张紧器，做了试验结果与仿真分析结果的对比。通过对比不同泄漏间隙的液压张紧器产生的阻尼力的值，验证了试验结果和仿真分析结果具有高度的一致性。同时研究结果也表明这两种类型的液压张紧器具有完全不同的动力学特性；对于没有单向阀的液压张紧器，在低频条件下，泄漏间隙对于其动力学特性几乎没有影响甚至可以忽略，由于不能抑制油液回流，高压腔内的油液压力几乎没有增加；对于带有单向阀的液压张紧器，泄漏间隙对于液压张紧器的动力学特性具有重要的影响，泄漏间隙越小，高压腔内的压力越大，柱塞作用反力越高，而且激励频率越高，张紧器的作用反力也越大，相反，泄漏间隙越大则会导致较低的柱塞作用反力，系统所表现出的阻尼效果也越差。同时，慕尼黑大学的 Lucas Ginzinger、Wolfgang Günthner 等人研究了涵盖所能涉及的各个类型的张紧器，结合试验、理论研究以及仿真分析讨论了不同的组件对于液压张紧器动力学特性的影响，建立了一套完整的从设计到成本的策略来优化液压张紧器在整个正时链传动系统中的特性，为液压张紧器供应商提供了一套针对不同正时链传动系统布局形式及特点来选择最优液压张紧器类型的方案。

凯泽斯劳滕大学的机械零件、齿轮与传动研究中心的 Alexander Gummer 研究员和 Bernd Sauer 教授等人开发了关于液压张紧器的仿真分析平台，主要针对两种不同类型的液压张紧器建立了模型，仿真计算结果与试验测试分析结果具有较高的一致性，验证了该仿真计算平台能够真实地预测实际中液压张紧器的动力学特性。

日本本田公司研究中心的 Hiroshi Takagishi、Kazuto Muguruma 等人建立了机油泵链条动力学模型以及机械式线圈张紧器和液压张紧器的动力学模型，分析了不同类型的张紧器对于链条系统载荷的影响。同时，研究结果也发现带有线圈弹簧式张紧器的链条系统的共振频率低于液压张紧器链条系统的共振频率，使用线圈弹簧式张紧器的链条系统，链条载荷会有突然的增加。另外，通过对比线圈弹簧式张紧器和刀片式张紧器发现，带有线圈弹簧式张紧器的链条系统的链条波动量比较大，链条峰值载荷也相应增加。对于带有卸荷阀的液压张紧器，存在一个最优的卸荷压力，此时链条系统的最大链条张力有一个最小值，准确地预测出该卸荷压力对于设计带有卸荷阀的液压张紧器具有重要的意义。

在国内，重庆大学韩鲁强对正时带液压张紧器进行了理论建模和基于 ADINA 软件的仿真模型分析。通过建立二维平面的流固耦合有限元模型，分析了配合间隙内油液的流动状态、柱塞作用反力及腔体内的压力变化，并对各参数对液压张紧器阻尼特性的影响进行了研究。胡延平、洛汉平等人对液压张紧器动力学的数学模型进行了研究和完善，考虑了油液的可压缩性及油液中混有气体对油液体积弹性模量的影响，并在研究过程中以能量耗散率和最大阻尼力为评价指标，研究了油液混气比和张紧器油液体积对其动力学性能的影响。合肥工业大学宋东奇利用 AVL EXCITE 软件中的 Timing Drive 模块，基于某款日系发动机建立了张紧器动力学模型和链传动模型，并运用正交试验法，在可选的张紧器柱塞直径 d、泄漏间隙 s 及间隙长度 l 参数范围内共进行 16 次试验分析，通过对比分析张紧器在简谐振动过程中吸

收的阻尼能 W，对这三个参数进行筛选，得到最优参数，取得最大阻尼能 W。同时，该研究还对链传动过程中张紧器与链条之间的接触力和位移进行了分析。汽车噪声振动和安全技术国家重点实验室的胡玉梅等人以某发动机附件轮系液压自动张紧器为研究对象，考虑油液可压缩性，建立了可以求解液压张紧器腔体内油压的微分方程和单向阀阀球运动微分方程，并通过方程计算得到张紧器最大阻尼力和阻尼能。

目前四川绵阳的富临精工公司是国内主要的液压张紧器供应商，该公司基本具备了设计液压张紧器的能力并且拥有相关的试验设备进行试验验证。但是国内对于液压张紧器的研究仅仅停留在起步阶段，设计出与正时链传动系统相匹配的，高性能、高可靠性的液压张紧器还有很长的路要走。

2.2 液压张紧器结构形式及工作原理

2.2.1 张紧器的分类

从张紧方式来说，张紧器主要分为液压张紧器和机械式张紧器两种。其中，机械式张紧器主要分为板簧式张紧器和线圈弹簧式张紧器。板簧式张紧器是由几个叠加在一起的板簧和张紧器导轨整体组合而成的一种张紧装置，弹簧式张紧器是由圆柱螺旋弹簧和壳体组成的一种装置。机械式张紧器不需要液压油，因此结构相对简单，价格相对便宜，但其阻尼效果差，不能很好地调节链条张力在一个稳定的范围内，当转速波动比较严重时容易发生跳齿和脱链的现象，因此机械式张紧器应用范围受到了限制，主机厂家和链条厂家也逐渐放弃了使用机械式张紧器，普遍使用液压张紧器。

表 2.2 是关于液压自动张紧器和机械式张紧器在补偿方式、阻尼特性、工作方式以及加工制造成本等方面的对比，通过对比发现液压张紧器可以产生很大的阻尼，对正时链传动系统的动力学特性有很大的改善作用。

表 2.2 液压张紧器与机械式张紧器对比

种　类	液压张紧器	板簧式张紧器	弹簧式张紧器
结构组成			
随动元件	液压件/弹簧	板簧	螺旋弹簧
阻尼源	油液泄漏	机械摩擦	机械摩擦
优缺点	○ 有效补偿链条伸长量 ○ 在油液作用下可以获得很好的阻尼效果 ◇ 相比其他张紧器，零件的数量较多，结构较为复杂	○ 安装空间小 ○ 相比其他张紧器部件少 ◇ 板簧对链条伸长的补偿能力差，作用反力较小，张紧效果较差 ◇ 张紧器的伸出量小	○ 能较好补偿链条伸长量 ◇ 链条始终处于张紧状态，对链条寿命造成影响
成本	高	中	低
	单向阀和止锁机构等组件成本较高	尽管导轨和张紧器是一体的，相比其他张紧器成本仍然有优势	结构简单，容易大批量生产

2.2.2 液压张紧器的分类

1. 按性能特点分类

图 2.1 所示为几种不同性能特点的液压张紧器,其中第一种类型的液压张紧器应用最广泛,其他几种类型的液压张紧器是根据不同发动机正时链传动系统的动力学特性要求,基于第一种类型的液压张紧器阻尼效果的优化改进。

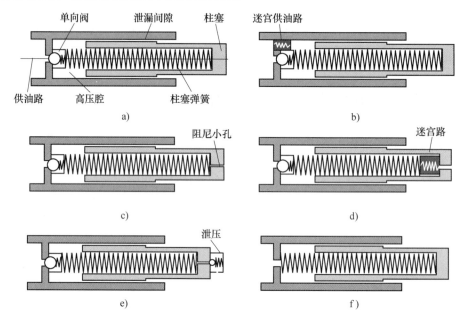

图 2.1　不同性能特点的液压张紧器

a) 基本型　b) 迷宫供油型　c) 阻尼小孔泄漏型　d) 迷宫泄漏型　e) 泄压阀型　f) 无单向阀型

图 2.1a 所示是最常用的液压张紧器,对其研究也是最深入的。它由单向阀组件、供油路、壳体、柱塞、柱塞弹簧等基本结构部件组成。其中,单向阀把腔体分为高压腔和低压腔。主要靠液压油流过泄漏间隙所产生的黏滞阻尼力来吸收链条的横向波动。

图 2.1b 所示液压张紧器中,在壳体的进油处增设了一条迷宫路,这可以解决液压张紧器供油不足的情况。在低频激励条件下,由于高压腔内的液压油会流回低压腔,因此减小了液压张紧器的作用反力;在中频激励范围内,带有迷宫进油路的液压张紧器具有很好的阻尼效果;在高频激励条件下,当单向阀打开时,液压油进入高压腔的油量会较小,因此所产生的柱塞作用反力会较低。值得注意的是,在低温时,迷宫油路会产生较大的阻尼,此时产生的系统阻尼力的效果与图 2.1a 类型液压张紧器大致一样。

图 2.1c 所示液压张紧器在柱塞前端开设了阻尼小孔,此时液压张紧器的阻尼特性主要由阻尼小孔所决定,而且油液可以从阻尼小孔中向外泄露,从而润滑柱塞和液压张紧导轨的接触表面,减小柱塞的磨损量,增加张紧器的使用寿命。在某些液压张紧器中,在柱塞末端开设阻尼小孔,这是为了防止前端开设的阻尼小孔由于柱塞前端面和液压张紧导轨接触时出现堵塞,造成液压张紧器阻尼力过大。

图 2.1d 所示液压张紧器是在其柱塞前端增加了一个迷宫油路,由于迷宫管路具有更高

的阻抗系数，因此可以产生更大的阻尼效果，同时从迷宫管路中泄漏的液压油也可以润滑外部组件。其性能特点与图 2.1b 类型的液压张紧器基本一致。

图 2.1e 所示液压张紧器是在柱塞前端增加了一个卸压阀装置，当高压腔中的油液压力达到一定值后卸荷阀开启。此种类型的液压张紧器通常用于高速运转的发动机上。这种类型液压张紧器在外界激励下会产生恒定的最大柱塞作用反力，并且最大作用反力不会随着液压油的黏度以及外界温度的变化而变化。当曲轴的速度增加时，液压张紧器高压腔内就会产生很大的压力，从而产生很大的作用反力，使得柱塞前端的磨损非常严重。另外，根据力的平衡关系，链条张力就会非常大，因此会造成链条疲劳寿命的降低。通过在前端增加一个卸荷阀，使得液压张紧器高压腔内部的压力达到一定值后，卸荷阀开启，高压腔内压力卸荷，从而减小了液压张紧器的作用反力以及链条的张力，降低磨损并且增加链条的疲劳寿命。但是，由于卸荷阀的开启对系统会引起额外的冲击和振动，这将对整个系统的动力学特性产生不利的影响。

图 2.1f 所示是一种没有单向阀机构的液压张紧器，在较低激励频率载荷下，产生的柱塞作用反力会比较小，这是因为在低频激励时高压腔内会有较多的油液回流到低压腔，造成高压腔内油液不足，不能产生较高的压力。它不同于上述五种液压张紧器，由于没有单向阀，当液压张紧器柱塞被压缩时，高压腔内部不能产生很高的背压，液压张紧器在实际工作过程中的响应速度存在滞后，因此该类型液压张紧器产生的阻尼效果非常小，减振降噪的效果较差，应用范围较小。

2. 按锁止机构分类

根据锁止机构的不同，液压张紧器主要分为棘爪式液压张紧器和环式液压张紧器，下面分别介绍这两种类型液压张紧器的结构组成及工作原理。

（1）棘爪式液压张紧器

1）结构组成。如图 2.2 所示，棘爪式液压张紧器主要由壳体、柱塞、柱塞弹簧、单向阀组件、棘爪组件以及螺钉等组成。其中单向阀组件包括单向阀座、单向阀弹簧、单向阀盖，单向阀把腔体分为高压腔和低压腔，高压腔为储存油液的腔体，低压腔为供油腔。棘爪组件包括棘爪、棘爪弹簧、棘爪销、锁片以及锁销等，螺钉旋入壳体中的螺钉孔中，高压腔油液中的空气在较高的油液压力下可以从螺钉与螺钉孔的缝隙中被排出，从而降低油液中的空气含量。

2）工作原理。当液压张紧器安装到发动机缸体中后，拔开锁销，在柱塞弹簧的作用下柱塞向总成外伸出，驱动棘爪绕着棘爪轴转动；同时，来自发动机机油泵的机油压力克服单向阀弹簧的作用力将单向阀打开，机油通过供油道进入液压张紧器内部的高压腔中，此时高压腔与低压腔具有相同的油液压力，液压张

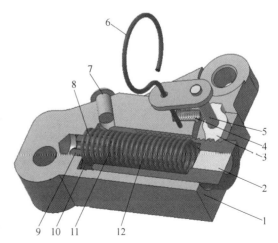

图 2.2 棘爪式液压张紧器组成
1—壳体 2—柱塞 3—棘爪 4—棘爪弹簧 5—棘爪轴
6—锁销 7—螺钉 8—柱塞弹簧 9—单向阀座
10—单向阀盖 11—单向阀钢球 12—单向阀弹簧

紧器产生的张紧力等于油液压力与柱塞弹簧作用力之和。当张紧导轨压缩柱塞时，高压腔内的油液压力升高，单向阀关闭，高压腔内的油液被压缩，由于机油的可压缩性较小，形成较大的阻尼，使得柱塞在被压缩过程中，系统产生的阻尼较大，从而吸收链条的波动，减小正时链条的振动及传动噪声。过剩的机油通过柱塞与壳体孔的配合间隙或者柱塞前端的阻尼小孔泄漏到张紧器外部，起过压保护及润滑系统的作用。

对于棘爪式液压张紧器，其具体的工作过程如下：

首先，液压张紧器安装在发动机缸体上与正时链传动系统相配合。打开锁销后，柱塞在柱塞弹簧力 P 的作用下，向液压张紧器外部伸出，与此同时，柱塞和棘爪之间的作用力 F_1 对棘爪产生的转矩 M 克服棘爪弹簧力 F_2 产生的旋转转矩，驱动棘爪绕棘爪轴转动，棘爪弹簧被压缩。当棘爪转动到与柱塞齿脱离接触时，在棘爪齿导向作用下，柱塞向柱塞孔外伸出，当伸出达到一定行程后，柱塞和正时链条的张紧导轨相接触，对正时链条产生一定的预紧力，此时的系统预张紧力等于弹簧的作用力，如图 2.3 所示。

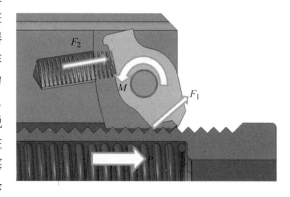

图 2.3　柱塞和棘爪组件的运动过程

如图 2.4 所示，当发动机起动后，来自发动机机油泵中的机油，通过供油路进入液压张紧器总成的低压腔内，当机油压力大于单向阀弹簧力时，油液压力推动钢球，单向阀开启，机油直接进入到内部的高压腔内；此时，液压张紧器产生的张紧力等于油压力和弹簧力之和，共同作用于张紧导轨；另外，当转速升高时，松边会变得越来越松，柱塞在油液压力和弹簧力的共同作用下会继续向总成外伸出，对张紧导轨产生一定的张紧力。供油路中的油液持续进入高压腔，由于高压腔内部的油液压力较小，因此通过泄漏间隙所泄漏的油液较少。此时，由于高压腔内的油液压力相对较小，油液不足以通过螺钉孔泄漏到外部。

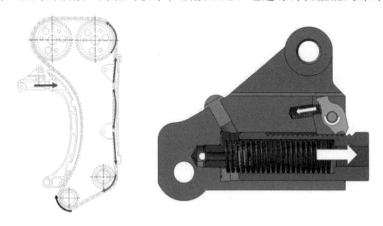

图 2.4　柱塞伸出及油液流动过程

正时链条在高温、磨损以及交变的速度与载荷作用下伸长，柱塞随着链条的伸长，继续向总成外伸出，棘爪齿持续的和柱塞齿相啮合，进而使正时链条系统在运行过程中始终保持一个相对稳定的张力，减小了链条振幅及噪声，同时防止了链条在磨损后出现跳齿和脱链现象。

当发动机曲轴转速下降时，正时链传动系统的松边张紧力度会增加，使柱塞向柱塞孔内部压缩；此时，由于液压张紧器高压腔内的压力增加，其值大于低压腔内的压力，单向阀钢球在高压作用下回落到单向阀座上，单向阀处于关闭状态，因此在高压腔内会形成较大阻尼，以减缓链条的波动从而降低振幅与噪声。由于高压腔压力较大，其内部的机油通过壳体与柱塞的间隙或者是柱塞前后端处的阻尼小孔泄漏到液压张紧器外部，从而起到过压保护及润滑系统的作用；同时，油液中的空气聚集在壳体柱塞孔的后端，在高压腔油液压力作用下从螺钉孔隙中排出。当发动机停止工作并处于低温状态时，正时链传动系统松边张紧力度进一步增大，会对柱塞产生更大的压缩压力。棘爪弹簧对棘爪所产生的力矩，使棘爪齿与柱塞齿始终相互接触，在柱塞被压缩过程中柱塞齿带动棘爪绕棘爪轴转动，当棘爪大齿与柱塞齿根部啮合后，柱塞无法继续向柱塞孔内部运动，形成刚性张紧状态，这样保证了发动机在起动瞬间，可以更好地抑制链条强大冲击引起的较大振幅与噪声，如图 2.5 所示。

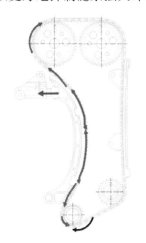
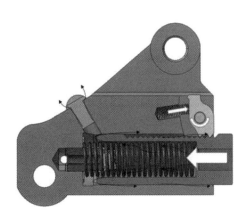

图 2.5　柱塞压缩及油液流动过程

（2）止锁环式液压张紧器

1）结构组成。环式液压张紧器同样是应用非常广泛的一种张紧器，其止回机构的结构形式更加简单，成本价格也相对便宜。尽管在结构上有一定的差异，止锁环式液压张紧器可以实现和棘爪式液压张紧器同样的功能。环式液压张紧器是由壳体、单向阀组件、柱塞、锁销、止锁机构、柱塞弹簧等基本结构件组成，其主要特点是止锁机构是由止锁环和壳体配合构成，并且为了降低油液中的空气含量，在柱塞前端增加了排气塞，如图 2.6 所示。

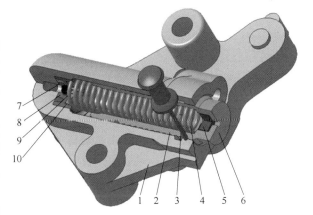

图 2.6　止锁环式液压张紧器结构组成

1—壳体　2—锁销　3—止锁环　4—柱塞弹簧
5—排气塞　6—柱塞　7—单向阀座　8—钢球
9—单向阀弹簧　10—单向阀盖

2)工作原理。打开锁销后,当液压张紧器供油压力大于单向阀的开启压力时,单向阀开启,液压油通过供油路进入到液压张紧器的高压腔内,柱塞在弹簧力以及油液压力共同作用下向张紧导轨侧伸出,对液压张紧器导轨产生一定的预载荷。此时,止锁环在柱塞齿的推动下向前运动。当止锁环运动到壳体上的止锁环孔垂直面一侧(孔的右侧)时,由于柱塞齿左侧面与孔竖直方向上呈较大的角度,而且止锁环可以发生弹性变形,其不能限制柱塞继续向前运动,因此止锁环会继续沿着柱塞左侧齿面滑移,环的孔径沿径向变大;若柱塞继续往外伸出,则止锁环会扩展到柱塞齿的顶端并沿着柱塞齿的右侧面滑移进入到下一个齿,此时止锁环的直径恢复到初始状态,从而实现柱塞的自由伸出,如图 2.7 所示。

当液压张紧器柱塞受到压缩时,柱塞后退,此时止锁环卡在柱塞齿槽中,并随着柱塞向后移动,当止锁环到达壳体上的止锁环孔的斜面侧时,由于右侧面呈一定的倾斜角,所以止锁环会被挤在由柱塞齿和孔的斜面形成的区域内,因此限制了止锁环的后移以及径向方向的变形,同时也使得柱塞无法继续向后运动。高压腔内油液中的空气在腔体压力作用下会通过柱塞前端的排气塞挤出高压腔,从而降低了油液中的空气含量,而且一部分液压油从柱塞前端排出,从而更好地润滑柱塞和张紧导轨的接触面,减少了柱塞前端的磨损,如图 2.8 所示。

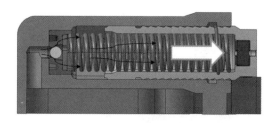 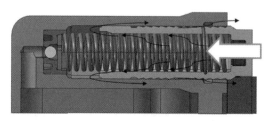

图 2.7　柱塞伸出　　　　　　　　　图 2.8　柱塞压缩

2.3　液压张紧器理论模型

液压张紧器的理论基础对于液压张紧器初始设计以及动态特性分析具有重要的指导意义。在液压张紧器中,止回机构的运动不会影响液压张紧器的动力学特性,因此在建立其动力学模型时不考虑止回机构的影响。在分析液压张紧器工作原理、各个部件的运动特点以及油液流动特性的基础上,把液压张紧器的动力学方程分为五部分,分别为柱塞运动方程,单向阀钢球运动方程,油液通过单向阀的流量方程,系统阻尼系数和通过泄漏间隙的流量计算方程以及高压腔内体积与压力变化的方程,这五部分方程构成了液压张紧器的数学模型,由这五部分方程联立方程组,便可求解出关于液压张紧器未知参数的值,进而可以分析各个参数的变化对液压张紧器动态特性的影响。图 2.9 所示为液压张紧器的结构简图。

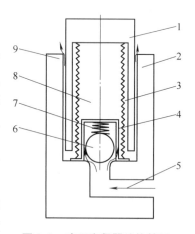

图 2.9　液压张紧器结构简图
1—柱塞　2—壳体　3—柱塞弹簧
4—单向阀盖　5—低压腔
6—钢球　7—单向阀弹簧
8—高压腔　9—泄漏间隙

2.3.1 柱塞运动方程

图 2.10 所示为柱塞受力简图。液压张紧器产生的作用力通过柱塞传递到张紧导轨上，进而对正时链条产生初始张力，此时柱塞受到弹簧力和液压力共同作用，另外柱塞还受到外界的压力、自身的惯性力以及重力的作用，因此根据牛顿第二定律，建立柱塞的动力学方程如下：

$$m_p \ddot{X}_p = K_p(X_{p_0} - X_p) + (p_c - p_a)\frac{\pi D_p^2}{4} - F - F_g \quad (2\text{-}1)$$

式中，m_p 为柱塞质量；X_p 为柱塞位移；p_c 为高压腔内油液压力；p_a 为外部环境压力；F 为柱塞受到的载荷；K_p 为柱塞弹簧的弹性系数；X_{p_0} 为弹簧初始压缩长度；D_p 为柱塞直径；F_g 为柱塞的重力。

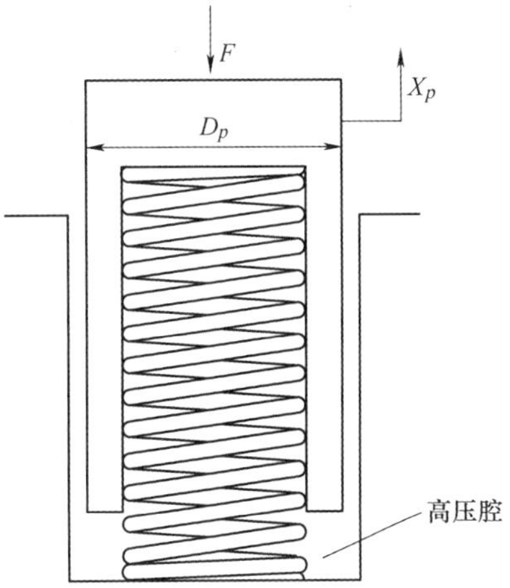

相对于动态力来说，重力 F_g 的影响相对较小，在大多数情况下可以忽略其影响，当张紧器柱塞与竖直方向之间的角度较小时，可以考虑重力对于柱塞的影响。

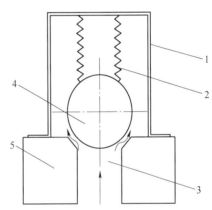

图 2.10 柱塞受力结构简图

2.3.2 单向阀钢球运动方程

图 2.11 所示为单向阀钢球模型受力图，由图中可以看出，钢球受到来自供油路的油液压力、单向阀弹簧作用力、自身的惯性力以及阻尼力的作用。因此，根据牛顿第二定律建立其动力学方程为

$$m_B \ddot{X}_B = -K_S X_B - C_S \dot{X}_B - F_S + A_B(p_e - p_c) \quad (2\text{-}2)$$

式中，m_B 为钢球质量；X_B 为钢球位移；K_S 为钢球弹簧的弹性系数；C_S 为钢球的阻尼系数；F_S 为钢球弹簧的初始力；A_B 为钢球的横截面积；p_e 为低压腔油液压力；p_c 为高压腔油液压力。

图 2.11 单向阀球运动简图

1—单向阀盖　2—单向阀弹簧　3—低压腔
4—钢球　5—单向阀座

2.3.3 单向阀进油量计算

单向阀的进油量对液压张紧器的性能有重要的影响。当高压腔内供油不足时，会造成液压张紧器的阻尼效果降低，不能很好地吸收链条的冲击振动，引起很大的噪声。发动机起动时，机油泵开始供给液压油，液压油通过发动机缸体上的管路进入液压张紧器供油路，单向阀在油液压力下打开。如图 2.12 所示，当 $P_e > P_c$ 时，单向阀打开，进入到高压腔内的液压油流量为

$$Q_{\text{supply}} = C_d A \sqrt{\frac{2}{\rho}(p_e - p_c)} \quad (2\text{-}3)$$

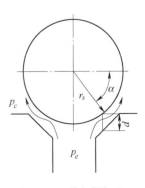

图 2.12 单向阀打开

式中，Q_{supply} 为通过单向阀的液压油流量；C_d 为单向阀的泄漏系数，与单向阀进油口尺寸有关；ρ 为液压油的密度；A 为单向阀孔口通流面积。

此时单向阀孔口通流面积 A 应为空间锥环的面积，锥环面积的计算公式为

$$A = \pi d(2r_S + d\sin\alpha)\sin\alpha\cos\alpha \tag{2-4}$$

当柱塞压缩时，高压腔内压力升高，单向阀钢球在高压腔油液压力作用下回落到阀座，单向阀关闭。如图2.13所示，当 $p_e < p_c$ 时，单向阀关闭，此时流过单向阀的流量为

$$Q_{supply} = 0 \tag{2-5}$$

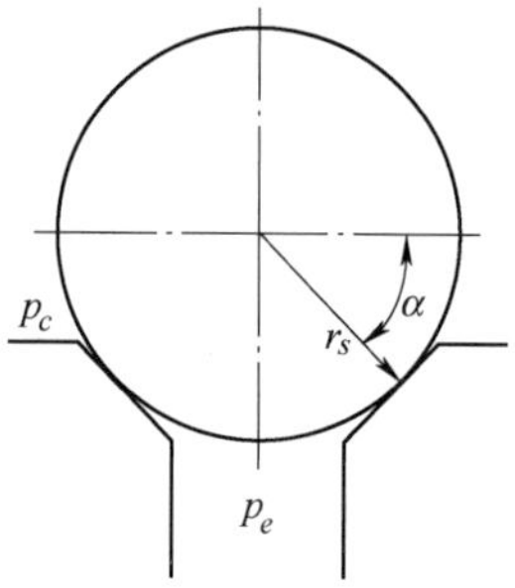

图 2.13 单向阀关闭

2.3.4 阻尼系数计算

如前所述，根据正时链传动系统中力矩平衡关系，液压张紧器阻尼力的大小直接决定了链条张力的大小，如果阻尼力过大，则链条张力过大，链条的磨损状况将会加重，疲劳寿命也会降低，因此选择一个合适的最大阻尼力对于整个正时链传动系统的动力学特性具有重要的作用。常见的调整液压张紧器阻尼力的方式有三种：

（1）调整柱塞和壳体之间的泄漏间隙

通过设置泄漏间隙可以使液压张紧器在压缩时产生一定的黏滞阻尼，从而吸收链条的波动，减小链条的载荷及噪声。泄漏间隙越大，液压张紧器的阻尼系数越低，产生的阻尼力也相应变小，维持链条张紧的效果就越差，链条便容易产生噪声和波动；但是如果泄漏间隙非常小，则会产生较大的柱塞作用反力，从而导致过高的链条张力，这将会大大降低链条的寿命。因此，对泄漏间隙的分析显得尤为重要。对于无阻尼小孔的液压张紧器来说，柱塞和壳体之间的泄漏间隙是液压张紧器实现减振降载的关键参数，是液压张紧器阻尼性能优劣的决定性参数之一。

（2）在柱塞上增加阻尼小孔

阻尼小孔相当于在张紧器上增加了油液泄漏通道，从而改变液压张紧器的系统阻尼系数，达到改变作用反力的目的。

（3）在柱塞前端增加泄压阀

当液压张紧器高压腔内油液压力达到一定值时，泄压阀开启，从而保证液压张紧器具有固定的最大作用反力。泄压阀能够从定量上设定液压张紧器的最大作用反力，使得产生的最大链条张力不会超过链条的许用疲劳极限。

从物理模型中可以看出，对于无阻尼小孔的液压张紧器，其泄漏量应为流过柱塞和壳体之间间隙的流量。如果液压张紧器设置卸压阀以及阻尼小孔，需要同时考虑流过泄漏间隙和卸压阀或阻尼小孔的油液流量。当柱塞相对于壳体有偏移量时，需要计算偏移量对泄漏量的影响。

液压张紧器的阻尼力与阻尼系数有关，阻尼系数的计算是前期设计液压张紧器以及优化其结构必要的理论基础，其值可以根据流体流动的切应力方程和流体流动速率方程来计算。

如图2.14所示液压张紧器简化模型，假设在距离柱塞表面为 y 的切应力和速度分别为 τ 和 v，则在 $y + dy$ 处的切应力和速度分别为 $\tau + d\tau$ 和 $v - dv$，因此，微小圆环上的黏性阻

力为

$$F = \pi D_p L d\tau = \pi D_p L \frac{d\tau}{dy} dy \tag{2-6}$$

根据黏性流体的切应力计算公式可得：

$$\tau = -\mu \frac{dv}{dy} \tag{2-7}$$

由式（2-6）和式（2-7）可得：

$$F = -\pi D_p L dy \mu \frac{d^2 v}{dy^2} \tag{2-8}$$

液压张紧器柱塞运动产生的高压腔内的压力 p 为

$$p = \frac{F_p}{A_p} = \frac{4 F_p}{\pi D_p^2} \tag{2-9}$$

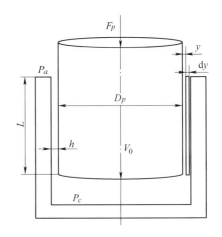

图 2.14 泄漏间隙流量方程模型

因此作用在泄漏间隙环形面上的压力为

$$p \pi D_p dy = \frac{4 F_p}{D_p} dy \tag{2-10}$$

假设油液的速度在环形泄漏间隙内是均匀分布的，则微小圆环上的黏性阻力应与作用在泄漏间隙环形面上的压力相等，即：

$$\frac{4 F_p}{D_p} dy = -\pi D_p L dy \mu \frac{d^2 v}{dy^2} \tag{2-11}$$

对上式进行积分，初始边界条件为 $v = -v_0 \big|_{y=0}$，$v = -0 \big|_{y=d}$，通过计算可得：

$$v = \frac{2 F_p}{\pi D_p^2 L \mu}(yh - y^2) - v_0 \left(1 - \frac{y}{h}\right) \tag{2-12}$$

因此流过泄漏间隙的流体流速为 Q_L：

$$Q_L = \int_0^d v \pi D dy = \pi D_p \left(\frac{F_p h^3}{3 \pi D_p^2 L \mu} - \frac{v_0 h}{2}\right) \tag{2-13}$$

当不考虑油液的压缩性时，流过泄漏间隙的流量应等于柱塞运动排出的油液体积，所以：

$$v_0 = \frac{Q_L}{\left(\frac{\pi D_p^2}{4}\right)} \tag{2-14}$$

因此可以求得 F_p：

$$F_p = \left[\frac{3 \pi D_p^3 L \left(1 + \frac{2h}{D}\right)}{4 d^3}\right] \mu v_0 \tag{2-15}$$

所以，液压张紧器的阻尼系数 c 为

$$c = \mu \left[\frac{3 \pi D_p^3 L}{4 h^3}\left(1 + \frac{2h}{D}\right)\right] \tag{2-16}$$

式中，h 为泄漏间隙的高度；μ 为液压油的黏度系数；L 为泄漏间隙的长度；v_0 为柱塞运动速度；F_p 为作用在柱塞上的压力。

根据阻尼系数计算公式，油液泄漏量和泄漏间隙的三次方成正比，因此当泄漏间隙发生改变时，油液泄漏量也会随之改变，从而引起张紧器的阻尼变化，最终导致其最大阻尼力的改变。

2.3.5 油液体积模量

液压系统中重要物理参数之一是油液的有效体积模量，其主要受到以下因素的影响：油液温度、油液种类、油液中的空气含量以及油液压力等。一般来说，油液的有效体积模量随着油液中空气含量的增加而减小，随着油液压力的增加而增加，随着温度的升高而升高。当液压介质中混入了空气后，其压缩率会大大提高，而油液的体积模量与压缩率成反比关系，因此将会降低油液的有效体积模量，直接影响液压系统的频率特性以及阻尼性能，并且系统刚度呈现动态变化特性，随着油液压力变化而变化，因此严重影响了液压动力机构的有效驱动力、平稳性以及动力学特性。液压油有效体积模量 K 的计算公式如下：

$$K = -\frac{V}{\dot{V}}\dot{p} \tag{2-17}$$

式中，V 为系统油液在压力 p 时的容积；$\dot{V}$ 为油液体积变化率；$\dot{p}$ 为腔体内油液压力变化率。

液压系统中的油液包括纯净液压油以及混在油液中的气体，当系统油液达到一定的压力时，系统中的一部分气体溶解在油液中，而另一部分空气以气泡的形式悬浮在油液中。当油液中存在空气时，将对其压缩性产生较大的影响，在较小的激励频率和振幅条件下，液压油的压缩性会严重影响液压系统的耗能特性。由于油液的物理性能不会受到溶解气体的影响，因此其体积模量只与纯液压油的体积模量以及悬浮气体的弹性模量有关。混合物的体积模量计算公式为

$$K_{Res} = \frac{1}{(1 - r_{air})/K_{oil} - r_{air}/K_{air}} \tag{2-18}$$

式中，r_{air} 为油液中空气含量的比率；K_{oil} 为纯油体积模量；K_{air} 为气泡体积模量。

若压缩过程为等温过程，气体的体积模量计算公式为

$$K_{air} = p \tag{2-19}$$

若压缩过程为等熵过程，气体的体积模量计算公式为

$$K_{air} = \frac{c_p}{c_V} p \tag{2-20}$$

式中，c_p/c_V 为比定压热容与比定容热容之比，对于空气来说，$c_p/c_V = 1.4$。因此：

$$K_{air} = 1.4p \tag{2-21}$$

纯油体积模量 K_{oil} 计算公式如下：

$$K_{oil} = K_{oil0} + c_1(p_c - p_0) \tag{2-22}$$

式中，c_1 为压力系数；K_{oil0} 表示油液压力为 p_0 时，纯净液压油的体积模量；p_c 为工作压力；p_0 为初始压力。

液压油中空气体积是随着压力和温度不断变化的，油液压力升高时，一部分空气会溶解在油液中，悬浮在液体中的空气含量就会减小。其计算公式如下：

$$V_{air} = \left(\frac{p_0}{p}\right)^{1/k} V_{air0} \tag{2-23}$$

式中，k 为比热值；V_{air0} 为初始空气体积。

液压油的体积 V_{oil} 计算公式如下：

当 $c \neq 0$ 时，

$$V_{oil} = \frac{(1 - r_{air0})V_0}{(K_{oil}/K_{oil0})^{1/c}} \tag{2-24}$$

当 $c = 0$ 时，

$$V_{oil} = \frac{(1 - r_{air0})V_0}{e^{\left(\frac{p - p_0}{K_{oil}}\right)}} \tag{2-25}$$

通过式（2-23）~（2-25）可以计算空气含量的比率 r_{air}：

$$r_{air} = \frac{V_{air}}{V_{air} + V_{oil}} \tag{2-26}$$

把求得的 K_{oil}、K_{air}、r_{air} 代入式（2-18），便可得出混合物的体积模量。

2.3.6 高压腔体积与压力变化

高压腔体积的变化主要由外界激励引起的柱塞运动所产生，在任一时刻高压腔内的体积 V_c 应为初始腔体体积与柱塞运动的位移量所引起体积变化之和，因此其计算公式应为

$$V_c = V_{c0} + \frac{\pi D_p^2}{4} X_p \tag{2-27}$$

式中，V_{c0} 为初始高压腔体积。

在高压腔内，油液体积随时间的变化率应等于流入油液和流出油液的流量差以及腔体体积的变化率，因此其计算公式如下：

$$\dot{V} = -\frac{\pi D_p^2}{4} \dot{X}_p + Q_{supply} - Q_{leakage} \tag{2-28}$$

将上述公式代入到式（2-17）中，可以得到高压腔内的压力：

$$\dot{p}_c = -K_{Res} \frac{-\frac{\pi D_p^2}{4} \dot{X}_p + Q_{supply} - \dot{Q}_{leakage}}{V_c} \tag{2-29}$$

通过对 $\dot{p}_c$ 进行积分，就可以求得高压腔内的压力值。由式（2-29）可以看出，当供油压力一定时，液压张紧器高压腔压力与高压腔初始体积成反比，所以设计液压张紧器时，需要考虑高压腔内的初始体积对阻尼特性的影响。

2.3.7 油液黏度

液压张紧器主要是通过黏性介质和结构部件的相互作用产生的黏滞剪切力，即阻尼力，来吸收链条的冲击能量，从而达到减振降载的目的，同时控制链条载荷在合适的范围内，保证链条的疲劳寿命。因此黏性介质对于液压张紧器的性能是至关重要的。根据液压张紧器阻尼系数计算公式，液压张紧器的阻尼系数与液压油的黏度成正比，而液压油的黏度系数随温度呈指数变化，温度升高会引起液压油黏度的降低，尤其是在液压油温度接近室温的时候，较小的温度变化都会引起黏度产生很大的变化，所以在进行试验的时候，要控制液压油温度的变化，根据温度计算出此时液压油的黏度，以便应用到仿真分析中去，确保分析结果的准

确性。由于当温度升高时，黏度系数降低，张紧器的阻尼效果会变差，因此在对液压张紧器进行动力学分析时，主要考虑高温下油液黏度对其动力学响应特性的影响。图2.15所示为SAE油液黏度随温度变化曲线。

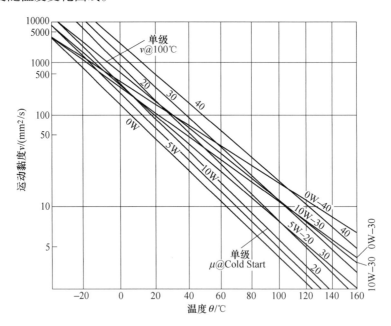

图2.15 SAE油液黏度随温度变化曲线

2.4 液压张紧器结构设计

2.4.1 初始设计边界条件

在初始设计阶段，需要确定两个边界条件，分别为液压张紧器的空间布局以及力型边界条件。其中空间布局由主机厂家提供，保证液压张紧器正确的安装位置，并确保不会与发动机上的其他零部件产生干涉。力型边界条件主要指设计的液压张紧器所允许的最大作用反力，该值由正时链条的疲劳破断载荷计算得出。为了抑制链条波动产生的噪声并保证链条的疲劳寿命要求，需确保液压张紧器在一定频率和振幅的激励下最大作用反力不超过最大许用值。液压张紧器的最大作用反力主要靠改变柱塞和壳体之间的泄漏间隙来调节。

表2.3是液压张紧器各组件单元对柱塞作用反力幅值、张紧器性能敏感度以及系统性能等方面的影响，对于液压张紧器的设计、优化及成本的降低可以起到一定的指导作用。

表2.3 各组件单元的影响

组 件 单 元	作用反力幅值影响	性能敏感度	对系统影响
单向阀	高	高	增加系统阻尼
卸压阀	高	高	恒定的最大阻尼力；造成额外冲击振动
迷宫供油路	中	高	增加系统阻尼
阻尼小孔或迷宫出油口阻抗	中	高	较低的阻尼会引起高压腔内的油液回流

(续)

组件单元	作用反力幅值影响	性能敏感度	对系统影响
柱塞直径	中	中	直径过大会造成高压腔供油不足
泄漏间隙宽度	中	高	间隙过大造成泄漏严重，降低张紧器阻尼
高压腔体积	高	低	体积越大，产生的最大阻尼力越小
泄漏间隙长度	低	低	长度越大阻尼越大
供油管路表面质量	低	低	
供油管路直径	中	低	直径过小，容易导致供油不足
高压腔内表面质量	低	低	影响柱塞自由运动
柱塞弹簧的刚度	低	低	影响初始张力
柱塞填充物	中	中	降低高压腔体积，增加阻尼；减小空气对于动力学特性的影响

1. 空间布局

液压张紧器空间布局参数主要包括：在水平和竖直方向螺栓的相对安装位置 L_1 和 L_2，油道孔与螺栓孔在水平和竖直方向的相对安装位置 L_3 和 L_4，螺栓孔中心位置与张紧导轨在竖直方向的距离 L_5。另外，在设计初期需合理设定张紧器壳体前部端面与张紧导轨的相对距离 L_6，保证壳体端面与张紧导轨不会发生干涉，如图 2.16 所示。

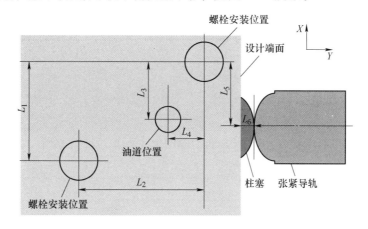

图 2.16 液压张紧器水平方向布局图

在铅垂方向上，液压张紧器柱塞中心线与安装端面之间的距离 L_7 等于张紧导轨的中间截面与安装端面之间的距离，即柱塞中心线与张紧导轨的中间截面在同一水平面上，保证液压张紧器正确安装在缸体上之后，柱塞与张紧导轨产生最好的接触效果，并不会与其他部件产生干涉，如图 2.17 所示。

2. 力型边界

为了保证正时链条的最大张力小于其疲劳破断载荷，需控制液压张紧器的

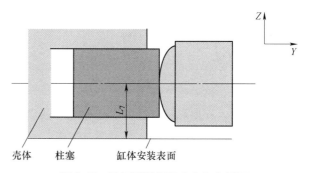

图 2.17 液压张紧器竖直方向布局图

最大阻尼力。首先通过链条的回转疲劳试验测得正时链条在最高转速时的破断载荷。然后针对该正时链传动系统（图 2.18），确定松边链条张力 F 与液压张紧器柱塞作用力 F_{re} 的关系式，见式（2-30）。

$$F_{re} = \frac{2FL_t\cos\theta}{L} \qquad (2-30)$$

式中，θ 为松边链条张力与合力之间的夹角；L_t 为松边链条张力合力的力距；L 为液压张紧器作用反力的力矩。

经回转疲劳试验测得，正时链条的许用疲劳破断载荷为 1700N，因此相应的液压张紧器的许用作用反力为 1289N。

根据链条的疲劳破断载荷来确定此时液压张紧器的最大阻尼力，该阻尼力即为液压张紧器作用在正时导轨上的最大作用力，因此要保证在一定的激励条件下，所设计的液压张紧器的作用反力始终小于许用的最大作用力。然后由计算出的最大作用反力，根据经验或者是动力学分析工具初步确定液压张紧器泄露间隙的大小。

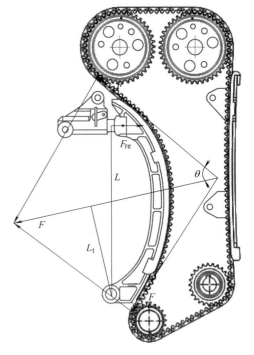

图 2.18　链条张力与柱塞作用反力的力矩平衡关系

2.4.2　设计目标

针对该款正时链传动系统的设计要求，为了确保噪声水平在一定的范围内，所设计的液压张紧器需限制链条的横向波动在 0.4mm 范围内，因此要保证在全振幅 0.4mm（单侧振幅 0.2mm）、全频率的激励条件下液压张紧器的作用反力不超过许可范围。

2.4.3　液压张紧器构件设计

1. 柱塞尺寸设计

（1）设计原则

所设计的柱塞要保证有足够的长度来补偿链条由于系统安装误差、磨损、温度变化以及交变速度与载荷作用下产生的伸长量。如果柱塞尺寸过长，容易和其他部件发生干涉；如果柱塞尺寸过小，则柱塞不能保证有足够的伸出量来补偿链条的伸长。

（2）设计边界及参数确定

1）如图 2.19 所示，柱塞的设计尺寸主要分为 3 个部分：L_a、L_b、L_c，其中 L_a 是当柱塞达到最大允许伸出量时，存留在壳体内部的尺寸，其值大约等于柱塞的直径。L_a 过大会增加柱塞的长度，使得整个液压张紧器的体积变大；过小的 L_a 易导致柱塞发生倾斜，若发生柱塞倾斜现象，柱塞和壳体之间的间隙就会发生改变，引起液压张紧器的动态特性发生变化；而且倾斜的柱塞会和壳体孔的表面发生较严重的摩擦，从而降低液压张紧器的伸缩性能，影响液压张紧器减振降噪的性能。为了防止液压张紧器柱塞在伸出或压缩过程中出现"发卡"现象，在加工过程中一定要保证柱塞的圆柱度精度以及表面粗糙度。

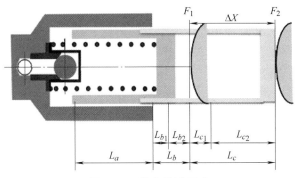

图 2.19 柱塞设计尺寸

尺寸 L_b 是液压张紧器柱塞在预载弹簧以及油液压力的作用下,柱塞端面与壳体之间的距离。该尺寸是根据假定的液压张紧器壳体右侧面的位置、正时链条的安装型线位置、液压张紧器导轨的位置以及形状尺寸来确定的。它主要包括两部分：L_{b_1} 和 L_{b_2},其中 L_{b_1} 是指未打开锁销时柱塞前端距离壳体端面的尺寸,一般来说该尺寸的设计值为 3 ~ 4mm；L_{b_2} 为柱塞在弹簧力以及油液压力的共同作用下,柱塞从 L_{b_1} 位置到顶住张紧导轨所运动的距离。

尺寸 L_c 是指正时链条在高温高速等恶劣工况条件下,液压张紧器柱塞从预载时的位置到正时链条达到最大伸长量时伸出的长度,即 ΔX。该尺寸用来补偿正时链条由于安装误差、链条磨损以及温度变化而产生的伸长量。该尺寸包括两部分：L_{c_1} 和 L_{c_2}。其中 L_{c_1} 是指链条由于安装误差所引起的柱塞的伸出量；L_{c_2} 指由于高温和磨损所引起的链条伸长导致的柱塞的伸出量。一般来说,由于链条磨损所引起的伸长量最大不能超过 0.8%,安装误差和温度变化所引起的链条伸长量均为 0.2%。

因此,柱塞的总体尺寸为 L_a、L_b、L_c 三者之和。

2）图 2.20 所示为柱塞齿的形状及相应的尺寸参数。柱塞齿和棘爪配合在一起,形成一种止回机构,因此柱塞齿和棘爪齿共同决定了柱塞的伸出和压缩性能。从柱塞齿顶部与棘爪小齿底部相切到棘爪大齿与柱塞齿根部啮合,柱塞所运动的距离为柱塞的最大压缩距离。柱塞前端齿与柱塞端面的距离为柱塞的最小伸出量。柱塞前端齿和后端齿之间的距离决定了柱塞的运动行程。柱塞齿要保证有足够多的齿数,以免柱塞向外伸出过长时,出现柱塞齿数不足造成柱塞无法继续向外伸出的情况。为了便于加工,柱塞齿的两个齿面呈 90°的夹角,主要靠特殊设计的棘爪齿与其配合来实现止回功能。

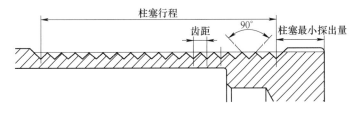

图 2.20 柱塞齿形状及尺寸

2. 柱塞弹簧设计

(1) 设计边界条件

在弹簧设计过程中,需要确定其最大的弹簧张力以及在两个位置处弹簧的作用力 F_1 和

F_2，这为后续设计柱塞弹簧尺寸提供初始设计参数。

1）弹簧张紧力的最大允许值主要取决于发动机凸轮轴上的初始转矩值，初始弹簧力和凸轮轴的初始转矩值要保持力矩平衡的关系。一般来说，每个气缸上的进气阀的驱动转矩大约为1N·m，因此对于四缸机来说，进气凸轮轴上的初始负载转矩约为4N·m。为了确保打开张紧器锁销后，柱塞弹簧力所产生的链条初始张力不会驱动阀系转动，需保证初始链条张力所产生的初始转矩小于进气凸轮轴上的负载转矩。因此对于齿数为z_2，链轮节距为p的凸轮轴链轮来说，其分度圆半径R_2为

$$R_2 = \frac{p}{2\sin(\pi/z_2)} \tag{2-31}$$

当凸轮轴上的最大负载转矩为T_{load}时，正时链传动系统所允许的初始链条张力F为

$$F = \frac{T_{\text{load}}}{R_2} \tag{2-32}$$

根据链条张力与柱塞作用反力之间的对应关系，如式（2-30）所示，即可求出所允许的液压张紧器中弹簧的最大初始作用力。

2）F_1指当打开锁销时，柱塞受到弹簧力作用伸出顶住张紧导轨，此时弹簧对张紧导轨的预紧力。F_1不能过大，否则打开锁销后柱塞的弹出力过大导致瞬间对棘爪齿有较大的冲击使其断裂。F_1也不能过小，因为在发动机起动初始阶段，液压张紧器中还没有液压力，仅靠弹簧作用力来维持正时链传动系统的张紧，如果弹簧张力过小将会导致发动机突然起动时链条的波动过大，容易发生脱链现象。

3）F_2指当链条达到最大磨损伸长率时，即液压张紧器柱塞达到向总成外伸出所允许达到的极限位置，此时柱塞弹簧对张紧导轨的张力。一般来说，当发动机刚起动时，由于转速增加，链条伸长，松边变松，液压油在瞬间不能供给到液压张紧器高压腔，柱塞仅在弹簧的作用下向外弹出，如果弹簧力过小，链条容易发生跳齿和脱链现象，因此F_2的值要设定合理，使得柱塞在链条达到最大磨损伸出率时也能对正时链条产生较好的初始张紧效果。

通常，要保证柱塞在弹簧力作用的情况下，其弹出的时间要小于1/2倍的激励周期。假设当链条达到最大磨损伸长率时，柱塞弹簧作用力为F_2，柱塞的质量为m_p，则柱塞在弹簧力作用下产生的瞬间加速度a_p为

$$a_p = \frac{F_2}{m_p} \tag{2-33}$$

在发动机起动瞬间，由于转速突然增加，链条波动较大，假设此时链条的波动量为s，根据位移和加速度的计算公式：

$$s = \frac{1}{2}at^2 \tag{2-34}$$

计算出柱塞运动所用的时间t。由于发动机是直列四缸，发动机曲轴转动一次，产生两次激励，因此当曲轴的转速为n时，激励频率为$f=(n/60)\times 2$，激励周期为$T=1/f$。若柱塞在弹簧力作用下运动s距离所用的时间t小于链条对柱塞产生1/2倍的激励周期的时间，即：

$$t \leq \frac{1}{2}T \tag{2-35}$$

则说明弹簧在被初始激励之后，能够始终有效的和导轨保持接触状态，从而持续提供张力，限制链条产生较大的波动。

(2) 弹簧参数设计过程

1) 根据之前设定的两个位置处的弹簧作用力 F_1 和 F_2，以及柱塞在两个位置之间的距离 ΔX，确定弹簧的弹性系数 k。

2) 弹簧材料选取的是琴钢丝，根据标准系列优先选取一个弹簧线径 d，弹簧的中径 D_f 由柱塞内孔的直径 D_s 来确定（最好和标准匹配）。由式（2-36）

$$d = 1.6\sqrt{\frac{KFC}{[\tau]}} \tag{2-36}$$

来验算选取的弹簧丝的直径 d 是否合理，其中 $[\tau]$ 由弹簧的材料选取，曲度系数 $K = \frac{4C-1}{4C-4} + \frac{0.615}{C_1}$，旋绕比 $C = \frac{D_f}{d}$。

3) 根据前面得出的 K、d、D_f，根据式（2-37）来计算弹簧的圈数 N：

$$N = \frac{G\,d^4}{8\,D_f^3 k} \tag{2-37}$$

4) 弹簧的自由长度 L 等于安装长度 L_1 加上压缩长度 L_0。L_1 表示当弹簧力为 F_1 时，此时弹簧的安装长度，其值根据柱塞的初始位置及尺寸来确定；L_0 表示当弹簧力为 F_1 时弹簧的压缩长度，其值根据弹簧力 F_1 及弹簧刚度 K_f 来确定。

图 2.21 所示为关于弹簧的尺寸参数。

5) 在计算完所有参数之后，要对弹簧参数进行验证。

稳定性：由于弹簧是嵌套在柱塞内的，它和柱塞内孔之间的间隙足以保证弹簧在工作的时候不失稳，所以不需要对弹簧的稳定性进行验证。

强度条件：根据式（2-38）

$$\tau = K\tau_T = K\frac{8CF}{\pi d^2} \leq [\tau] \tag{2-38}$$

来验证弹簧的强度。

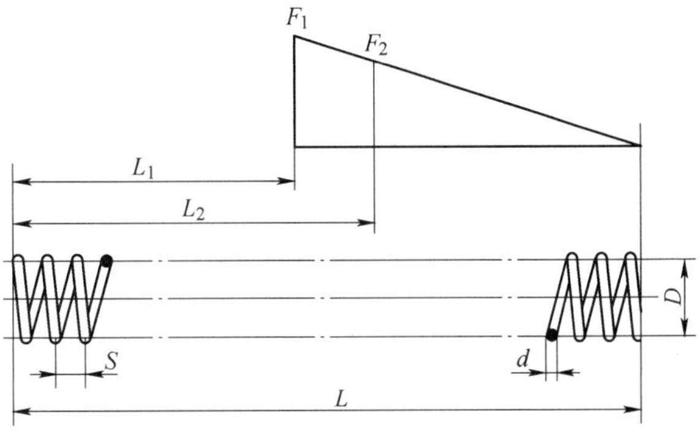

图 2.21 弹簧尺寸参数

疲劳强度：

最大循环应力公式为

$$\tau_{\max} = K\frac{8KD}{\pi d^3}F_2 \tag{2-39}$$

最小循环应力公式为

$$\tau_{\min} = K\frac{8KD}{\pi d^3}F_1 \tag{2-40}$$

然后根据式（2-41）

$$r = \frac{\tau_{\max}}{\tau_{\min}} \tag{2-41}$$

计算出 r 值，根据抗拉强度 σ_b 查取疲劳寿命曲线（循环作用次数）来进行验算。当弹簧的循环次数在 10^7 以上时，弹簧满足寿命要求。

图 2.22 所示是用机械设计手册对弹簧的校核，结果满足要求。

3. 壳体尺寸设计

（1）设计边界条件

壳体的设计主要依照主机厂家提供的张紧器螺栓相对安装位置尺寸、油道与螺栓安装孔相对位置尺寸、张紧导轨距安装表面的高度等基本尺寸参数。液压张紧器的壳体要保证在各个方向上不与发动机上的其他零部件存在干涉，安装位置、油道位置与发动机缸体上的安装位置和油孔位置一致，安装位置限定了液压张紧器的整体尺寸，油道位置保证有效的给液压张紧器供油。张紧导轨距安装表面的高度则限制了壳体上的柱塞孔与安装表面的距离，保证柱塞和张紧导轨有较好的贴合。

因此，在壳体上需要确定的尺寸参数有：螺栓孔和油道孔的位置及尺寸；棘爪和棘爪弹簧的安装位置及尺寸；柱塞孔的直径和深度；单向阀组件安装孔直径和深度以及壳体在高度方向上的尺寸。

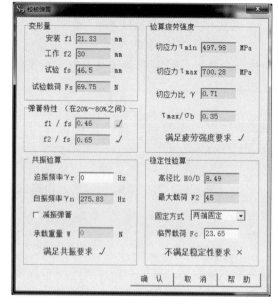

图 2.22　弹簧尺寸校核

（2）设计过程及原则

1）壳体的螺栓孔和油道的位置及其尺寸参数设计的主要依据是液压张紧器的空间安装位置，油道和安装螺栓之间的相对位置关系以及螺栓孔和导轨之间的位置关系，来保证它正确的安装位置以及供油通道的畅通。壳体上螺栓的位置要和发动机机体上的螺栓孔的位置对应，油道孔的位置要和缸头上油道位置对应，壳体上油道的形状要保证较小的压力损失，以免因压力损失过大引起液压张紧器的供油压力不足。

2）壳体上棘爪孔位置为后续棘爪设计提供了位置参数以及尺寸参数，其限制了棘爪的水平和竖直方向的外廓尺寸、棘爪的厚度以及安装位置。在高度方向上，棘爪的厚度要略小于棘爪孔的厚度，保证棘爪能在棘爪孔内自由转动。壳体上棘爪弹簧孔的尺寸包括其位置尺寸以及孔的直径和深度，这些参数需要根据棘爪弹簧的尺寸进行确定，弹簧孔与水平方向呈一定的角度，这是为了保证棘爪在转动的过程中，弹簧和棘爪可以一直保持良好的接触。

3）壳体上的柱塞孔的尺寸根据所设计的柱塞尺寸来确定。在轴向方向上，柱塞孔的长度大致等于柱塞的长度，壳体孔直径的公称尺寸等于柱塞直径的公称尺寸。柱塞孔直径和柱塞直径的配合公差用来保证液压张紧器的泄漏间隙，实现减振降载的效果。柱塞孔的表面要经过精磨处理，保证表面的表面粗糙度以及柱塞孔和柱塞的同轴度，柱塞的长度大约与柱塞的长度相当。在高度方向上，柱塞孔的尺寸要和柱塞与张紧导轨相接触的位置一致。

4）壳体上单向阀安装孔的尺寸用来确定单向阀座的直径以及长度方向的尺寸。单向阀安装孔的直径约为柱塞孔直径的一半。

5）在高度方向上，壳体不能与正时罩盖存在干涉。壳体在满足位置要求并与其他部件不存在干涉的情况下尽可能实现轻量化。为了减小液压张紧器的重量，壳体一般采用翻砂铸造铝件,并且要具有良好的抗振性、耐磨性以及加工性。

4. 空气释放装置

油液中的空气会严重影响液压系统的动态响应特性。当油液中存在空气时,将会增加液压系统的可压缩性,导致系统性能不稳定。对于液压张紧器来说会造成其作用反力不稳定,降低其减振降噪的能力。在实际中,由于发动机的规格不同以及正时链传动系统不同的布局设计,某些发动机中液压张紧器处于一种特殊的安装位置和角度,高压腔内会存留大量的空气,造成系统阻尼下降,作用反力不稳定,导致链条的横向波动增加,因此需要在液压张紧器中设计空气释放装置。

在设计空气释放装置前,先确定高压腔内空气聚集位置,然后针对具体的部位设计相应的装置。

以下是用有限元软件 Fluent 做的关于油液空气在液压张紧器高压腔内聚集位置的分析。首先建立了液压张紧器的流体域模型,包括供油路、高压腔、泄漏间隙以及柱塞前端的阻尼小孔等流动区域,为了便于分析以及节省计算时间,建立了 2D 的对称流体域模型。然后在供油路进口处设置了压力进口条件,进口压力为 0.4MPa,在上下两侧的泄漏间隙和阻尼小孔出口处设置了压力出口边界条件,出口压力为 0.1MPa,等于外界大气压的压力。选择了压力基求解器,设置了欧拉液-气两相流模型,设置了液压油中 2% 的空气含量。下面分别讨论当液压张紧器处于三种不同安装位置时,高压腔内空气的聚集位置。

图 2.23 所示为当液压张紧器水平放置时关于液压油中空气聚集位置的分析,从图中可以看出,空气主要集中在壳体孔的左上部,少量的一些空气聚集在了柱塞前端。

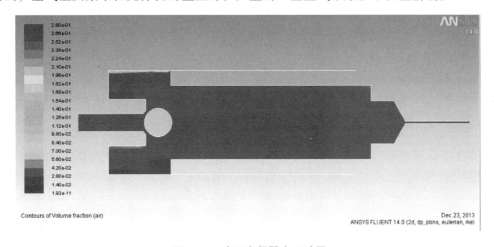

图 2.23 液压张紧器水平放置

图 2.24 所示为当液压张紧器柱塞朝下放置时,对空气聚集位置做的分析,从图中可以看出,空气主要聚集位置在壳体孔的左上部。

图 2.25 所示为当液压张紧器柱塞朝上时,对液压油中空气聚集位置的分析。从图中可以看出,油液中的空气主要聚集在壳体孔的左上端以及柱塞的前端。

从分析结果可以得出,当液压张紧器水平安装时,高压腔内的空气主要聚集在壳体孔的后端,少量空气聚集在柱塞前端;当液压张紧器柱塞朝下安装时,高压腔内的空气主要聚集在壳体柱塞孔的后端;当液压张紧器柱塞朝上安装时,空气主要聚集在柱塞的前端,少量空

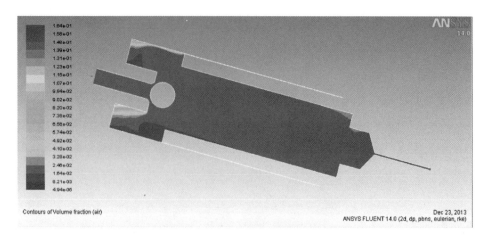

图 2.24 液压张紧器柱塞朝下放置

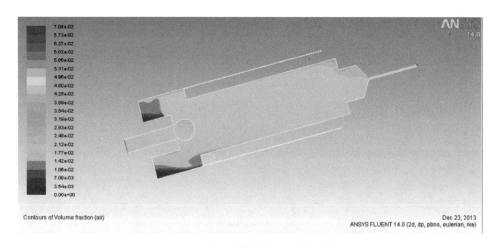

图 2.25 液压张紧器柱塞朝上放置

气聚集在壳体孔的后端。因此，需针对这两个位置来设计油液中空气泄露装置。

由于液压张紧器尺寸比较小，无法安装特殊的装置来释放空气，因此采用了一些简单的方式释放空气。一般来说常见的有两种释放空气的机制：

（1）壳体上增加螺纹孔

一般来说，通常在液压张紧器壳体的上部增加螺纹孔，这是由于空气的密度比油液密度小，使得空气通常集中在壳体的上部。

（2）柱塞前端增加螺纹孔

由于油液黏度比空气黏度大得多，空气更容易从螺纹间隙中泄漏出去，因此当高压腔内压力增大时，空气在高压作用下可以流出张紧器，从而降低其在油液中的含量。

由于本文所设计的液压张紧器水平放置，为了保证液压张紧器的性能并且考虑加工制造成本，因此仅在壳体上柱塞孔的末端开设螺栓孔。如图 2.26 所示。

5. 棘爪设计

棘爪是液压张紧器上的一种止回装置，其运动特点不会对液压张紧器的动力学特性产生

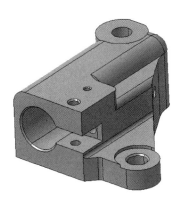
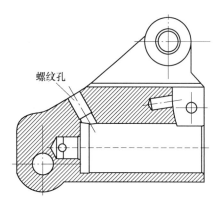

图 2.26 壳体

影响。棘爪的主要作用是：当发动机停机时，由于液压张紧器存在泄漏，因此高压腔内的液压油不足，液压张紧器的阻尼非常小，在起动发动机时，正时链条瞬间会出现波动，此时液压张紧器不能够及时有效地吸收链条产生的波动，因此会引起柱塞较大的压缩。由于棘爪是一种止回装置，它可以限制柱塞的后退位移量，因此可以减小链条瞬间的波动，防止链条出现脱链现象，避免"顶缸"现象的发生。当发动机反复起动时，可能会造成棘爪齿过度的磨损或者造成棘爪齿突然折断，棘爪齿就不能有效地限制柱塞的后退位置，造成链条脱链跳齿现象的发生，使得发动机不能正常起动，导致意外事故的发生，因此，要保证棘爪具有足够的强度、耐磨性能以及抗冲击性。

（1）设计过程及原则

1）当棘爪的尺寸与棘爪轴孔位置设计不合理时，会导致柱塞不能自由地伸出及压缩。对于棘爪齿，设计时要保证两齿的大小以及两个齿的左右侧面与竖直方向的角度有一定的差别，并且两个棘齿在竖直方向上有一定的高度差（防止两个齿都嵌入到柱塞齿槽中，以免出现干涉），使得小齿在柱塞被压缩的时候不会影响其运动，棘爪上两齿之间的距离要大于两个柱塞齿的距离，防止出现干涉。如图 2.27 所示是棘爪齿的尺寸参数。

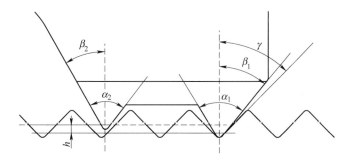

图 2.27 棘爪齿尺寸参数

图 2.28 所示为棘爪轴孔的位置图，其位置限制了棘爪的宽度及高度。如果棘爪轴孔的位置严重超下差或者尺寸设计不合理，当棘爪转动到最大极限位置时，棘齿会与柱塞齿发生干涉，影响柱塞运动，即使勉强弹出，当柱塞再被压缩的时候，棘齿和柱塞齿仍会有干涉现象。

2）棘爪齿和柱塞齿要有良好的啮合。在伸出时，保证柱塞灵活自如；压缩时，要尽可能的受到限制，形成一种止回结构。在设计棘爪组件时，若棘爪要实现其功能，需要满足以下两点：

一是在柱塞伸出时，要保证 $F_1 \Delta X > F_2 \Delta Y$，其中 $F_1 = F\cos\theta$，F 是柱塞弹簧力，θ 是当小棘爪齿的左侧面与柱塞齿贴合时，贴合面的法线与水平方向的夹角。ΔX 是贴合面的法线与棘爪轴旋转中心之间的距离。ΔY 是弹簧与棘爪接触面的法线与棘爪轴旋转中心之间的距离。同时，当柱塞伸出时，要保证在棘爪齿脱离和柱塞齿啮合时，棘爪上端不与壳体发生干涉，以免影响棘爪的转动，出现柱塞卡滞的现象。棘爪上的两个齿的位置处于棘爪的转动中心偏右侧，保证柱塞在伸出时其对棘爪的作用力始终和转动中心有一定的力臂；而柱塞被压缩时，当棘爪转动到极限位置时，柱塞对棘爪的作用力指向转动中心，如图 2.29 所示。

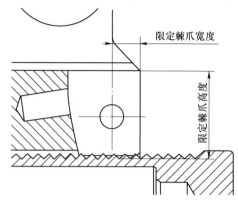

图 2.28 棘爪孔位置

二是柱塞后退时，用棘齿来限制柱塞位移。当棘爪的右侧面与竖直方向平行时，此时棘爪上一个齿完全嵌入到柱塞齿槽内，形成一种互锁机制，棘爪不能继续实现顺时针的转动，从而限制柱塞的后退。并且，柱塞齿和棘爪齿作用力的方向几乎通过棘爪轴的转动中心，因此产生的扭转力矩非常小，也不会引起棘爪的转动。这里，需要保证当柱塞在一定的压力作用下，棘爪齿、柱塞齿以及棘爪轴不会因为承受较大的负载力而出现折断的情况。如图 2.30 所示。

3）在柱塞伸出时，当棘爪齿逆时针转动到右侧极限位置时，要保证棘爪的左上端与壳体不会发生干涉。在柱塞达到伸出极限位置时，即最后一个齿和棘爪齿接触时，棘爪要能够限制柱塞的继续运动，这是为了保证柱塞不会在弹簧力的作用下脱离壳体。结构如图 2.31 所示。

柱塞在弹簧力较大的情况下，瞬间冲击力非常大，而棘爪一般采用粉末冶金制造，其强度较低，棘爪容易发生崩齿现象，因此应尽量增加其厚度，保证

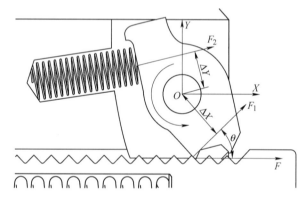

图 2.29 柱塞伸出时棘爪位置

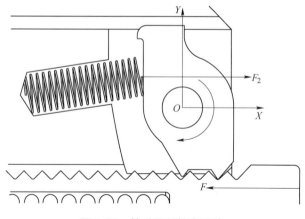

图 2.30 棘爪限制柱塞运动

其有足够高的强度。棘爪的厚度要略小于棘爪槽的厚度。棘爪要具有良好的抗冲击性、耐磨性,以及成形性,通常采用粉末冶金加工方法进行生产。

图 2.32 所示为所设计的棘爪组件局部视图。

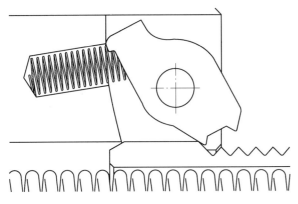

图 2.31 棘爪极限位置

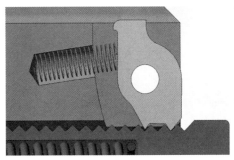

图 2.32 棘爪组件局部视图

（2）棘爪运动学分析

为了评估棘爪和柱塞尺寸设计是否满足运动学要求,运用动力学分析软件 RecurDyn 对棘爪弹簧、棘爪以及柱塞做了运动分析,运动分析结果表明设计达到了设计要求。

图 2.33 所示是建立的棘爪、柱塞、壳体以及棘爪弹簧的运动学模型。从图中可以看出,棘爪和柱塞均处于伸出的极限状态,棘爪弹簧被压缩到最大极限程度。其中,棘爪和柱塞定义接触,对柱塞施加在水平方向的移动副,在棘爪和棘爪轴孔处施加转动副。

图 2.33 运动学模型

以下分两种情况对柱塞和棘爪的运动进行了分析。

1）柱塞伸出。图 2.34 所示为柱塞在弹簧力作用下的速度曲线,从分析结果可以看出,柱塞速度变化非常平稳,棘爪不会对柱塞伸出产生影响。在 0.527s 时,柱塞最后一个齿和棘爪齿接触,此时柱塞的速度降低为零,限制了柱塞弹出,保证了柱塞不会在弹簧力作用下弹出壳体。

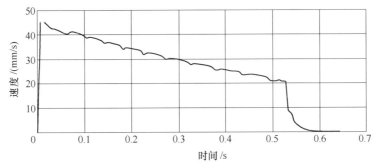

图 2.34 柱塞伸出速度

2）柱塞压缩。如图 2.35 所示为棘爪的旋转角度随时间的变化关系，由运动学分析可以看出，棘爪的最大转动角度可以达到 24°，这为后续设计棘爪弹簧提供了其工作行程。

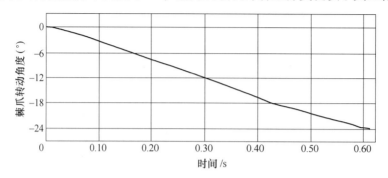

图 2.35　棘爪旋转角度

图 2.36 所示为柱塞位移随时间的变化关系，从图中可以看出，柱塞的最大压缩位移量可以达到 3mm，等于柱塞两齿之间的距离；另外，在运动过程中，没有出现棘爪齿和柱塞齿干涉的情况，因此棘爪的尺寸满足设计要求。

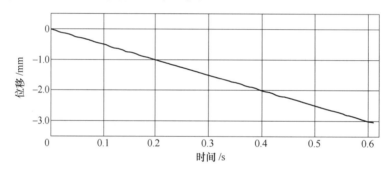

图 2.36　柱塞压缩位移

由于对棘爪的强度有一定的要求，故需选用性能好的材料，参照齿轮的材料要求，棘爪所选用的材料是 Fe-Cu-C-Ni 的粉末冶金材料，其最小硬度为 HRC38，抗拉强度为 1220MPa。图 2.37 是所设计的棘爪三维视图。

6. 棘爪弹簧设计

如同柱塞弹簧的设计过程，在设计棘爪弹簧时，需要确定弹簧的工作行程以及作用力。当柱塞、棘爪、壳体的尺寸和位置确定后，则棘爪弹簧的行程也就确定。通过前面的设计尺寸参数以及动力学分析的结果，可以得出棘爪弹簧的工作行程大约在 1.3mm 左右，如图 2.38 所示。由于柱塞弹簧力取值比较小，所以棘爪弹簧的初始安装力也要小一些，足以对棘爪产生一定的转矩即可。因此设定棘爪弹簧工作载荷在 8~12N 左右；为了保证棘爪能够有效地限制柱塞的后退，弹簧的刚度应较大一些，使得棘爪在棘爪弹簧的作用下能够快速地从极限位置 2 转动到极限位置 1。其他参数的设计及验证过程和柱塞弹簧类似。在棘爪达到极限位

图 2.37　棘爪的三维视图

置 1 时，弹簧应达到自由长度。图 2.39 是棘爪弹簧的校核情况。

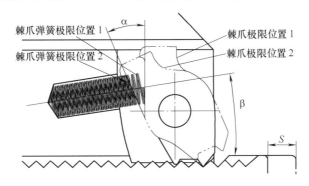

图 2.38 棘爪弹簧行程

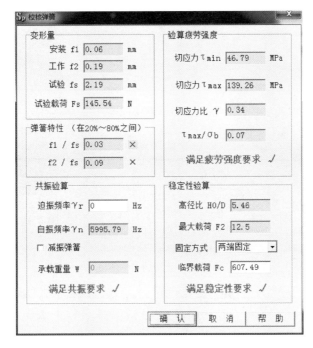

图 2.39 棘爪弹簧校核

7. 单向阀组件设计

（1）单向阀组件设计原则

单向阀包括单向阀座、单向阀弹簧、单向阀盖以及钢球。单向阀座安装在壳体上，钢球在单向阀弹簧的作用下坐落在单向阀座上，单向阀盖用来固定单向阀弹簧，其周围设计有出油腔。

单向阀的尺寸应尽可能小，实现轻量化的同时节省柱塞内的空间。为了保证供油充分，钢球的升程一般在 0.2~0.5mm，较小的升程容易引起高压腔内供油不足，使得柱塞运动滞后，导致张力过小，链条容易发生波动现象；较大的行程会导致单向阀球不能及时回位，造成液压油倒流回低压腔，使得高压腔内油液不足引起液压张紧器的阻尼效果变差。单向阀设计不合理或失效会导致高压腔内的液压油流回到低压腔，柱塞很容易被压缩，液压张紧器的阻尼效果降低。

单向阀座和单向阀小球的接触表面要有良好的贴合，要保证较高的加工精度，不然会造成柱塞在被压缩时出现液压油回流到供油腔（低压腔）的现象。

在装配时，要保证单向阀座和壳体的配合尺寸，装配不当或者有偏差会造成单向阀钢球的升程发生变化，液压对张紧器高压腔内的供油以及钢球能否及时回落到阀座上将产生很大的影响，供油不足以及钢球回位延迟都会造成液压张紧器的阻尼降低。但是，单向阀座与壳体配合的部分不能干涉液压张紧器的供油孔，以免引起压力损失导致供油不足。

（2）组件设计过程

1）单向阀底座。在径向方向，其直径要小于柱塞孔直径；油道孔直径小于底座的半径，其尺寸要和供油路油道孔直径相当，避免出现较大的压力损失。在轴向方向其尺寸包括安装尺寸以及和罩盖的配合尺寸。单向阀底座和壳体孔以及单向阀罩盖都是采用过盈配合进行装配。过盈量要保证单向阀罩盖不会在油液压力下移动。如图2.40所示。

2）单向阀钢球。钢球是一个标准件。要保证选择的钢球能有效地限制液压油的流动。如图2.41所示。

图2.40　单向阀座

图2.41　钢球

3）单向阀罩盖。当罩盖、钢球和阀座安装在液压张紧器上之后，要保证单向阀钢球的升程为0.3mm，因此在轴向方向上要以阀座作为设计参考。阀盖的顶部设计成了内凹形，保证弹簧和钢球不会在阀盖内沿径向方向窜动。为了确保阀盖与壳体底部装配时能更好地贴合，阀盖的底部设计成了外扇形。在单向阀盖周向方向上开设了槽孔，确保液压油能顺利通过罩盖到达张紧器的高压腔。如图2.42所示。

4）单向阀弹簧。单向阀弹簧的作用是把钢球定位在底座上，因此弹簧力非常小。弹簧作用力设计值为0.05N。如图2.43所示。

图2.42　单向阀罩盖

图2.43　单向阀弹簧

图 2.44 所示为对单向阀弹簧的校核情况，从图中可以看出满足各项要求。

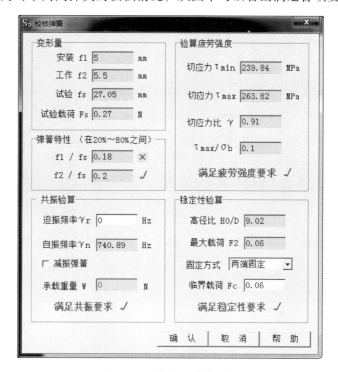

图 2.44 单向阀弹簧校核

图 2.45 所示为单向阀组件主要装配尺寸参数图，其中 L_1 是阀座与壳体的配合尺寸；L_2 是阀盖与阀座的配合尺寸；L_3 是钢球的最高点与阀座端面的距离；L_4 是钢球的最大升程；L_5 是弹簧装配时的安装长度。A 处的斜面与水平方向呈 45°。

（3）供油量计算

以下针对钢球升程 h_b，计算当发动机刚起动时，液压张紧器高压腔内充满油液所用的时间。

发动机刚起动时，假设供油压力 $p_e = 0.2\text{MPa}$，外界空气压力 $p_c = 0.1\text{MPa}$，油液密度 $\rho = 9 \times 10^{-10}\text{N} \cdot \text{s}^2/\text{mm}^4$，泄漏系数 $C_d = 0.8$，根据所设计的液压张紧器的尺寸，$\alpha = 45°$，$r_s = 2\text{mm}$，$d = 0.3\text{mm}$，根据式（2-3）和式（2-5），计算出张紧器的供油量为 $Q_{\text{supply}} = 23671.6\text{mm}^3/\text{s}$。当液压张紧器达到最大行程位置时，其内部腔体的体积为 $V_{\max} = 6082\text{mm}^3$。因此当油液供满高压腔体时所用的时间为

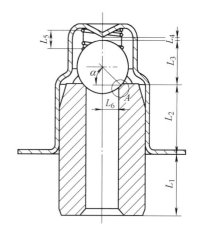

图 2.45 单向阀组件装配尺寸及参数

$$T = \frac{V_{\max}}{Q_{\text{supply}}} = 0.256(s) \tag{2-42}$$

因此即使柱塞达到最大伸出位置，在发动机低转速下仅用 0.256s 液压油即可充满高压腔。

本小节对单向阀组件的设计进行了详细的介绍，图 2.46 是单向阀和壳体装配图。图 2.47 是单向阀的三维装配图。

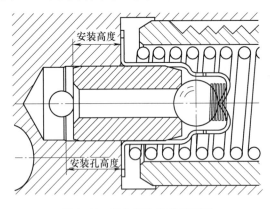

图 2.46　单向阀和壳体装配图

图 2.47　单向阀三维装配图

8. 棘爪轴、锁销及锁片尺寸设计

图 2.48 所示是建立的棘爪轴、锁销以及锁片的三维图。棘爪轴和锁片采用铆接装配。棘爪和棘爪轴之间采用过盈配合进行装配，其过盈量要保证棘爪在柱塞弹簧力的作用下不会与棘爪轴发生相对运动，以免引起锁销失效。因此在实际工作过程中，棘爪轴、棘爪以及锁片一起运动。棘爪轴和壳体上的轴孔是过渡配合。锁销主要是在液压张紧器未安装到发动机上时，用来限制棘爪轴的转动以阻止柱塞向外弹出，当液压张紧器安装完毕之后，打开锁销，此时，柱塞在初始弹簧力的作用下向外弹出，对正时链条进行张紧。

为了使锁片便于旋转，应保证锁片和壳体端面之间的距离为 0.5mm 左右，如图 2.49 所示。

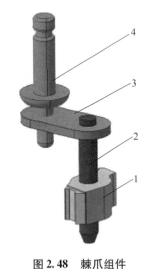

图 2.48　棘爪组件

1—棘爪　2—棘爪轴　3—锁片　4—锁销

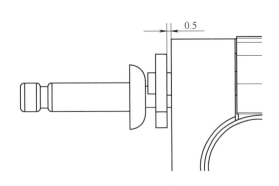

图 2.49　锁片安装尺寸

综上，本文完成了对液压张紧器构件的设计，液压张紧器实物图如图 2.50 所示。

第 2 章 正时链传动系统液压张紧器的设计

图 2.50 液压张紧器实物图

2.4.4 柱塞 pv 值计算

在实际中，液压张紧器发生破坏的形式之一是由于柱塞前端的过度磨损导致其最大行程降低，在链条达到最大磨损伸长率时柱塞伸出量过多，导致预留在壳体内的尺寸不能满足设计要求。为了减小长期的摩擦接触引起的磨损，张紧导轨与柱塞端面相接触的区域通常设计成弧面，柱塞前端大多数是平面，如图 2.51 所示。

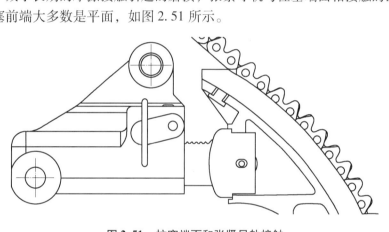

图 2.51 柱塞端面和张紧导轨接触

由于张紧导轨和柱塞前端往往是线接触，因此很容易形成较大的接触应力，因此需要对液压张紧器柱塞的接触强度以及 pv 值进行校核。对于柱塞和张紧导轨来说，柱塞的前端接触面是平面，张紧导轨的接触面是圆弧面，因此柱塞和张紧导轨的接触类型相当于是平板和圆柱之间的接触，如图 2.52 所示。

1. p 值的计算

由赫兹公式：

（1）当 $E_1 \neq E_2$ 时，

$$p_{\max} = 1.128 \sqrt{\frac{p \sum \rho}{lH}} \quad (2\text{-}43)$$

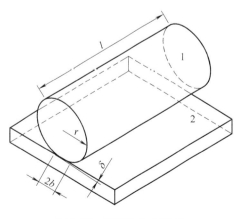

图 2.52 圆柱和平板接触

其中，$H = 4(1 - 1/m_1^2)/E_1 + 4(1 - 1/m_2^2)/E_2$，泊松比 $1/m_1 = 1/m_2 = 0.3$，$\sum\rho = 1/r$，p 为压强。

（2）当 $E_1 = E_2 = E$ 时，

$$p_{max} = 190\sqrt{\frac{p\sum\rho}{l}} \tag{2-44}$$

柱塞的材料为 GCr15，其弹性模量为 2×10^5 MPa，最高的 pv 允许值为 $1.5\text{N/mm}^2 \cdot \text{m/s}$，最高承载力 $p_{max} = 250\text{N/mm}^2$，最高线速度 $v_{max} = 0.1\text{m/s}$。假定柱塞作用反力为 1289N，根据公式计算可得 $p = 236.13\text{N/mm}^2 < p_{max} = 250\text{N/mm}^2$，因此承载力满足要求。

2. v 值的计算

假定发动机转速为 5000r/min，柱塞振幅为 0.4mm，根据发动机布局图，可以得到柱塞和张紧导轨在接触面上的相对位移为 $\Delta L = 0.019\text{mm}$；根据发动机转速，可以计算出张紧导轨对柱塞的激励周期为 $T = 1/f = 1/[(5000/60) \times 2]$（s），因此柱塞和张紧导轨在接触面上的相对线速度：

$$v = \Delta L/0.5T \tag{2-45}$$

代入数据可得 $v = 6.33 \times 10^{-3}\text{m/s} < v_{max} = 0.1\text{m/s}$，因此线速度满足要求。

3. pv 值的校核

根据前面得到的数据，代入公式得：

$$p_{max}v = 1.49(\text{Nm})/(\text{mm}^2\text{s}) \tag{2-46}$$

小于其允许值 $[pv] = 1.5\text{N/mm}^2 \cdot \text{m/s}$，因此柱塞和张紧导轨的材料满足要求。

2.4.5 棘爪强度校核

液压张紧器失效的另一种形式是止回机构上的棘爪齿发生断裂，破断的主要原因是柱塞以不同的方式对棘爪产生冲击，造成棘爪应力过大。棘爪齿断裂会导致棘爪不能有效地限制柱塞的压缩位移，造成发动机初始起动瞬间链条波动过大，恶劣工况时会出现跳齿和脱链现象。因此需要对棘爪齿的强度进行校核。

当止回机构的棘爪处于不同的极限位置时，柱塞对棘爪所产生的冲击方式不同，因此需分两种情况来讨论柱塞对棘爪大齿和小齿的冲击应力。

1. 棘爪大齿强度校核

发动机停机后，机油泵停止给液压张紧器提供液压油，而且高压腔内的油液会从泄漏间隙中流出，链条松边的保持力会驱使张紧器柱塞后退，棘爪在柱塞的带动下绕着棘爪轴转动，当棘爪大齿完全嵌入到柱塞齿中后，柱塞停止后退，此时棘爪处于一种极限位置。当发动机突然起动时，链条瞬间从静止状态达到一定的转速，松边链条会产生突然波动，瞬间施加给液压张紧器柱塞较大的冲击，而此时棘爪大齿和柱塞处于一种极限啮合状态，对柱塞产生的冲击瞬间作用在棘爪上。图 2.53 所示为棘爪大齿的极限位置图。

接下来基于有限元软件 Workbench 对棘爪大齿

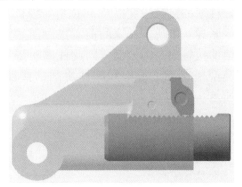

图 2.53 棘爪大齿与柱塞啮合

进行静力学分析，验证其强度是否满足强度要求。

首先，对几何模型划分网格。为了确保结果的精确性，对棘爪、棘爪轴、柱塞齿面以及壳体上的棘爪轴孔进行了网格细化，单元大小为0.3mm。网格单元总数为316963个，节点总数为497950，如图2.54所示。

为了模拟柱塞对棘爪产生的瞬间冲击，对柱塞施加了 $3.2727 \times 10^7 \text{mm/s}^2$ 的冲击加速度，相当于柱塞瞬间受到1000N的作用力。同时，对壳体的螺栓安装孔施加了固定约束。如图2.55所示。

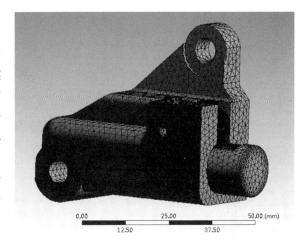

图2.54 网格划分

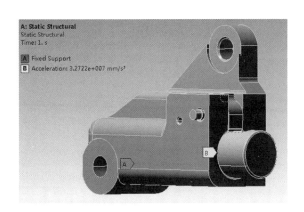

图2.55 施加边界条件

图2.56所示为各个部件的应力云图，其中棘爪上的最大应力为975.59MPa，其材料为粉末冶金，硬度的最低值HRC38，对应的强度极限为1220MPa，最大应力小于许用范围，满足强度要求。壳体、棘爪轴以及柱塞的应力云图如图2.57所示。

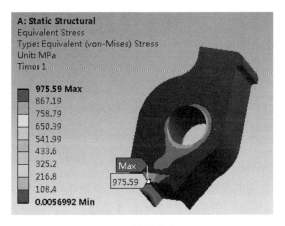

图2.56 棘爪应力云图

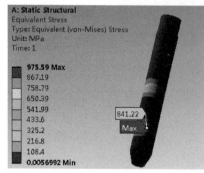 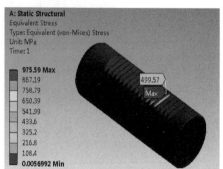

图 2.57　应力云图

各部件最大应力及强度极限见表 2.4，从表中可以看出，其他各个部件均满足强度极限要求。

表 2.4　最大应力及强度极限

	壳 体	棘 爪 轴	柱 塞
材料	铸铝合金	65Mn	GCr15
最大应力/MPa	432.34	841.22	499.57
强度极限/MPa	572	925	835

2. 棘爪小齿强度校核

棘爪小齿主要起导向作用，其主要破坏方式是柱塞以一定的压缩速度撞击小齿，从而产生冲击应力。当棘爪与柱塞处于如图 2.58 所示的啮合状态时，棘爪小齿与柱塞齿接触，此时柱塞瞬间的后退容易对小齿产生一定的冲击应力，使得小齿发生断裂，因此需要对运动过程中的柱塞对小齿产生的冲击应力进行分析。

接下来利用多体动力学软件 RecurDyn 对冲击运动过程进行刚柔耦合分析。

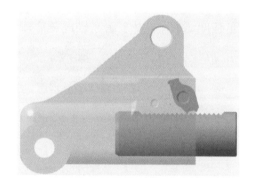

图 2.58　棘爪小齿与柱塞齿接触

首先在 RecurDyn 中，对几何模型施加约束，其中棘爪和棘爪轴施加转动副，柱塞施加移动副，壳体和大地之间施加固定副。建立柱塞弹簧以及棘爪弹簧等，其刚度以及自由长度等参数根据设计值来确定。如图 2.59 所示。

图 2.59 添加约束

然后对几何模型中的棘爪进行网格划分,并对棘爪齿和柱塞齿处的网格进行了细化,如图 2.60 所示。为了减少计算量,在棘爪齿上选取面网格作为 Patch 集,作为柔性体的接触面,棘爪齿与柱塞齿之间的接触类型为 FSurface to Surface。

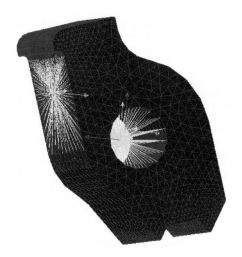

图 2.60 棘爪网格划分

对柱塞施加运动速度,一般来说柱塞的压缩速度小于 20mm/s,为了对极限情况进行校核,对柱塞施加的压缩速度为 30mm/s,如图 2.61 所示。

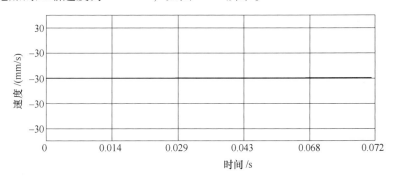

图 2.61 柱塞压缩速度

图 2.62 和图 2.63 所示分别是棘爪的应力云图以及相应的冲击应力,从图中可以看出,棘爪小齿最大应力为 526.36MPa,小于材料的强度极限,满足强度要求。同时最大应力位置出现在小齿的端部,这和实际中棘爪齿的疲劳破断位置相符合。

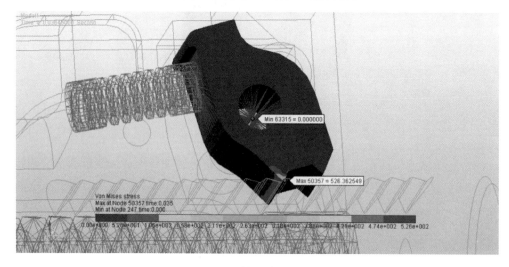

图 2.62　棘爪的应力云图

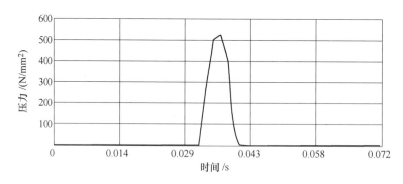

图 2.63　棘爪的冲击应力

2.4.6　模态分析

液压张紧器持续受到来自正时链条的激励,该激励通过液压张紧器的壳体传递到发动机缸体上,当该激励频率与液压张紧器壳体的固有频率相当时,会引起液压张紧器产生共振,该振动传递到发动机缸体上会对发动机造成损害,并产生一定的噪声,因此需要验证所设计壳体的固有频率是否满足要求。

基于 Workbench 有限元分析软件,对液压张紧器的壳体做了模态分析,并提取了前 6 阶模态。表 2.5 是模态分析的结果。

表 2.5　模态分析结果

模　态	1	2	3	4	5	6
频率/Hz	7786.9	12772	17345	20848	21813	25369

发动机的振动频率，与发动机的转速以及发动机的缸数有关。对于四缸发动机来说，曲轴转一圈发动机点火两次，所以二阶激励为主要激励频率，因此不同转速下二阶激励频率为

$$f = \frac{N}{2}\frac{n}{60} \tag{2-47}$$

式中，N 为发动机的缸数；n 为发动机的曲轴转速。

该发动机的最高转速为 6000r/min，对应的振动频率为 200Hz，该振动频率远远低于壳体的一阶固有频率，因此在发动机最高激励频率下，液压张紧器不会发生共振现象。图 2.64 所示为各阶模态振型图。

图 2.64 各阶模态振型图

a) 一阶模态振型 b) 二阶模态振型 c) 三阶模态振型 d) 四阶模态振型 e) 五阶模态振型 f) 六阶模态振型

2.5 液压张紧器动态特性分析及试验研究

液压自动张紧器是正时链传动系统中唯一可以改变正时链传动特性的部件，其动态特性对于提高正时链传动系统的使用寿命具有重要的作用。本节基于多体动力学工具建立了液压张紧器的仿真分析模型，并利用控制变量法分析了不同参数对于液压张紧器动态特性的影响。

2.5.1 动力学建模

1. 建模过程

基于前面建立的各个部件的理论模型，利用RecurDyn软件把机械和液压各个部分耦合在一起，建立了液压张紧器的动力学仿真模型。

在子系统模块SubSystem Toolkit中，设置有液压张紧器模块，在其模块中有两种类型的张紧器，类型A和类型B，这里选择的是类型A的液压张紧器模型。

图2.65所示为基于RecurDyn软件建立的仿真模型，它包括两大部分：液压张紧器和激励源。

2. 参数设置

液压张紧器参数设置主要包括三个部分：几何参数、属性参数以及弹簧参数。

（1）几何参数

其中结构几何参数需要根据自行设计的张紧器的实际尺寸进行输入，包括柱塞尺寸、壳体尺寸、初始腔体尺寸、单向阀组件尺寸、柱塞弹簧和单向阀弹簧等。表2.6是需要输入的各个部件的几何参数。

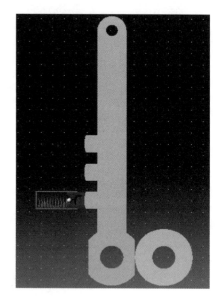

图2.65 液压张紧器仿真模型

表2.6 几何参数

组件	几何参数				
壳体	外径	底部厚度	腔体长度	总长度	
柱塞	内径	外径	长度	柱塞面积	腔体初始体积
单向阀	钢球直径	进油口半径	钢球升程	阀座角度	
柱塞弹簧	刚度系数	自由长度	预载荷	线圈直径	线圈圈数
单向阀弹簧	刚度系数	自由长度	预载荷	线圈直径	线圈圈数

（2）属性参数

属性参数部分包括：单向阀的流阻系数，该值与阀开口大小有关；供油路的供油压力，其值跟发动机曲轴转速有关；液压油中空气属性，包括外界空气压力，油液中空气初始含量百分比;液压油属性,包括液压油阻尼值、油液密度、油液黏度以及油液有效体积模量等;泄漏间隙参数,包括单侧泄漏间隙尺寸以及泄漏间隙的长度。

表 2.7 是关于各个参数的取值范围。

表 2.7 属性参数

变量	流阻系数	供油压力 $\times 10^5$ Pa	外界空气压力/MPa	空气初始含量(%)	油液密度 $/(N \cdot s^2/mm^4)$	油液黏度 $/(N \cdot s/mm^2)$	弹性模量 /MPa
范围	0.7~0.9	1~6	0.1	0.1~0.5	8.75×10^{-10} ~ 9×10^{-10}	见图 2.15	与空气含量有关

图 2.66 所示为几何参数和属性参数输入对话框。

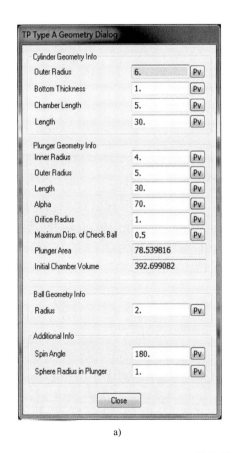
a)

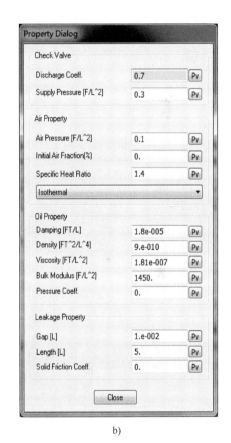
b)

图 2.66 参数输入对话框

a)几何参数输入对话框 b)属性参数输入对话框

(3)弹簧参数

对于液压张紧器的柱塞弹簧和单向阀弹簧,主要输入参数是弹簧刚度、自由长度、线圈直径以及弹簧圈数,其值根据实际设计的弹簧参数进行输入。

图 2.67 所示为弹簧的参数输入对话框,包括柱塞弹簧和单向阀弹簧。

图 2.67 弹簧参数输入对话框
a) 柱塞弹簧参数 b) 单向阀弹簧

2.5.2 动力学特性研究

在液压张紧器动力学分析中，需要明确其动态边界条件，比如油温、油压、油液黏度以及供油压力等。图 2.68 所示为频率为 100Hz，全振幅为 0.4mm 时液压张紧器的激励曲线，激励源为一条位移随时间变化的正弦函数曲线，用来模拟实际中链条的横向波动对于液压张紧器柱塞产生的激励。因此，通过对液压张紧器施加不同频率、不同振幅下的激励即可模拟不同链条波动情况下液压张紧器的动态特性。

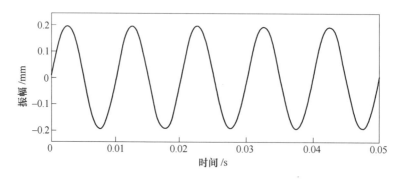

图 2.68 液压张紧器激励曲线

图 2.69 所示为激励频率为 100Hz，全振幅为 0.4mm，温度为 100℃，供油压力为 4×10^5Pa，空气含量为 0.1% 时，不同的泄漏间隙对应的高压腔内的压力。高压腔内油液压力直接反映了通过液压张紧器传递到发动机缸体上力的大小。从图中可以看出随着泄漏间隙的增大，腔体内的压力不断减小。

图 2.70 所示为在激励频率为 100Hz，泄漏间隙为 0.035mm，温度为 100℃，供油压力为

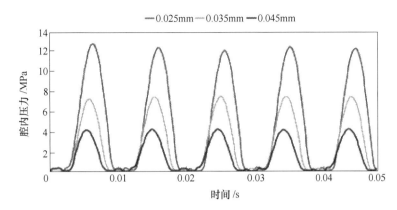

图 2.69　不同泄漏间隙对应的高压腔压力

$4 \times 10^5 \mathrm{Pa}$，空气含量为 0.1% 时，不同激励振幅下的滞回曲线。从图中可以看出，随着激励振幅的增加，液压张紧器的最大阻尼力随之增大。滞回曲线是衡量张紧器性能的一个重要指标，其表示的是位移与作用力的变化关系。一个激励循环内能量的耗散量等于滞回曲线所围的面积。如果曲线平滑饱满，则说明液压张紧器具有在小位移下的高耗能特性以及高效的抗冲击性。由于液压张紧器泄漏间隙的存在以及具有动态刚度特性，使得曲线呈现一定程度的倾斜现象。

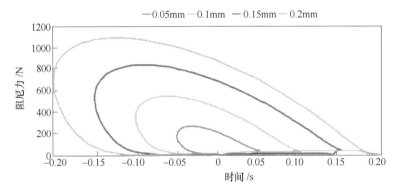

图 2.70　液压张紧器滞回曲线

图 2.71 所示为在如前所述的激励条件及边界条件下，不同泄漏间隙所对应的油液泄漏量的变化曲线。由于泄漏间隙的存在，使得油液在流出液压张紧器时，产生一定的黏滞阻尼力，从而抵抗链条的冲击。随着泄漏间隙的增加，系统油液泄漏会非常严重，这将会对液压张紧器的阻尼特性产生较大的影响，将引起正时链传动系统产生严重的噪声及振动。

图 2.72 所示为在激励频率为 100Hz，全振幅为 0.4mm，温度为 100℃，供油压力为 $4 \times 10^5 \mathrm{Pa}$，空气含量为 0.1% 的情况下，泄漏间隙分别为 0.025mm、0.035mm 以及 0.045mm 时滞回曲线。从图中看出，随着泄漏间隙的增加，柱塞作用反力随之减小，滞回曲线相对窄小，包络面积变小，这说明液压张紧器吸收冲击能量的能力降低，即阻尼效果逐渐减小，对液压张紧器的性能产生了非常大的影响。因此，在实际设计液压张紧器过程中，选择合适的

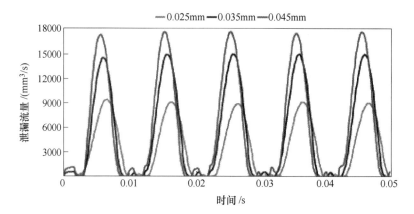

图 2.71 不同泄漏间隙对应的泄漏量

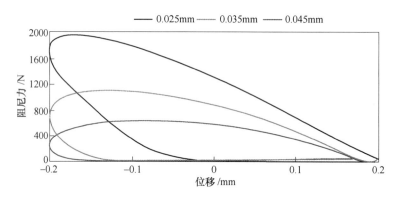

图 2.72 不同泄漏间隙滞回曲线

泄漏间隙值对于维持链条的平稳运转以及减小噪声是极其重要的。

如图 2.73 所示为在激励频率为 100Hz，全振幅为 0.4mm，泄漏间隙为 0.035mm，供油压力为 4×10^5 Pa，空气含量为 0.1% 的情况下，不同温度条件下所产生的液压张紧器的阻尼力。由图可知，随着温度的升高，柱塞和张紧导轨之间的作用力随之下降。这是因为随着温度的升高，液压油的黏度逐渐下降，而液压张紧器的阻尼系数与油液的黏度成正比，从而降低了液压张紧器的阻尼效果。因此，柱塞和张紧导轨的作用反力也会随之减小。

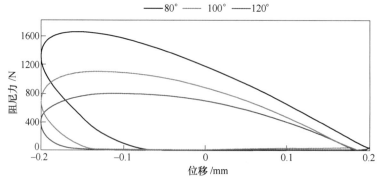

图 2.73 不同温度下产生的阻尼力

图 2.74 所示为激励频率为 100Hz，全振幅值为 0.4mm，泄漏间隙为 0.035mm，温度为 100℃，供油压力为 4×10^5Pa，不同空气含量下的阻尼力变化曲线。由图可知，当油液中空气含量升高时，系统所提供的最大阻尼力下降，滞回曲线所包围的面积减小，其耗能特性下降，这主要是因为当油液混入空气时，混合介质的压缩性升高，有效体积模量降低，系统的阻尼效果将会大大降低，因此液压张紧器所提供的最大的阻尼力和耗能特性也将下降。

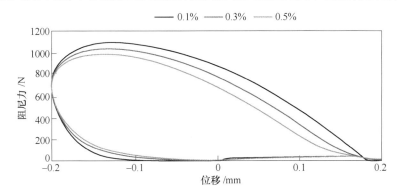

图 2.74 不同空气含量下产生的阻尼力

2.5.3 试验研究

1. 边界条件

为了评估仿真计算结果的准确性，需要通过试验测试对数值分析结果进行验证。为了准确的模拟实际发动机中液压张紧器的工作条件，需要控制四个外界参数，即：外界激励的频率，外界激励的幅值，液压张紧器的供油压力以及液压油的温度。

（1）激励频率

激励频率是正时链条在不同发动机转速下对液压张紧器柱塞的激励，主要激励频率为发动机的点火频率，即二阶频率，其值跟转速以及发动机的气缸数有关。其计算公式如式（2-47）所示。

（2）激励振幅

激励振幅为正时链条横向波动的位移量，其值一般在 0.1~0.6mm 之间变化。在实际中，发动机转速越高，链条对液压张紧器柱塞的激励振幅越小，这是因为当转速越高时，正时链传动系统的松边会越来越松，液压张紧器柱塞就会在油液压力以及弹簧力的作用下向前运动，压紧张紧导轨，从而使得正时链条越来越紧，链条的波动量也会越来越小。为了分析不同转速条件下正时链条对于液压张紧器的激励情况，在仿真以及试验过程中，需要模拟不同激励振幅条件下，液压张紧器的动态特性变化。

（3）供油压力

液压张紧器的供油压力与发动机转速有关，一般来说发动机曲轴转速越高，相应的机油泵的转速也越高，因此所产生的油压也就越大。

（4）油液温度

液压油的温度对于油液的黏度会产生重要的影响，温度越高黏度越低，液压张紧器的阻尼效果会变差，链条的波动就会增加。因此需要模拟不同温度条件下的液压张紧器的工作情况，并对其性能进行评估。由于在高温时油液对液压张紧器的影响较大，因此主要分析在100℃条件下的液压张紧器动态性能。

2. 试验装置

为了模拟发动机正时链传动系统中正时链条对液压张紧器的激励并验证动力学分析的结果，需要搭建正时链传动系统用液压张紧器动态性能检测试验台，用来验证不同外界激励条件下液压张紧器的动态响应以及耐久性。

由于满足激励频率和激励振幅的加振机成本较高，因此设计了一种简易的试验装置。该试验装置主要包括电动机，四升程的盘形凸轮，单摆，水泵电动机组，隔层油箱，溢流阀，温控装置，压力传感器，多通道数据采集仪以及计算机等。

由电动机带动一个具有特殊轮廓的凸轮，凸轮用来驱动安装在支架上的单摆，单摆上设计有三个凸台，当液压张紧器安装在三个不同的位置时，柱塞分别和三个凸台进行接触。当安装位置发生变化时，单摆对于柱塞的激励振幅也就发生相应的变化，以此来模拟不同振幅下张紧导轨对于柱塞的激励。比如，当凸轮的最大升程为 0.4mm 时，根据几何关系，最上端的凸台的最大横向位移量为 0.2mm，第二个凸台的横向位移量为 0.25mm，最下端的凸台位移量为 0.3mm。因此，该试验装置可以满足实际工况中张紧导轨对柱塞的激励频率以及激励振幅的要求，并且结构简单，可靠性高，安装方便，节约成本。

（1）电动机型号的选取

为了达到试验中所需要激励频率，选取的电动机的额定转速为 3000r/min，其频率为 50Hz。根据前面的分析，对于四个升程的盘形凸轮，当电动机的转速达到 3000r/min 时，凸轮对液压张紧器柱塞的激励频率可以达到 200Hz，因此满足频率要求。

电动机需要克服凸轮与单摆之间的摩擦力做功，因此要保证电动机在最大的转速条件下，转矩满足负载的要求。当液压张紧器处于最低安装位置时，即与最底部的凸台接触时，液压张紧器产生的作用反力最大，根据力矩平衡，此时单摆和凸轮之间的接触力最大值，如图 2.75 所示。则单摆与盘形凸轮之间的最大正压力 F_0 为

$$F_0 = \frac{FH}{L} \quad (2\text{-}48)$$

式中，F 为液压张紧器最大作用反力；H 为最下端凸台与单摆转动中心在竖直方向的距离；L 为凸轮与单摆转动中心在竖直方向的距离。

电动机需要克服的凸轮和单摆之间的最大摩擦转矩为 T：

$$T = F_0 \mu r \quad (2\text{-}49)$$

式中：μ 为凸轮与单摆之间的摩擦因数；r 为凸轮中心与单摆接触端面之间的距离。

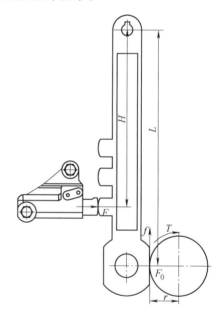

图 2.75 试验装置力矩平衡关系

假设液压张紧器的最大作用反力为 3000N，根据所设计的单摆尺寸以及凸轮的尺寸，可以求出单摆和凸轮之间的最大作用力为 2250N，若摩擦因数为 0.15，此时求得的最大负载转

矩为8.4375N·m。因此根据电动机的规格参数以及试验所要求的转速及负载，选用的电动机功率为4kW，额定转速3000r/min，因此根据以下公式可以求出最大摩擦转矩。

$$T = \frac{9550P}{n} \tag{2-50}$$

式中：P 为电动机的功率；n 为电动机转速。计算得到在额定转速下的转矩为12.73N·m，大于负载转矩，因此满足试验要求。

该盘形凸轮，其外廓有四个升程，当凸轮转动一圈时，凸轮对于单摆激励四次，即对液压张紧器柱塞激励四次。所以当电动机转速达到额定转速3000r/min时，单摆对柱塞的激励频率为200Hz，此时对应的曲轴转速为6000r/min。

（2）供油装置

在试验装置中，利用液压泵来提供一定压力的油液，通过调节溢流阀可以改变对液压张紧器的供油压力。由于不同的发动机转速对应不同的供油压力，发动机转速越高，供油压力也相应越大，因此需要通过调节溢流阀来获得与发动机转速所对应的供油压力，来模拟实际条件下机油泵对于液压张紧器的供油情况。

（3）温控装置

该试验台设有温控装置，包括加热管、温控单元以及温度传感器等。在实际中，直接对油液加热时会出现油液燃烧的意外情况，所以该装置使用了加热管对隔层油箱中的水进行加热，通过水与隔层中的油液之间的热交换来实现对油液的加热。通过温控单元设定最高的加热温度，温度传感器用来测量并反馈油液的温度，当油液温度达到设定值时，传感器把反馈信号传递到温控单元，温控单元发出信号停止加热管对水加热，从而达到温度控制的目的。因此该装置可以实现在不同油温条件下来测试液压张紧器的动态性能。

（4）数据采集与处理

压力传感器安装在柱塞和单摆凸台之间，用来测量柱塞的作用反力。多通道数据采集仪用来收集压力传感器反馈的信号，通过计算机进行处理得到相应的测量值。图2.76所示是液压张紧器试验台的实物图。图2.77是试验装置的设计原理图。

图2.76　试验装置实物图

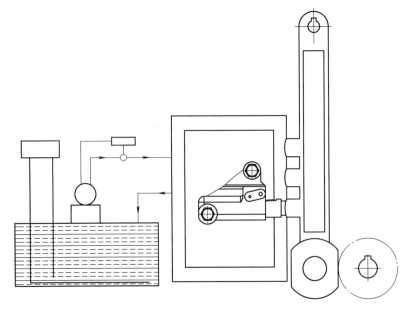

图 2.77 试验装置原理图

3. 试验结果与仿真结果对比

如图 2.78 所示,在泄漏间隙为 0.035mm,供油压力为 4×10^5Pa,油温为 100℃,空气含量为 0.1% 的边界条件下,对不同激励频率和振幅下的柱塞作用反力的计算结果和试验结

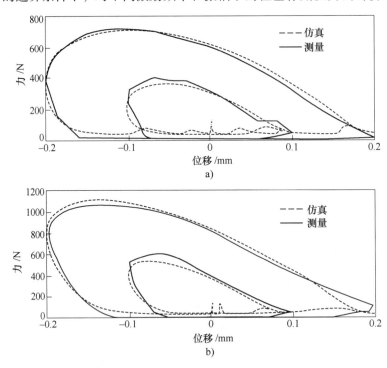

图 2.78 试验测量值与仿真分析值对比

a) 50Hz b) 100Hz

果进行了对比。

图 2.78a 是在激励频率为 50Hz 条件下，液压张紧器的柱塞作用反力与柱塞位移之间的变化关系，即液压张紧器的滞回曲线，该曲线饱满，说明该张紧器具有在小位移下的高耗能特性以及高效的抗冲击性，满足实际中液压张紧器的工作要求。仿真分析结果与试验测试结果具有一致的变化规律，在全振幅下更有较高的匹配特性。

图 2.78b 是在激励频率为 100Hz 条件下，液压张紧器的柱塞作用反力与柱塞位移之间的变化关系，仿真分析结果与试验测试结果具有一致的变化规律，在单侧激励振幅 0.1mm 下具有非常高的匹配特性，在单侧激励振幅 0.2mm 下，试验测量值略大于仿真分析值，最大的作用反力约为 1057N，没有超过 1289N 的极限值，因此满足设计要求。

如图 2.79 所示为液压张紧器最大作用反力随频率的变化关系。随着激励频率的增加，所产生的柱塞作用反力也随之增加，当激励频率增加到一定程度时，柱塞作用反力的变化有所下降。由图中可以看出，计算结果和试验结果具有较好的匹配特性，仿真分析值基本可以反映实际液压张紧器柱塞作用反力的变化。因此，该分析计算方法可以作为一种有效的分析工具来预测液压张紧器的动态响应特性。

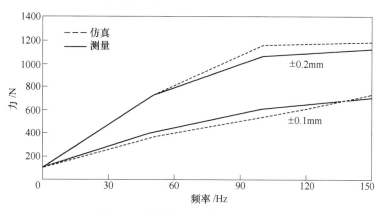

图 2.79 最大作用反力随频率的变化

由于在进行试验时，没有测定液压油中的初始空气含量，使得在仿真分析计算中不能准确的确定初始空气含量，造成数值分析计算得到的最大作用反力的值与实际测定值存在微小的差别。

2.6 迷宫阀液压张紧器 CFD 研究

目前，国内对液压张紧器的动态特性研究方法很少，且主要集中在常规液压张紧器的试验和理论模型研究，对特殊结构液压张紧器的研究几乎处于空白。因此，针对这一现状，本文基于一种特殊结构的液压张紧器——迷宫阀液压张紧器，利用 CFD（计算流体力学）技术和计算流体力学动态求解方法，研究其动态特性，从而完善正时链传动系统液压张紧器的分析方法。

2.6.1 迷宫阀液压张紧器结构及工作原理

迷宫阀液压张紧器是一种较新型的张紧器。如图 2.80 所示，迷宫阀液压张紧器主要由壳体、柱塞、迷宫阀、单向阀组件等构成。该液压张紧器的单向阀组件仅由单向阀座、单向阀钢球和单向阀盖组成，未安装弹簧，单向阀的开启和关闭完全由单向阀隔开的低压腔和高压腔内压差变化控制。其中供油腔为低压腔，柱塞弹簧所在的腔体为高压腔。

如图 2.81 所示，该单向阀组件中单向阀入口油路直径为 2.5mm，入口长度为 5mm。若入口直径过大，则会造成阀门关闭过程中入口回油量增大；若入口直径过小，则会造成阀门开启过程中入口供油不足。同样，若入口长度过短，也会导致回油量在阀门关闭过程中因阻力较小而增大，而若入口长度过长，则会造成入口压力的损失。单向阀钢球升程为 0.2mm，单向阀钢球升程会影响单向阀的响应灵敏度，过大的升程需要较长的阀门关闭响应时间，持续的单向阀回流使

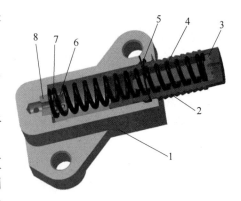

图 2.80 迷宫阀液压张紧器结构组成

1—壳体　2—柱塞　3—迷宫阀　4—柱塞弹簧
5—止锁环　6—单向阀盖
7—单向阀钢球　8—单向阀座

高压腔与低压腔间压差增长缓慢，进而又使钢球回落的增速变慢，导致阀门关闭更加缓慢，这将对液压张紧器的性能造成一定的影响。

图 2.82 所示为液压张紧器柱塞，柱塞前端的阻尼小孔直径为 2mm，长度为 3mm。对于迷宫阀液压张紧器，该阻尼小孔的直径应大于迷宫阀出口处直径，保证油液能通过迷宫阀油路流出柱塞前端，此时阻尼小孔起不到阻尼作用，对液压张紧器的性能影响十分小。而对于阻尼孔液压张紧器，阻尼小孔对液压张紧器的性能具有关键性的作用，一定要根据正时链传动系统的需要，设置合适的阻尼小孔直径，其直径远小于 2mm。

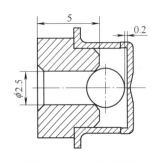 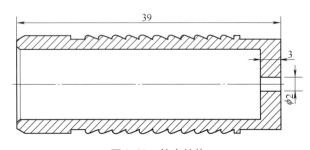

图 2.81 单向阀结构　　　　图 2.82 柱塞结构

图 2.83 所示为迷宫阀，迷宫阀是迷宫阀张紧器区别于其他类型液压张紧器的关键部件。

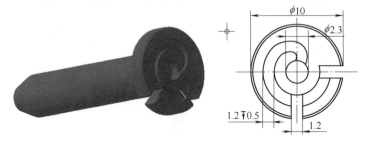

图 2.83 迷宫阀结构

迷宫阀在弹簧和油压的作用下始终位于柱塞前端。图中可以看到迷宫油路有一对呈90°的入油口，迷宫油路为宽1.2mm，深0.5mm的螺旋状凹槽。油液在迷宫油路中流动会产生压力损失，从而使迷宫阀液压张紧器具有阻尼作用。压力损失分为两部分，一是因油液黏度而在近壁面层流存在较大的壁面黏滞阻力，造成沿程损失。二是由二次流及涡旋形成的双螺旋流产生的局部损失。

迷宫阀沿程损失计算公式：

$$p_f = \frac{1}{2}\rho v^2 \frac{l}{d_H}\lambda \tag{2-51}$$

$$\lambda_1 = \frac{70}{Re}（层流区）\tag{2-52}$$

$$\lambda_2 = \frac{0.3164}{Re^{0.25}}（湍流区）\tag{2-53}$$

式中，v为流速，流量和横截面积的比值；l为油路长度；d_H为油路水力直径；λ为沿程阻力系数；ρ为流体的密度；Re为雷诺数。

迷宫阀局部损失计算公式：

$$p_{\text{local}} = \frac{1}{2}\rho v^2 \xi \tag{2-54}$$

$$\xi = \left[0.131 + 1.847\left(\frac{r}{R}\right)^{3.5}\right]\theta/90° \tag{2-55}$$

式中，ξ为局部阻力系数，其获得公式为魏斯巴赫经验公式；$\frac{r}{R}$为油路半径与油路曲率半径之比；θ为油路角度。

由以上公式可以得出，迷宫油路的水利半径、长度、曲率半径是影响迷宫阀性能的主要因素。通过改变这三个因素可以获得不同的阻尼效果，从而可以得到具有不同动态特性的迷宫阀液压张紧器。

2.6.2 迷宫阀液压张紧器CFD模型建立及网格划分

1. 迷宫阀液压张紧器CFD模型

在液压张紧器的设计研究中，已有的理论模型和动力学张紧器模块多应用于普通常规的液压张紧器，不能够很好的指导和优化新型液压张紧器的设计，若直接进行样件的加工和试验研究，往往研发周期长，成本高。本文提出结合CFD技术，使用计算流体力学方法，应用计算流体力学软件Fluent，构建新的液压张紧器研究分析框架和工具，分析迷宫阀液压张紧器在正弦激励下的工作状态（图2.84），直观并有针对性的对所设计迷宫阀液压张紧器进行测试。在对迷宫阀液压张紧器的求解过程中，运用动网格技术对迷宫阀液压张紧器柱塞施加正弦激励，使其进行往复运动来模拟正时链条的横向波动。通过对腔体内压力等参数的监测实现对迷宫阀液压张紧器性能的分析评估。

图2.84 迷宫阀液压张紧器模型

基于流体系统和控制体理论，对迷宫阀液压张紧器进行简化。如图 2.85 所示，实线为油液流经区域边界，虚线为固体轮廓边界，进而得出实线流体区域为控制体，其边界则为控制面。

因为单向阀阀球的网格质量不容易保证，容易产生负体积，故将阀球简化成圆柱形阀体，为便于理解，在后续的内容中仍称其为阀球。这样的简化可能对单向阀的响应有一些影响，但对整体模型的求解计算不会造成太大的影响，最终获得如图 2.86 所示的简化模型。

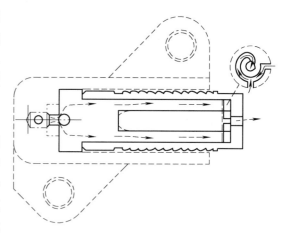

图 2.85　迷宫阀液压张紧器控制体

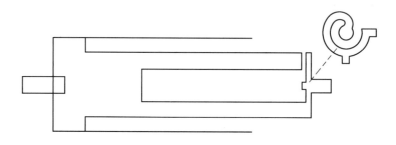

图 2.86　迷宫阀液压张紧器简化模型

2. 迷宫阀液压张紧器网格划分

网格是进行流体力学分析的基础。在对求解方法有了总体构建之后，解决问题的第一步就是前处理，即网格划分。网格划分作为 CFD 计算流体力学仿真的前处理部分，同时也是最耗时的一部分工作，其网格质量关系到流体力学求解的准确性和精确性，同时网格质量过差和不合理的边界条件还会导致求解发散，使求解失败。

按邻接关系，网格分为结构化网格和非结构化网格。结构化网格是指网格区域内所有的网格点之间的邻接是有序而规律的，除边界点外，内部网格点都具有相同的毗邻单元。同结构化网格的定义相对，非结构化网格的网格点之间的邻接是无序的、不规则的，网格区域内的内部点不具有相同的毗邻单元。结构化网格同流体流动方向有很好的一致性，网格质量更高，网格生成的数据结构更简单，易收敛，计算精度高于非结构网格，但结构化网格对复杂实体的拟合难度相对较大，网格划分需要技巧和耐心。迷宫阀液压张紧器模型结构相对复杂，若直接对模型进行结构化网格划分，拟合拓扑难度非常大，网格质量也难以保证。因此，需要采取分区方法，将迷宫阀液压张紧器计算域分成多个不同的子域，分别进行结构网格划分。

图 2.87 所示为分区方案示意图。为便于结构化网格划分以及动网格的应用，将迷宫阀液压张紧器简化模型分成 9 个子域。使用 ICEM CFD 软件分别对这 9 个子域，各自单独划分结构网格，然后再进行合并。⑦为迷宫油路的一对呈 90°的入口，⑧为迷宫油路，这两部分

相对其他部分结构要复杂很多。本节将着重介绍这两部分的结构化网格划分方法。图2.88所示为使用 CATIA 软件建立的迷宫阀液压张紧器 CFD 仿真的三维简化模型，及其所分割成的9个部分。

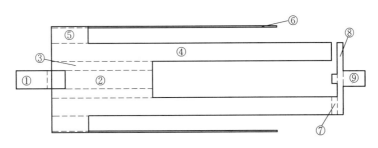

图2.87 分区方案

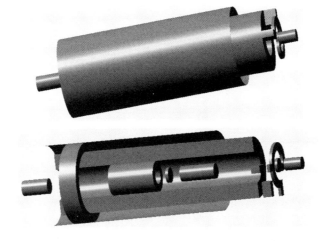

图2.88 迷宫阀液压张紧器三维 CFD 简化模型

在划分网格时，需要对近壁区采取特殊处理。在采用壁面函数法来处理近壁区流动时，需要把第一层网格节点布置在对数规律区域内。此时，需要说明一个在划分边界层中最重要的量 y^+。y^+ 是反映近壁区内不同子层的无量纲高度，其计算公式：

$$y^+ = \frac{y\, U_\tau}{v} \tag{2-56}$$

$$U_\tau = \sqrt{\frac{\tau_w}{\rho}} \tag{2-57}$$

式中，U_τ 为壁面摩擦速度；y 为与壁面的垂直距离；v 为黏性系数；τ_w 为壁面切应力；ρ 为密度。

第一层网格厚度的选取对于不同的壁面函数有所不同。对于标准壁面函数和非平衡壁面函数法，第一层网格的布置需要在对数层内，一般选取 $y^+ = 30 \sim 300$。而对于增强壁面函数，第一层网格的布置需要在亚黏性层上，y^+ 定为1左右。

本模型将选用增强壁面函数，边界层的第一层网格高度通过 y^+ 计算工具估算获得（图2.89）。图2.90所示为模型中为保证 CFD 求解结果的准确性，必须添加边界层的区域，和对应设定的第一层网格高度及估算得到的第一层网格高度。

图 2.89 y^+ 计算工具

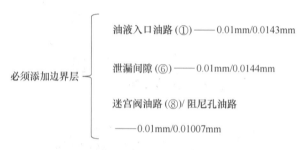

图 2.90 边界层参数

如图 2.91 所示，迷宫入口油路的结构是在圆环上截取的呈 90°的两部分。在对其进行结构化网格划分时，若将其当作两个长方形，进行块的拓扑，会对网格的质量造成很大的影响。所以结合入口油路这种特殊的结构，选择 C-grid Split 方法，对模型进行拓扑块的分割，如图 2.91b 所示，删除无用的块，通过 block 块的 edge 与模型边线 curve 的关联，得到图 2.91c 所示的与模型边界拟合良好的拓扑结构。

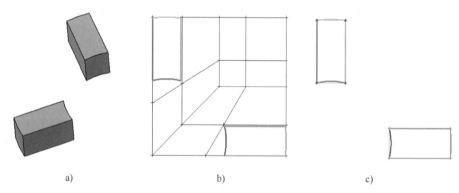

图 2.91 迷宫入口油路拓扑

通过调整节点分布，最后生成如图 2.92 所示的结构化网格。其网格质量如图 2.93 所示，可以看到网格质量大于 0.95，效果非常好。

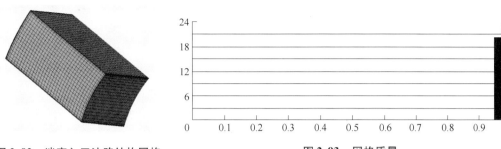

图 2.92 迷宫入口油路结构网格

图 2.93 网格质量

迷宫油路是迷宫阀模型中结构化网格划分最复杂的部分，但也是最重要的部分。结合迷宫油路的形状特点，选择先进行面网格划分，再通过拉伸得到体网格的方案。同时在对面进行结构化网格划分时，将其看作三个部分的组合，如图 2.94a 所示，分别是 1 迷宫油路螺旋

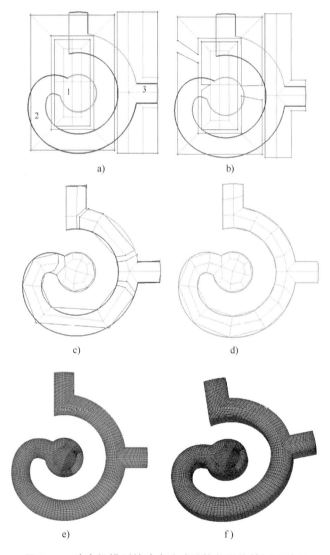

图 2.94 迷宫阀模型的迷宫油路结构化网格的划分过程

中心出口，2 迷宫螺旋油路，3 三叉迷宫油路。通过块的分割，节点的合并，移动等方法将三部分组合，再通过线的关联，节点分布的调整得到迷宫油路的面网格。因为 Fluent 是非结构解算器，需要将结构化面网格转化为非结构化网格格式，网格结构不变，对转化后的网格进行拉伸最终得到迷宫油路的结构化网格。图 2.94 所示为迷宫阀模型的迷宫油路结构化网格的划分过程。

在各个部分结构化网格划分完成后，将这 9 个部分同时导入 ICEM，选择合并，从而得到如图 2.95 所示迷宫阀液压张紧器的结构化网格模型。可以看到整体的网格是很复杂的，但通过合理的分割，很好地控制了结构化网格的边界层和质量。如图 2.96 所示，整体的网格质量在 0.6 以上，网格质量良好。

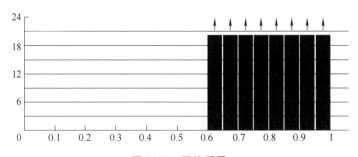

图 2.95　迷宫阀液压张紧器 CFD 结构化网格模型

图 2.96　网格质量

3. 阻尼孔液压张紧器网格划分

迷宫阀液压张紧器网格划分方案对常规液压张紧器同样适用，该方案对液压张紧器的 CFD 分析具有通用性，因此在本节介绍阻尼孔液压张紧器的网格划分方法。

阻尼孔液压张紧器是利用油液在流出柱塞前端直径很小的孔时产生的黏滞阻力，起到阻尼的作用。阻尼孔液压张紧器简化模型的结构相对简单，在进行结构化网格划分时，需要分割的区域较少。如图 2.97 所示，模型被分成 6 个部分，与迷宫阀液压张紧器的简化模型的

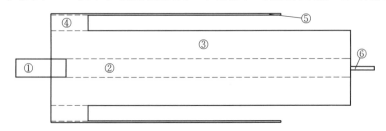

图 2.97　阻尼孔液压张紧器区域分割

不同之处在于使用⑥阻尼小孔代替迷宫阀组件。使用 ICEM CFD 软件对各个部分进行结构化网格划分，图 2.98 为合并后整体的结构网格模型。

图 2.98　阻尼孔液压张紧器 CFD 结构网格模型

2.6.3　迷宫阀液压张紧器 CFD 求解分析

迷宫阀液压张紧器的结构比较复杂，影响其动态特性的因素很多，在进行 CFD 求解前要明确目的，对边界条件做出假设，简化模型。CFD 求解目的：

1) 分析迷宫阀液压张紧器内部油液工作状态；
2) 分析迷宫阀液压张紧器在不同频率和振幅激励下的动态特性。

依据目的做以下假设：

1) 因迷宫阀液压张紧器高压腔内油液的重力势能远小于其动能及压力势能，故不计重力。
2) 不考虑油液中空气含量的影响，只进行单相流求解。
3) 忽略迷宫阀液压张紧器外壳的散热，假设在绝热条件下进行求解。

1. 求解器设置

在静态分析的过程中，首先要进行边界条件和初始条件的设定，然后选择合适的湍流模型及求解方法，表 2.8 为边界条件参数。

表 2.8　边界条件参数

油液黏度	油液密度	导热系数	压力入口	压力出口
见图 2.101	见图 2.99	0.145W/(m·K)	0.4MPa	0MPa
入口温度	出口温度	配合间隙		
330K	300K	0.035mm		

图 2.99 所示为油液密度在 Fluent 软件中的具体设置。其中，油液设置为可压缩液体，密度为 889kg/m³，体积模量为 1.4×10^9Pa。

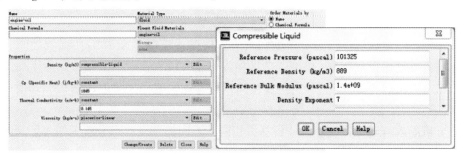

图 2.99　油液密度设置

表 2.9 是不同温度下油液的黏度值，图 2.100 所示为表 2.9 中数据绘制的曲线，可以看到多项式拟合曲线和分段直线曲线差别不大，因此在 Fluent 软件中将黏度选项设置为 Piecewise-Linear，输入各点参数，图 2.101 为以第一点和第四点为例的参数设置。

表 2.9 5W-40 不同温度下黏度值

温度/K	310	320	330	335	340
黏度/$(N \cdot s/m^2)$	0.07437	0.03324	0.01534	0.01398	0.01328
温度/K	345	350	355	360	370
黏度（kg/m-s）	0.01276	0.01236	0.01203	0.01178	0.01138

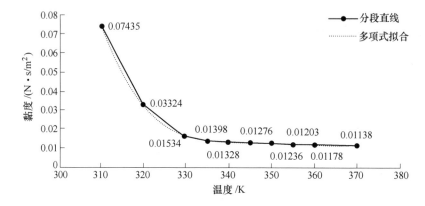

图 2.100 黏度随温度变化曲线

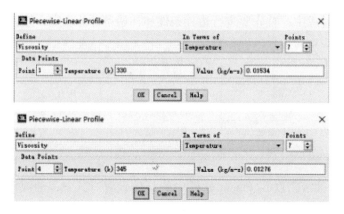

图 2.101 油液黏度设置

边界条件设置完成后进行湍流模型和求解方法的设定（图 2.102）。综合耗时和准确性的考虑，湍流模型选择标准 k-ε 模型，选择加强壁面方程，开启热效应，黏性生热。开启能量方程，求解方法选择 simple，压力、密度、动量、能量选择二阶迎风格式，其他选择一阶迎风格式。

动态分析的求解器设置与静态分析基本相同，不同的是在动态分析中加入了阀门和柱塞的 UDF 自定义运动。导入前，首先要保证 UDF 与将要链接的 case 文件在同一目录下。在 Fluent 软件中编译 UDF。其中，迷宫阀液压张紧器柱塞为自定义振幅和频率的正弦激励运

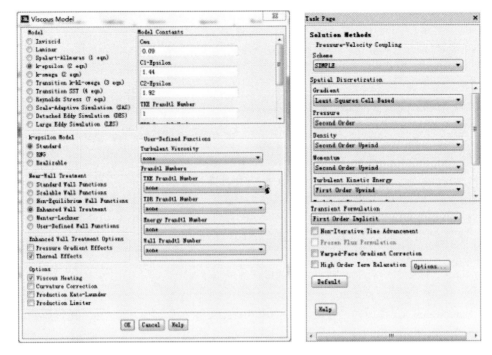

图 2.102 湍流模型和求解方法的设定

动,单向阀为阀球在腔体内压力作用下的被动运动。下面为使用 c 语言编写的 UDF,该 UDF 支持 Fluent 并行计算。可以通过改变 UDF 中振幅和频率的参数对迷宫阀液压张紧器施压不同的激励。

```
#include "udf.h"
#include "mem.h"
#include "dynamesh_tools.h"
#include " global.h"
#include " math.h"
/* 柱塞正弦激励运动 支持并行 */
DEFINE_CG_MOTION (Plunger, dt, vel, omega, time, dtime)
{
#if ! RP_HOST                    /* 不在 Host 中计算 */
    Thread * t;
    real x [ND_ND];
    real A = 0.0003;             /* 振幅为 0.3mm */
    real w = 100;                /* 频率为 100Hz */
    NV_S (vel, = , 0.0);
    NV_S (omega, = , 0.0);
    if (! Data_Valid_P ())
        return;
    t = DT_THREAD (dt);
    x [0] = DT_CG (dt) [0];      /* 获取位移 */
```

```
/* 设置 x 方向柱塞运动速度 */
    vel[0] = (A * 2 * M_PI * w) * sin (2 * M_PI * w * time);
    Message ("time=%f, x_loc=%f, vel=%f\n", time, x[0], vel[0]);
#endif
}
/* 单向阀运动控制 */
static realv_prev=0.0;
DEFINE_CG_MOTION (Valve, dt, vel, omega, time, dtime)
{
#if ! RP_HOST                    /* 不在 Host 中计算 */
    Thread *t;
    Domain *d;
    realdv, CG[ND_ND], force[ND_ND], moment[ND_ND];
    inti;
    real m=0.0002;               /* 阀球质量 0.2g */
    NV_S (vel, =, 0.0);
    NV_S (omega, =, 0.0);
    if (! Data_Valid_P ())
        return;
    for (i=0; i<ND_ND; i++)
     {
        force[i] =0;
        moment[i] =0;
     }
    d=THREAD_DOMAIN (DT_THREAD ((Dynamic_Thread *) dt));
    t=DT_THREAD (dt);
    CG[0] = DT_CG (dt) [0];                                    /* 形心坐标 */
    Compute_Force_And_Moment (d, t, CG, force, moment, FALSE);  /* 计算阀球受力 */
    dv=dtime*force[0] /m;                                      /* 计算加速度 */
    if (CG[0] >=0.00020)                     /* 单向阀开度 0.2mm */
        {
            v_prev=0;
            if (dv > 0)
                {
                    v_prev=0;
                }
            else v_prev +=dv;
        }
    if (CG[0] <=0)
        {
            v_prev=0;
            if (dv < 0)
                {
```

```
                    v_prev = 0;
                }
            else v_prev + = dv;
        }
    elsev_prev + = dv;
    Message (" x_vel = %f, x_force = %f, x_loc = %f \n", v_prev, force [0], CG [0]);
    vel [0] = v_prev;
#endif
}
```

动网格的网格更新方法选择扩散光顺和动态铺层两种方法。在使用动态铺层方法时，运动壁面必须是独立的。如图 2.103 所示，阀球的运动必须使用 interface，这也是将模型分割成多个独立的部分的原因。动网格参数设置分成四部分，分别是阀球刚体运动、相邻交界面变形、柱塞刚体运动、迷宫阀刚体运动。其中阀球刚体运动的 UDF 设置为 valve，柱塞和迷宫阀刚体运动设置为 plunger。

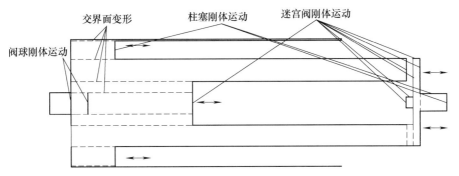

图 2.103　动网格区域指定

2. 静态流场分析

通过静态流场分析，可以直观地对迷宫阀液压张紧器阻尼作用产生的机理进行研究。在静态计算求解时，设置迭代次数为 200 次，计算在 165 次迭代后收敛。图 2.104 为残差曲线。

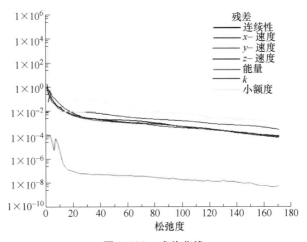

图 2.104　残差曲线

在静态分析收敛后,可以通过后处理得到迷宫阀液压张紧器腔体内不同参数的流场图和迷宫阀液压张紧器在单向阀完全开启状态下腔体内流场的情况。图 2.105 所示为迷宫阀液压张紧器腔体内的压力流场。可以清晰地看到在单向阀上下两侧存在两个较大的二次涡旋,此外在二次涡与壳体间的区域还存在与二次涡旋转方向相反的尺寸很小的三次涡。同时可以看到,腔体内及油路的两个入口间压力损失很小,而在迷宫油路中压力损失明显,且压力呈离心状分布,流线在迷宫油路出口处形成了一个很大的涡旋。

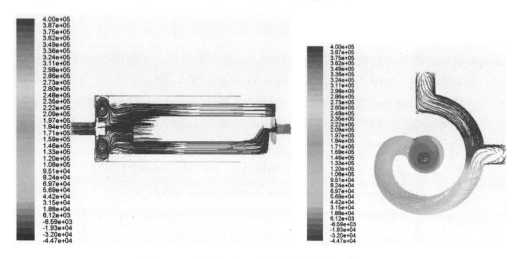

图 2.105　迷宫阀液压张紧器腔体内的压力流场

图 2.106 所示为迷宫阀液压张紧器腔体内速度流场,从整体上分析,可以看到速度场的分布和压力场的分布形式相似,但不同的是压力场中压力下降,而速度场中速度升高,这说明迷宫油路内油液的部分压力势能转化为动能,使油液的速度增加。对图中速度的径向分布进行分析,可以看到速度在油路内侧近壁处因黏滞阻力下降的很快,存在速度流线在近壁面处失速脱落现象,说明存在动能的损失。

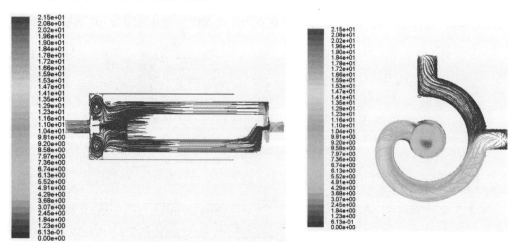

图 2.106　迷宫阀液压张紧器腔体内速度流场

图 2.107 为迷宫油路内的温度流场。从图中可以看到油路内侧近壁处,温度升高,从而

可知，油液的压力势能和动能因黏性生热转化为了热能，造成油液能量的损失。因此，可以得出结论：迷宫阀油路由于壁面黏滞阻力和黏性生热的作用，造成能量损失，从而起到阻尼的作用。

3. 动态分析

通过对 CFD 模型施压不同的频率和振幅的激励，对不同链条波动下迷宫阀液压张紧器的工作状态进行求解。动态分析时要注意，时间步长不可设的过大，不合理的时间步长可能会造成动网格负体积以及单向阀过大的超调量。图 2.108 所示为单向阀的阀球在 UDF 的控制下，在关闭和开启时的位置。单向阀的开度为 0.2mm，其超调量控制在 ±0.001mm。

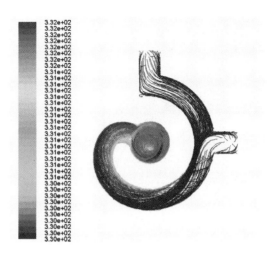

图 2.107 迷宫油路内的温度流场

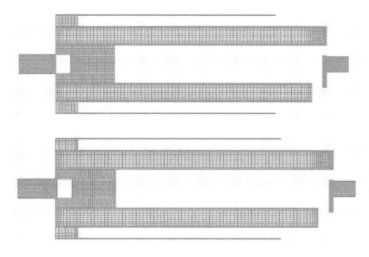

图 2.108 单向阀关闭和开启位置

本章将利用所建立的模型，结合迷宫阀液压张紧器的实际工况，对迷宫阀液压张紧器在 50Hz、100Hz、150Hz 的频率以及 0.2mm、0.3mm、0.4mm 的振幅下进行求解，获得迷宫阀液压张紧器在不同链条波动情况下的动态特性。

（1）迷宫阀液压张紧器动态云图分析

首先，本章将以频率 100Hz，振幅 0.3mm 的激励为例分析迷宫阀液压张紧器在柱塞伸出和压缩过程中，迷宫油路截面的各参数云图。其他各激励结果与该例中各参数的变化趋势基本相同，不再一一进行分析。结合迷宫阀液压张紧器不同工作阶段的压力、速度和温度云图，可以更细致的了解迷宫阀液压张紧器工作原理，分析迷宫阀液压张紧器内部流体的工作状态，这是试验所做不到的，也是本方法的优势之一。

图 2.109 所示为迷宫阀液压张紧器从单向阀完全开启到腔体内压力达到最大值的过程中，柱塞一次伸出和压缩周期内的一组中间截面的压力云图。通过这组云图，从整体角度上

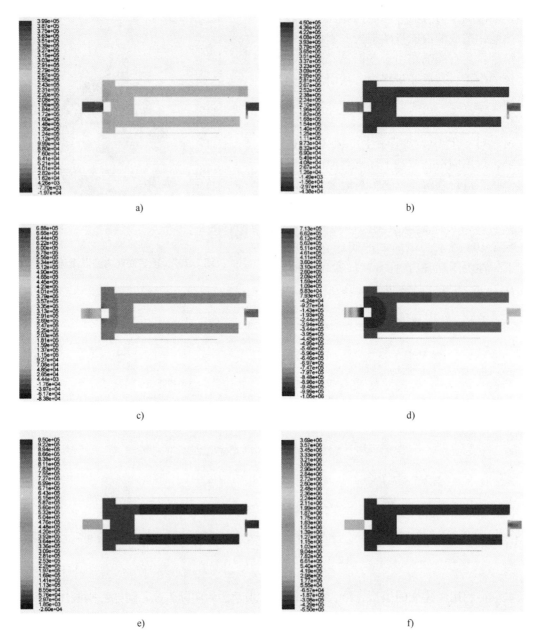

图 2.109 迷宫阀液压张紧器压力云图

对其工作状态进行分析。其中 2.109a 是单向阀完全开启后的压力云图,此时柱塞继续向外伸出,迷宫阀液压张紧器高压腔内压力低于低压腔 (0.4MPa),随着柱塞速度增加,供油量不足,腔体内压力继续下降,出口流量很小,在迷宫油路可能存在少量的回流。随着柱塞伸出速度越来越小,供油量足以补充腔体增大的空间,腔体内压力不断回升。当迷宫阀液压张紧器柱塞进入压缩工作阶段后,通过图 2.109b、c 和 d,可以看到,单向阀阀球在压差的作用下开始逐渐关闭,期间存在高压腔通过单向阀向低压腔少量的回流。而进入低压腔内的高压流,迅速流向入口又导致低压腔压力下降,甚至出现负压。单向阀完全关闭,即图 2.109e 所示状态，高压腔内压力随着柱塞的压缩速度的增加不断升高，直到达到图 2.109f 所示高压腔压力峰值。此时注意，压缩速度最大处并不一定对应高压腔内压力的最大值。在本文后续的研究内容中，会通过腔体内压力曲线对这一点进行分析。在这期间，低压腔内压力保持在 0.4MPa，即初始入口压力。

在图 2.110 所示这一组动态压力云图中，可以看到迷宫油路内的压力分布情况与静态时

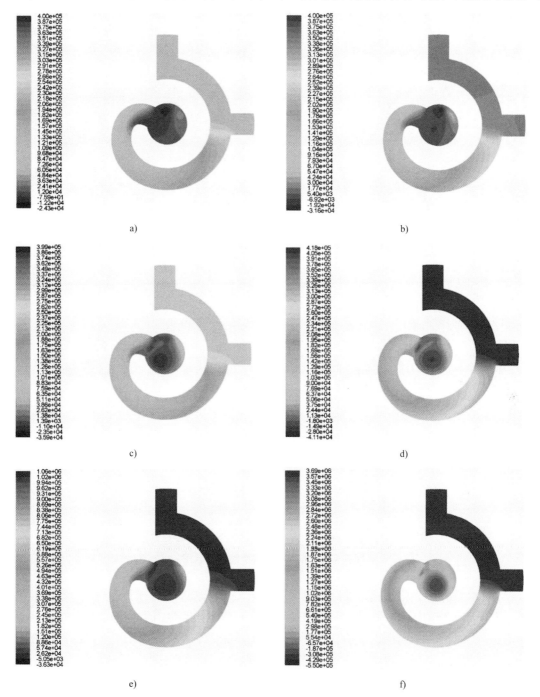

图 2.110　迷宫阀迷宫油路压力云图

相比大致是相同的，同样呈离心状分布。而在出口处，因出口压力数值略有不同而出现不同程度的一个或多个二次涡。且对于迷宫阀液压张紧器在不同的工作阶段，其迷宫油路内压力分布和数值变化不大，可以认为迷宫阀的阻尼效果很稳定。

图2.111中的a、b为迷宫阀液压张紧器柱塞伸出过程中的两幅速度云图。图2.111c、d为柱塞压缩过程中的两幅速度云图，可以看到迷宫油路曲率半径更小的内侧速度很小，油液受到更大的黏滞阻力。而在迷宫油路出口处的上侧区域，出现类似突扩管的作用现象。同时在下侧出现的二次涡中，有明显的速度损失。图2.111b中因腔体内压力回升，压差相对较小的原因，没有能够发展形成与图2.111a、c和d相似的现象。

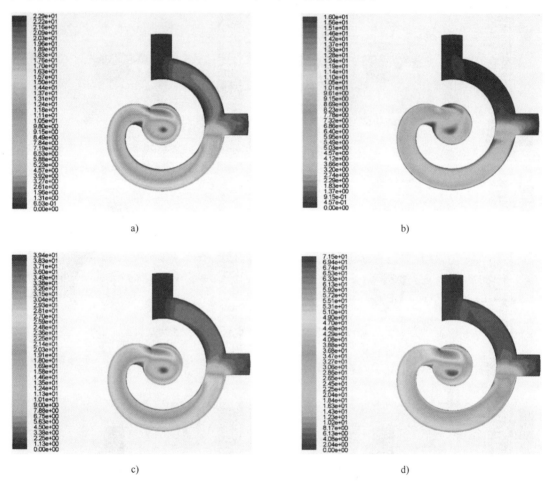

图2.111　迷宫阀迷宫油路速度云图

图2.112为一组迷宫阀迷宫油路内温度分布云图。将这组云图与图2.111的速度云图做比较，发现速度高的区域，相应的其温度也很高，可以得出黏性升温与速度成正相关。

通过对以上各参数云图的分析，发现迷宫阀液压张紧器在正弦激励下，其内部油液的流动是十分复杂的。同时，再次证明了在静态流场分析中得出的结论：迷宫阀油路由于壁面黏滞阻力和黏性生热的作用，造成能量损失，从而起到阻尼的作用。以上云图对迷宫阀液压张紧器迷宫阀的设计，特别是迷宫油路的热变形分析具有很强的指导意义。

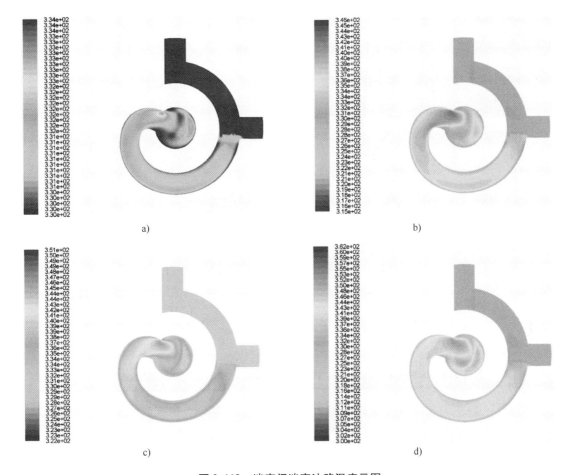

图 2.112 迷宫阀迷宫油路温度云图

（2）迷宫阀液压张紧器动态特性分析

本小节将以 50Hz、100Hz、150Hz 三个激励频率对迷宫阀液压张紧器的动态特性进行分析。

1）图 2.113 所示为迷宫阀液压张紧器在 a 150Hz 频率，0.2mm 振幅激励下的 b 作用反力曲线，c 腔体内压力曲线，d 迷宫油路内最大温度曲线，e 单向阀响应曲线，f 阀球行程曲线。

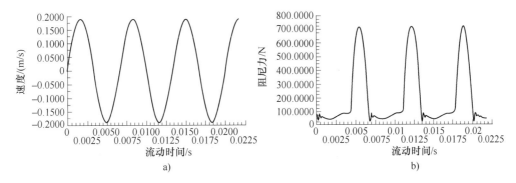

图 2.113 迷宫阀液压张紧器在 150Hz，0.2mm 激励下各参数结果曲线

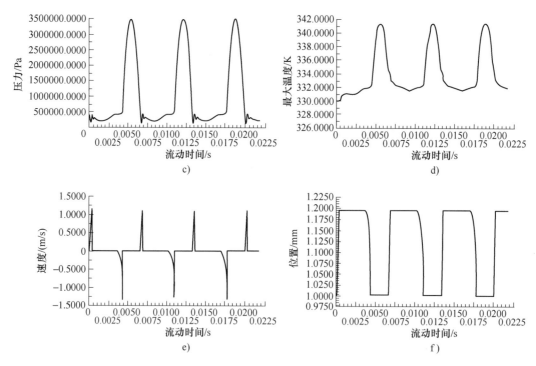

图 2.113　迷宫阀液压张紧器在 150Hz, 0.2mm 激励下各参数结果曲线（续）

图 2.114 所示为迷宫阀液压张紧器在 a 150Hz 频率, 0.3mm 振幅激励下的 b 作用反力曲线, c 腔体内压力曲线, d 迷宫油路内最大温度曲线, e 单向阀响应曲线, f 阀球行程曲线。

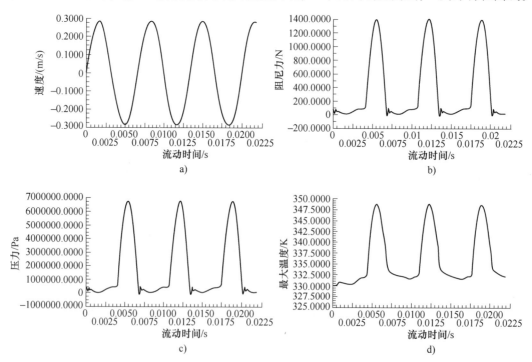

图 2.114　迷宫阀液压张紧器在 150Hz, 0.3mm 激励下各参数结果曲线

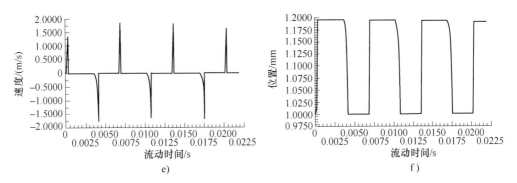

图 2.114 迷宫阀液压张紧器在 150Hz，0.3mm 激励下各参数结果曲线（续）

图 2.115 所示为迷宫阀液压张紧器在 a 150Hz 频率，0.4mm 振幅激励下的 b 作用反力曲线，c 腔体内压力曲线，d 迷宫油路内最大温度曲线，e 单向阀响应曲线，f 阀球行程曲线。

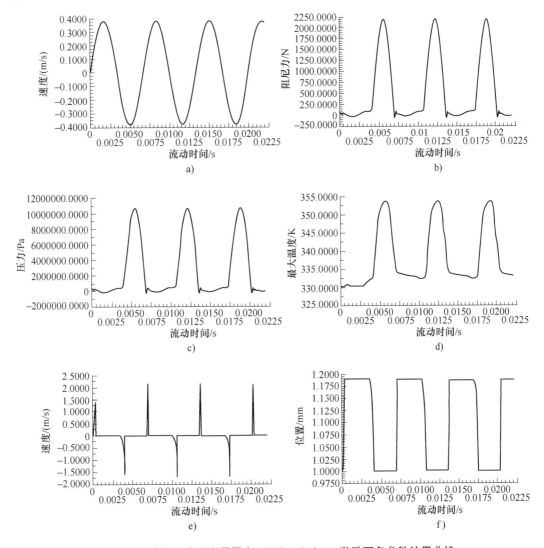

图 2.115 迷宫阀液压张紧器在 150Hz，0.4mm 激励下各参数结果曲线

在150Hz这一组中,迷宫阀液压张紧器伸出和压缩工作状态的转化节点是在约0.0033s时刻,压缩工作状态的最大速度时刻是0.005s。在图2.115b、c可以看到,作用反力和腔体内压力的峰值是在0.005s之后一段时间达到的,最大作用反力和最大腔体内压力与最大压缩速度是不对应的。并随着振幅的增大,峰值点的后移更加明显。

通过e、f可以看到单向阀的响应很灵敏。在伸出阶段,腔体内压力下降得很快,在0.3mm振幅时出现了负压,说明在高频工作状态下,迷宫阀液压张紧器存在腔体内供油不足情况。而在压缩阶段,通过e、f可以看到单向阀的响应很灵敏,单向阀开始关闭到完全关闭的响应时间较短,但是通过与b、c中压力上升的情况做对比,发现单向阀响应期间,高压腔内压力上升缓慢,而在单向阀完全关闭后,高压腔内压力开始快速的上升。由此判断,在单向阀响应阶段,因高压腔内油液通过单向阀向低压腔回流,延缓了高压腔内压力的上升,但随着频率或振幅的提高,单向阀的响应时间会越来越短,其造成的影响必然会逐渐变小。在迷宫阀液压张紧器压缩工作状态与伸出工作状态转化阶段,会出现一定的波动,但随着单向阀的开启,很快恢复稳定。

通过d迷宫油路内油液最大温度曲线,并结合迷宫油路中温度分布云图,可以得出,迷宫阀在高频激励下,其局部会产生较大的温升。在0.4mm振幅下达到了20K的温升,这对迷宫阀的结构和材料提出了要求。

综上可知,迷宫阀液压张紧器在较高频率激励下,单向阀的响应会对其动态特性具有一定的影响,但整体上能够产生较大的作用反力,同时迷宫阀的阻尼效果明显。

2)图2.116所示为迷宫阀液压张紧器在a 100Hz频率,0.2mm振幅激励下的b作用反力曲线,c腔体内压力曲线,d迷宫油路内最大温度曲线,e单向阀响应曲线,f阀球行程曲线。

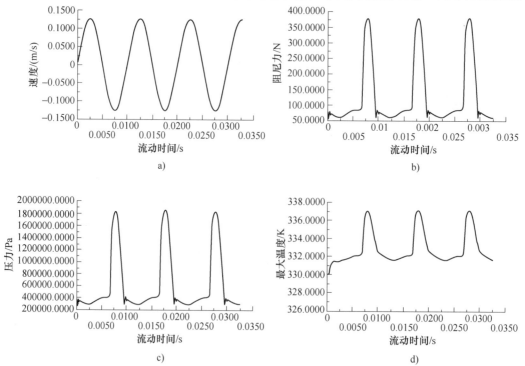

图2.116　迷宫阀液压张紧器在100Hz,0.2mm激励下各参数结果曲线

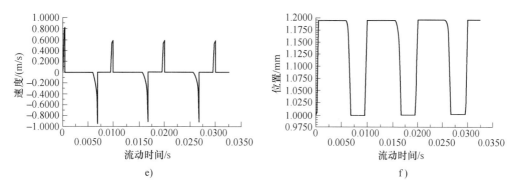

e)

f)

图 2.116　迷宫阀液压张紧器在 100Hz，0.2mm 激励下各参数结果曲线（续）

图 2.117 所示为迷宫阀液压张紧器在 a 100Hz 频率，0.3mm 振幅激励下的 b 作用反力曲

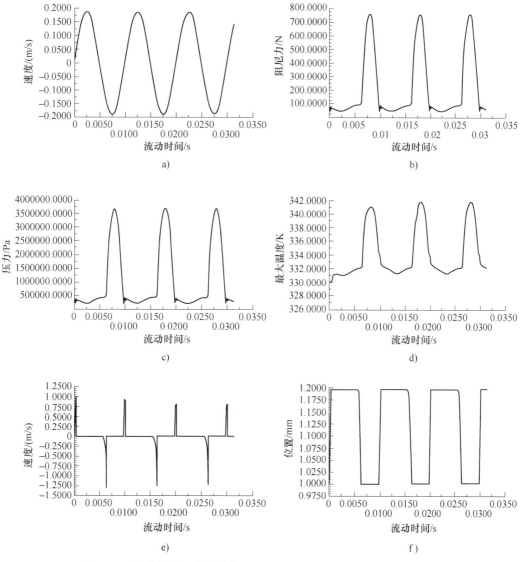

a)

b)

c)

d)

e)

f)

图 2.117　迷宫阀液压张紧器在 100Hz，0.3mm 激励下各参数结果曲线

线，c 腔体内压力曲线，d 迷宫油路内最大温度曲线，e 单向阀响应曲线，f 阀球行程曲线。

图 2.118 所示为迷宫阀液压张紧器在 a 100Hz 频率，0.4mm 振幅激励下的 b 作用反力曲线，c 腔体内压力曲线，d 迷宫油路内最大温度曲线，e 单向阀响应曲线，f 阀球行程曲线。

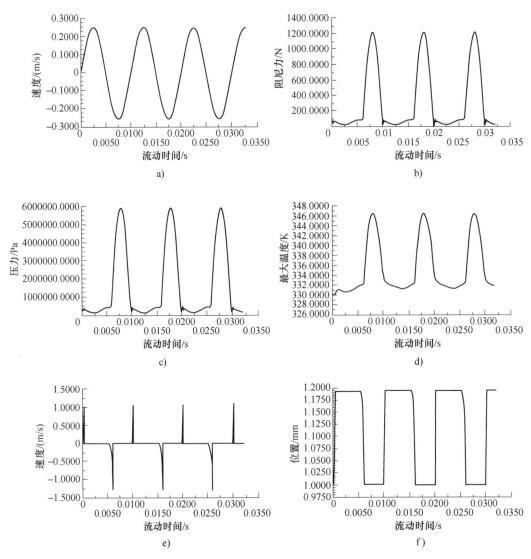

图 2.118 迷宫阀液压张紧器在 100Hz，0.4mm 激励下各参数结果曲线

在 100Hz 这一组中，迷宫阀液压张紧器伸出和压缩工作状态的转化节点是在 0.005s 时刻，压缩工作状态的最大速度时刻是 0.0075s。同样在 b、c 可以看到，最大作用反力和最大腔体内压力与最大压缩速度是不对应的，并随着振幅的增大，峰值点向后移动。

通过 e、f 发现在迷宫阀液压张紧器伸出和压缩工作状态的转化节点，即 0.005s 时刻到单向阀开始响应期间存在一段单向阀未响应时间 t，这期间其相应的高压腔压力未发生明显变化。在 100Hz 频率，0.2mm 振幅激励中，这段未响应时间 t 较长，并且通过 b、c 可以看到高压阶段，压力峰值两侧略有不对称，压力的变化在一定程度上没有对激励做出有效的响应。由此可以认为，这段未响应时间对迷宫阀液压张紧器的动态特性造成了一定的影响。

本组仿真结果与第一组相似,在迷宫阀液压张紧器压缩工作状态与伸出工作状态转化阶段,会出现一定的波动,但随着单向阀的开启,很快恢复稳定。温升方面,迷宫阀在该频率下的较大振幅中局部的温升相对较大。

3)图 2.119 所示为迷宫阀液压张紧器在 a 50Hz 频率,0.2mm 振幅激励下的 b 作用反力曲线,c 腔体内压力曲线,d 迷宫油路内最大温度曲线,e 单向阀响应曲线,f 阀球行程曲线。

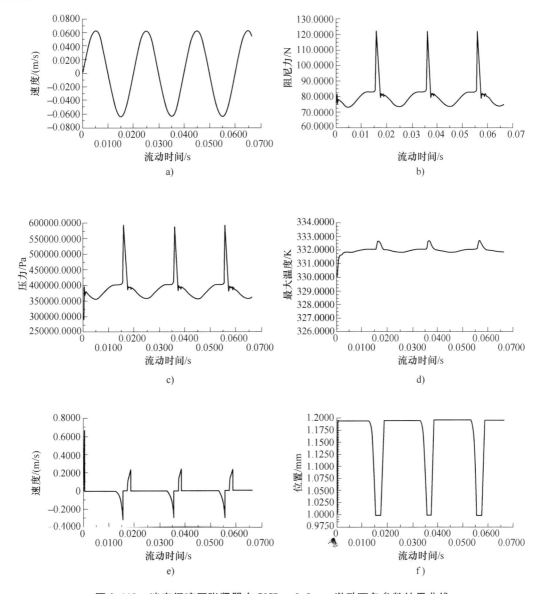

图 2.119 迷宫阀液压张紧器在 50Hz,0.2mm 激励下各参数结果曲线

图 2.120 所示为迷宫阀液压张紧器在 a 50Hz 频率,0.3mm 振幅激励下的 b 作用反力曲线,c 腔体内压力曲线,d 迷宫油路内最大温度曲线,e 单向阀响应曲线,f 阀球行程曲线。

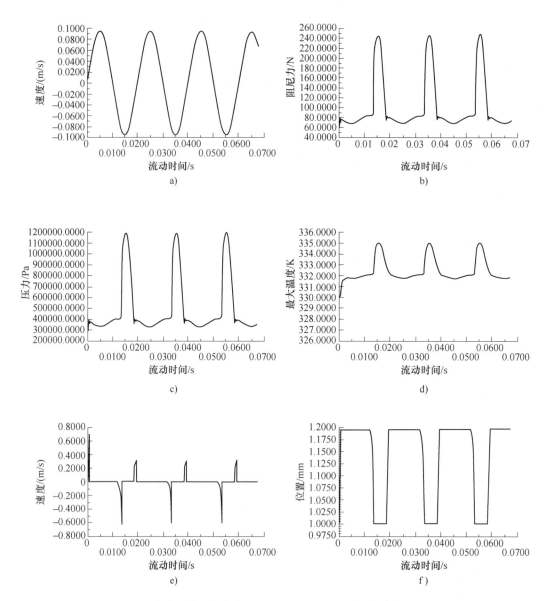

图 2.120 迷宫阀液压张紧器在 50Hz，0.3mm 激励下各参数结果曲线

图 2.121 所示为迷宫阀液压张紧器在 a 50Hz 频率，0.4mm 振幅激励下的 b 作用反力曲线，c 腔体内压力曲线，d 迷宫油路内最大温度曲线，e 单向阀响应曲线，f 阀球行程曲线。

在 50Hz 这一组中，迷宫阀液压张紧器伸出和压缩工作状态的转化节点是在 0.01s 时刻，压缩工作状态的最大速度时刻是 0.015s。

在这一组中，首先对 50Hz 频率，0.2mm 振幅这一激励下，迷宫阀液压张紧器进行重点分析。结合激励曲线 a，作用反力曲线 b 和单向阀响应曲线 c 可以看到在柱塞压缩运动达到最大速度时，单向阀还处在关闭过程中，而这之前有一段很长的单向阀未响应时间 t，高压

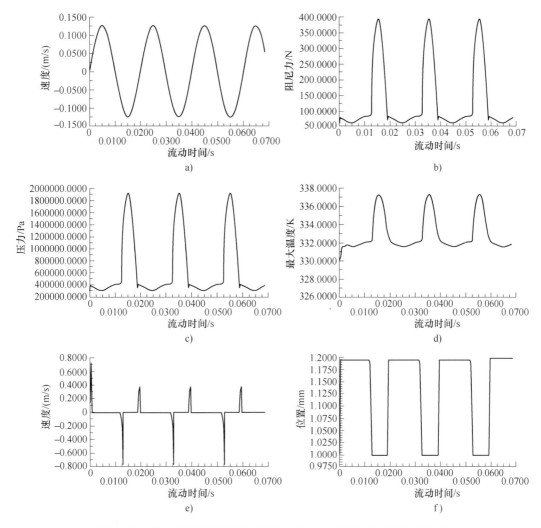

图 2.121 迷宫阀液压张紧器在 50Hz，0.4mm 激励下各参数结果曲线

腔内压力维持在 0.4MPa 的状态。同时还可以看到，在柱塞开始伸出工作状态前，单向阀就已经完全开启，有效的单向阀关闭时间很短，并且在开启过程中，腔体内压力有明显且持续的波动。同时结合这两点，并考虑此时激励速度，判断迷宫阀在较低频率、低速激励下，阻尼作用弱是导致单向阀未响应时间 t 的根本原因。在较高频率激励下，因为低速时间很短，所以这一特征并不明显，但在较低频率情况下这一特征将起到决定性影响。并且由该结果预测，迷宫阀液压张紧器在更低的频率和振幅的激励下将失效。

在该组的 0.3mm 和 0.4mm 振幅的激励下得到的作用反力曲线 b 和腔体内压力曲线 c 中，可以看到其峰值点基本出现在 0.015s 时刻，即最大作用反力和最大腔体内压力与最大压缩速度是对应的。这也说明迷宫阀在较高频率激励下的阻尼效果更好。结合 e、f 可以看到单向阀响应没有出现明显的极端现象，但仍有受到迷宫阀低频低速阻尼作用弱影响的现象。温升方面，迷宫阀在该频率激励下局部的温升相对很小。

综上分析可知，迷宫阀液压张紧器在较低频率激励下的阻尼作用效果不佳。

图 2.122 所示为迷宫阀液压张紧器在 a 20Hz 频率，0.3mm 振幅激励下的 b 作用反力曲线，c 腔体内压力曲线，d 迷宫油路内最大温度曲线，e 单向阀响应曲线，f 阀球行程曲线。

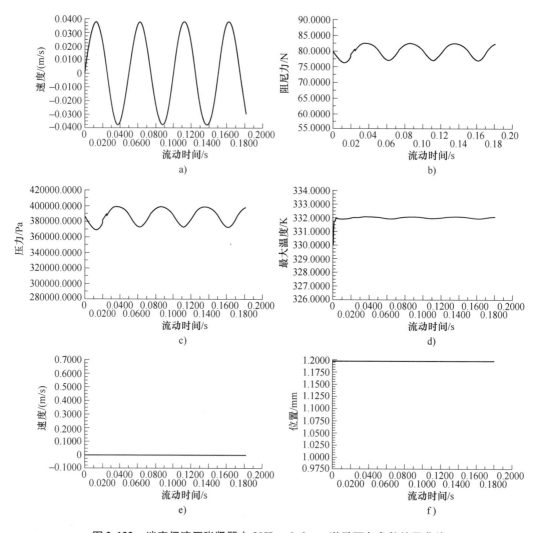

图 2.122　迷宫阀液压张紧器在 20Hz，0.3mm 激励下各参数结果曲线

通过 20Hz 频率，0.3mm 振幅激励下得到的各参数曲线，印证了在对 50Hz 频率，0.2mm 振幅进行分析时做出的预测。在曲线 a 三个激励周期中，通过单向阀响应曲线 e 和阀球行程曲线 f 可以看到，单向阀开启后，始终处于开启状态。同时通过腔体内压力曲线 c 和作用反力曲线 b 发现，腔体内最大压力等于入口压力 0.4MPa，最大作用反力由入口压力决定。而且在迷宫油路最大温度曲线 f 中可以看到，迷宫油路内温度无明显波动。由此可以判断，在该激励下，迷宫阀已基本失效，作用反力由入口油压提供，阻尼作用基本可以忽略。

结合以上的各组曲线及分析，将主要数据绘制出表 2.10。表中数据为通过曲线得到的估计值，其中总响应是指柱塞开始压缩到单向阀完全关闭的总时间。

表 2.10 迷宫阀液压张紧器 CFD 仿真结果

激励		最大作用反力/ N	最大压力/ MPa	阀球速度（Max）		总响应时间（关闭）/ s	有效关闭时间/ s	升温（Max）/ K
频率/ Hz	振幅/ mm			开启/ (m/s)	关闭/ (m/s)			
150	0.2	725	3.50	1.2	1.35	0.0010	0.0025	11.5
	0.3	1400	6.75	1.75	1.75	0.0008	0.0028	18.5
	0.4	2200	10.5	2.12	1.80	0.0007	0.0030	23
100	0.2	380	1.85	0.6	0.95	0.0020	0.0030	7
	0.3	750	3.75	0.95	1.25	0.00125	0.0037	12
	0.4	1250	6.00	1.1	1.3	0.0010	0.0038	17
50	0.2	125	0.60	0.25	0.3	0.0055	0.0025	2.75
	0.3	250	1.20	0.35	0.65	0.0035	0.005	5
	0.4	400	1.90	0.4	0.78	0.0026	0.007	7.5

通过图 2.123 所示最大作用反力随频率的变化曲线同样可以看到，随着频率的增加，尤其是高频激励，可以获得更大的作用反力，迷宫的阻尼效果更好。

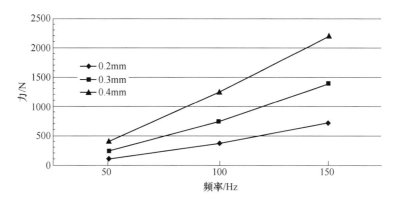

图 2.123 最大作用反力随频率的变化曲线

通过对迷宫阀液压张紧器的动态分析，得到以下结论：

（1）迷宫阀液压张紧器在较高频率激励下，能够产生较大的作用反力，阻尼作用明显。迷宫阀低速弱阻尼时间极短，单向阀响应速度快，有效阀门关闭时间占比大，对迷宫阀动态特性的影响很小。

（2）迷宫阀液压张紧器在一般频率激励下，单向阀响应速度较快。因存在一定的低速弱阻尼现象，在压缩的开始阶段迷宫阀液压张紧器的响应较弱，但整体上能产生较大的作用反力，阻尼作用较大。

（3）迷宫阀液压张紧器在较低频率激励下，尤其是低振幅时，因激励速度较小，迷宫阀低速弱阻尼特征明显。同时，单向阀响应速度较慢，有效阀门关闭时间占比小，迷宫阀液压张紧器在较低频率激励下动态特性不佳。

2.7 本章总结

本章在深入分析研究不同结构形式液压张紧器的基础上,提出了一套完整的具有自主知识产权的液压张紧器设计方法,并对其进行了动力学特性分析以及试验研究。针对国内仅有的少数研究也多集中于常规的液压张紧器这一现状,做了关于迷宫阀液压张紧器的 CFD 研究。具体研究如下:

(1) 概述了液压张紧器的国内外研究现状,详细阐述了各种类型的液压张紧器的工作原理,建立了液压张紧器的数学模型,深入讨论了液压张紧器中各个参数的变化对于系统动力学特性的影响,为设计液压张紧器提供了理论依据。

(2) 基于主机厂家提供的设计边界条件及前期的理论基础,并结合有限元分析软件 Fluent 以及多体系统动力学 RecurDyn,设计了一款适用于某款发动机正时链传动系统的液压张紧器,提出了一套液压张紧器的设计方法。阐述了各个零部件在设计过程中具体的设计边界条件以及设计原则,利用有限元以及刚柔耦合技术分别校核了棘爪大齿和小齿的冲击应力;对壳体进行了模态分析;同时校核了张紧器柱塞的接触强度以及张紧导轨的 Pv 值。

(3) 基于多体动力学工具建立了液压张紧器的动力学模型,分析了在不同激励频率和振幅、不同油液温度、不同供油压力、不同油液空气含量等各种工况下液压张紧器高压腔内的压力、柱塞最大作用反力、张紧器的进油量、油液的泄漏量等动态响应特性。

(4) 本文根据正时链传动系统中正时链条对液压张紧器的激励形式及特点,设计了一款适用于各种结构形式及安装布局的液压张紧器性能检测试验台。

(5) 利用试验台对本文所设计的液压张紧器进行了动态特性检测,测试了在不同激励频率和振幅下的液压张紧器的最大作用反力。结果证明,分析计算值和试验测量值具有较高的一致性,分析计算值能够很好地反映实际中液压张紧器的动态性能变化,因此该分析计算方法可以很好地预测液压张紧器的动力学响应特性,可以作为一个有效的工具来设计液压张紧器。试验测量值和分析计算值共同表明,本章设计的液压张紧器可以满足该正时链传动系统的动力学性能要求。

(6) 以迷宫阀液压张紧器为研究对象,提出了基于流体力学理论的三维 CFD 流体力学建模方法及液压张紧器的网格划分方案,详细阐述了具有特殊形状的迷宫油路的结构化网格划分过程。应用 UFD 和动网格技术对迷宫阀液压张紧器在不同频率和振幅激励条件下的动态特性进行了详细研究。通过动态云图分析可以发现,迷宫阀腔体内的工作情况十分复杂,但同样符合在静态流场分析中得出的阻尼作用机理。同时发现该液压张紧器的迷宫油路中存在一定程度的局部升温,对迷宫阀的热变形研究具有很好的指导作用。通过对迷宫阀液压张紧器的计算流体力学求解,得到了其在不同频率和振幅下的动态特性曲线。同时,针对单向阀,对其响应进行了分析。通过分析得出,单向阀的响应速度对迷宫阀液压张紧器的动态特性有一定的影响,在较高频率激励下这种影响可以忽略。同时认为,迷宫阀作为该张紧器最重要的组件,其性能特征是影响迷宫阀液压张紧器的根本因素,分析得出,迷宫阀在低速激励下,阻尼作用弱;高速激励下,阻尼作用明显。最终研究得出:该液压张紧器在较高频率激励下的动态特性最佳,而在较低频率激励下的动态特性较差。

参考文献

[1] MULIK R, RAMDASI S S. Development of indigenous methodology for design and dynamic analysis of engine valve train system with timing chain drive for high speed applications [J]. Stroke, 2015-26-0022.

[2] 王淑坤, 孟繁忠, 程亚兵, 等. 汽车发动机正时链的多冲特性 [J]. 哈尔滨工业大学学报, 2005 (4): 495-497.

[3] SCHAFFNER T, SOPOUCH M, HELLINGER W, et al. Numerical simulation of the influence of different tensioners on the noise excitation due to timing chain drives [J]. Mtz Worldwide, 2003, 64 (7-8): 10-13.

[4] UYSAL U, AKALIN O. Optimization of timing drive system design parameters for reduced engine friction [J]. Solid-State Electronics, 2010, 49 (11): 1833-1840.

[5] KITANO S, TANAKA T, NAKAGAWA T. The Auto-tensioner market and technical trends [R]. NTN TECHNICAL REVIEW, 2005: No. 73: 110-117.

[6] KARIN K, THOMAS E, LUCAS G, et al. Dynamical analysis of hydraulic chain tensioners-experiment and simulation [J]. SAE 2007-01-1467, 2007.

[7] LUCAS G, WOLFGANG G, MARKUS S, et al. Chain tensioners as an Example of Automotive Design-to-Cost [J]. MTZ worldwide, 2011, 3: 52-56.

[8] ALEXANDER G, BERND S. Modular and platform independent simulati on model for hydraulic chain tensioner [J]. MTZ worldwide, 2011, 2: 54-58.

[9] HIROSHI T, KAZUTO M, NOBUHARU T. Analysis of effect of tensioner on chain system [J]. SAE 2008-01-1496, 2008.

[10] 韩鲁强. 发动机轮系液压张紧器阻尼性能研究 [D]. 重庆: 重庆大学, 2012.

[11] 胡延平, 骆汉丰, 高喜, 等. 液压链条张紧器的动力学建模与性能分析 [J]. 合肥工业大学学报 (自然科学版), 2016, 39 (5): 586-591.

[12] 宋东奇. 液压链条张紧器数字化设计及试验研究 [D]. 合肥: 合肥工业大学, 2014.

[13] 胡玉梅, 韩鲁强, 刘进, 等. 某液压张紧器阻尼特性的数学建模与有限元验证 [J]. 汽车工程, 2014, 36 (2): 204-209.

[14] TAKAGISHI H, NAGAKUBO A. Multi-body dynamic chain system simulation using a blade tensioner [J]. SAE 2006-32-0067, 2006.

[15] 陈景昌, 李宝林, 张建全, 等. 汽车发动机正时链带阻尼装置的横向振动分析 [J]. 机械传动, 2009, 3: 60-63.

[16] MICHELE C, DIEGO C, PHIL C, et al. Development of a timing chain drive model for a high speed gasoline engine [J]. SAE2011-01-0401, 2011.

[17] C WEBER, W HERRMANN, J STADTMANN. experimental investigation into the dynamic engine timing chain behaviour [J]. SAE 980840, 1998.

[18] SEIJI S. Technology trends in auto tensioners [R]. NTN TECHNICAL REVIEW, 2011, No. 79.

[19] 张同忠. 粘滞阻尼器和铅阻尼器的理论与试验研究 [D]. 北京: 北京工业大学, 2004.

[20] JAMES G. A friction comparison between chain and belt-Drive systems [J]. SAE2012-01-0427, 2012.

[21] KARIN K, LUCAS G, HEINZ U. Influences of leakage gap variations on the dynamics of hydraulic chain tensioners-experiment and simulation [J]. SAE 2008-01-0294, 2008.

[22] GOVARDAN D, VENKATA M, CHANDAN C, et al. A new test method to characterize the behaviour of hydraulic damper [J]. SAE2010-32-0101, 2010.

[23] MOHAMAD S, MIKE L, Mohamad S Q, et al. Measurement of fluid bulk modulus using impedance of hydraulic circuits [J]. SAE1999-01-0942, 1999.

[24] STEVEN N, MICHAEL Z, PAUL W. Hydraulic fluid viscosity selection for improved fuel economy [J]. SAE 2009-01-2845, 2009.

[25] 祝文举, 刘桓龙, 于兰英, 等. 间隙液压粘滞阻尼器特性参数分析 [J]. 液压气动与密封, 2011, 3: 18-21.

[26] 时培成, 王幼民, 王立涛. 液压油液数字建模与仿真 [J]. 农业机械学报, 2007, 38 (12): 148-151.

[27] P J SHAYLER, A J ALLEN, D K W LEONG, et al. Characterising lubricating oil viscosity to describe effects on engine friction [J]. SAE 2007-01-1984, 2007.

[28] TAEYOUNG H, SUCHEE W, MARK K. Engine oil viscometer based on oil pressure sensor [J]. SAE 2006-01-0701, 2006.

[29] MICHAEL J, MIKE B, CHRIS M, et al. Extending SAE J300 to viscosity grades below SAE20 [J]. SAE2010-01-2286, 2010.

[30] 张英会, 刘辉航, 王德. 弹簧手册 [M]. 北京: 机械工业出版社, 2008.

[31] HONG-KIL BAEK, HO YOUNG KANG. Development of a low friction chain drive system for gasoline engines [J]. SAE2012-01-1752, 2012.

[32] 张功晖, 胡锡胜, 周志鸿, 等. 基于Fluent的阀门开启过程阀芯气动力仿真研究 [J]. 液压气动与密封, 2011, 31 (3): 13-14.

[33] 付宜风, 雷成旺, 张璇, 等. 基于Fluent的管道内壁表面状态对流体摩擦阻力的影响研究 [J]. 润滑与密封, 2014, 39 (5): 23-27.

[34] 许立, 杨笑瑾, 施志辉, 等. 螺旋管局部损失的数值模拟 [J]. 机床与液压, 2009, 37 (10): 114-116.

[35] 段中喆. ANSYS Fluent 流体分析与工程实例 [M]. 北京: 电子工业出版社, 2015.

[36] GUZACHEV M A, KONSTANTINOVA N Y, POPEL P S, et al. Temperature dependences of kinematic viscosity of bismuth, lead, and their mutual solutions [J]. Thermophysics & Aeromechanics, 2011, 18 (3): 469-475.

[37] 肖林波, 肖荣鸽, 陈俊志. 原油粘温曲线特性研究 [J]. 辽宁化工, 2015 (8): 930-932.

[38] 许自顺, 咸凯, 余建发, 等. 基于Fluent的低雷诺数突扩圆管流场的数值模拟 [J]. 内燃机, 2016 (1): 27-30.

第 3 章
正时齿形链传动系统的动力学仿真分析

3.1 正时齿形链传动系统链条波动分析

基于噪声、振动以及可靠性的考虑，现代汽车发动机越来越多地采用正时齿形链传动系统作为其配气机构的传动系统。但是由于齿形链固有的结构形式，在啮合传动过程中不可避免地会出现波动现象，进而导致链条速度以及被驱动链轮的角速度发生周期性的变化，最终影响发动机的配气正时的准确性。因此，对正时齿形链传动系统进行运动学和动力学的分析，对于减小系统开发周期，确保配气正时的准确性，实现发动机有效的动力输出具有十分重要的意义。

3.1.1 波动量的理论分析

在实际的传动过程中，链条的波动形式主要有两种：横向波动和纵向波动。所谓横向波动就是链条在垂直于链条中心线方向上的波动，而沿着链条中心线方向上的波动称为纵向波动。目前对于链条波动的研究多集中在横向波动，为了能够对所开发正时齿形链传动系统的波动量有一个全面的验证，下面将从横向波动和纵向波动两个方面对该正时齿形链传动系统的波动进行理论分析。

1. 横向波动

如图 3.1 所示，由于多边形效应的存在，齿形链链条的中心线周期性的与链轮的分度圆

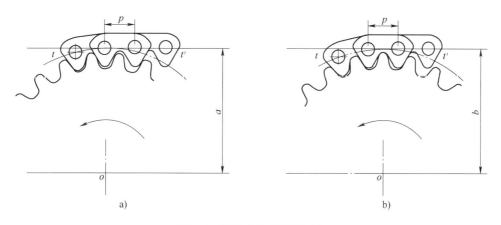

图 3.1 链条中心线位置变化

相切或相割,链条呈现波动的状态。图 3.1a 所示的是齿形链与链轮啮合的初始状态下链条中心线与链轮分度圆之间的相互关系。此时,链条中心线 tt' 与链轮的分度圆相切。当链轮沿逆时针方向转动 π/z 角度后,链轮与链板之间的相对关系如图 3.1b 所示,链条中心线与链轮的分度圆处于相割的状态。在此啮合过程中,链条中心线由理论的最高位置 a 变为最低位置 b,链条中心线在竖直方向位置变化值即为链条的横向波动值。由几何关系知,链轮分度圆半径 R 的计算公式为

$$R = \frac{p}{2\sin\left(\dfrac{\pi}{z}\right)} \tag{3-1}$$

从以上分析不难得出,在一个链板开始与链轮啮合到最终实现定位的过程中,该齿形链的理论横向波动量为

$$\bar{y} = R - p\cos\left(\frac{\pi}{z} - \theta\right) \tag{3-2}$$

式中,R 为链轮分度圆半径(mm);p 为链板节距(mm);z 为链轮齿数;θ 为链轮转角(rad)。

2. 纵向波动

链传动系统理想的工作状态是可以实现恒定传动比传动,即链条的纵向位移 $s = R\theta$,其中,s 为图 3.2 中链板的水平位移,R 为链轮的分度圆半径,θ 为链轮转角。但在实际运转过程中,一个链板在啮合进程中是以圆弧为路径运行的,并不是水平方向。这就导致了理论纵向波动量的产生。理论纵向波动量的计算公式如下:

$$\bar{x} = \frac{p}{2} - R\sin\left(\frac{\pi}{z} - \theta\right) - R\theta \tag{3-3}$$

3. 理论波动值计算

由链条波动量的理论计算公式可以看出,链条的波动量不仅与链轮转角有关,还与链轮的齿数和分度圆半径有关。在某款发动机用正时齿形链传动系统中采用了三种类型的渐开线链轮,这三种链轮与链条啮合过程中波动量理论值计算所用到的相关参数见表 3.1。

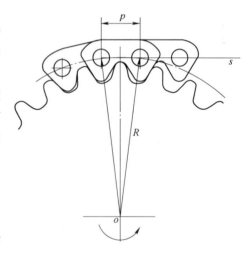

图 3.2 齿形链传动示意图

表 3.1 三种链轮的规格参数

参数 类型	齿数	分度圆半径/mm	节距/mm
曲轴链轮	21	21.303	6.35
机油泵链轮	25	25.332	6.35
凸轮轴链轮	42	42.486	6.35

基于这三种链轮的规格参数,依据式(3-2)与式(3-3)分别绘制出同一链板与不同齿数的链轮在啮合过程中其理论横向波动量和纵向波动量的变化趋势图(图 3.3,图 3.4,

图3.5）。

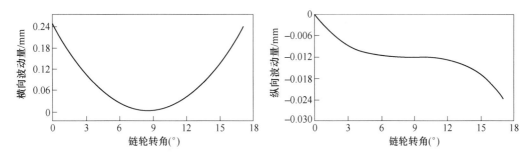

图 3.3　与曲轴链轮啮合的链条理论波动量

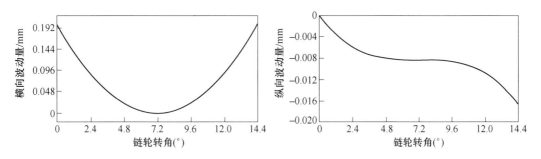

图 3.4　与机油泵链轮啮合的链条理论波动量

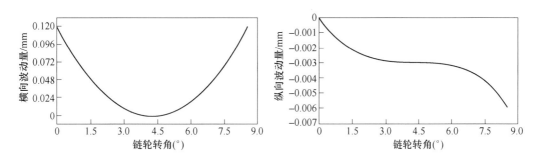

图 3.5　与凸轮轴链轮啮合的链条理论波动量

图3.3是曲轴链轮与齿形链啮合时，某一链板从开始啮合到最终实现定位状态的过程中，链板的横向波动和纵向波动理论值的变化，由图可以看出横向波动和纵向波动的最大理论值分别为0.238mm、0.024mm；图3.4是机油泵链轮与齿形链在同样的过程下，链板的横向波动和纵向波动的理论值变化趋势，横向波动和纵向波动的最大理论值分别为0.200mm、0.017mm；图3.5是凸轮轴链轮与齿形链链板从开始啮合到最终实现定位状态的过程中，链板的横向波动和纵向波动的理论值变化情况，可以看出横向波动和纵向波动的最大理论值分别为0.119mm、0.0059mm。

3.1.2　正时齿形链传动系统链条波动量仿真分析

在以上的齿形链波动理论计算公式中，理论波动量只考虑了链轮的齿数、分度圆半径以及链轮转角等相关因素，但是未对链轮和链板的啮合形式、链板的类型等对波动的影响进行探究。某款发动机用正时齿形链传动系统采用的是新型内外复合啮合型链板，在链条拉直状态下，链板的内挡齿廓较相邻链板的外侧齿廓有一定的伸出量。当链板与链轮啮合时，首先参与啮合的是后一链板的内侧齿廓，继而过渡到前一链板的外侧齿廓，这就使得链板的中心线位置较普通链板有一个提高量，减小了多边形效应，降低了链条的波动量。针对某款发动机用正时齿形链传动系统所涉及链板与链轮的类型，借助于CAE的分析手段，分别对链条与系统中三种类型链轮啮合的波动量变化进行研究。

在利用CAE分析方法研究的前提下，为了既能节省仿真时间，又能够保证分析结果的准确性，需要对仿真模型进行合理的简化。在实际的工作过程中，一个链板从参与啮合到实现完全定位的过程就是一个啮合周期，整个系统的啮合过程就是该啮合过程的周期性重复。因此，在进行相关的仿真分析时，仿真模型取一个链轮与四个链节，仿真时间设置为一个啮合周期，这就在保证分析结果准确性的基础上，合理的简化了模型，节约了计算时间。

1. 曲轴链轮传动系统

为了方便研究，在不影响仿真结果的情况下，对模型实现尽可能的简化。依据这一理论，建立该仿真分析模型（图3.6），模型的构成如下：一个曲轴链轮，四个节距为6.35mm的链板以及三个销轴。在图3.6所示的模型中，曲轴链轮以逆时针恒定转速转动，同时，在右侧链节上施加400N水平作用力。在主动链轮匀速转过（$2\pi/21$）rad的过程中，该齿形链的波动量如图3.7所示。从图3.7不难看出，在一个链板完成啮合的过程中，与曲轴链轮啮合的链条横向波动量最大值为0.168mm，横向波动最大值小于传统链板与链轮啮合过程理论计算值。同时，对波动影响较小的纵向波动的最大值为0.0320mm，较传统链板与链轮啮合过程理论计算值略大0.008mm，这主要是由于在实际仿真过程中，链板与链轮存在啮合冲击。因此，某款发动机用正时齿形链传动系统所用的曲轴链轮和链板啮合情况良好，能够很好地满足传动性能需求，设计合理。

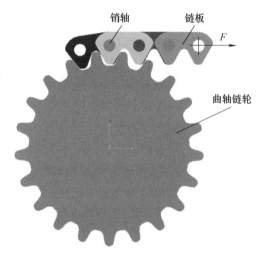

图3.6 曲轴链轮传动系统仿真模型

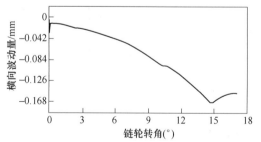 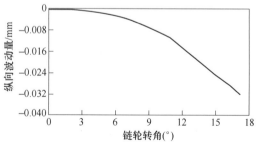

图3.7 链条波动量仿真值

2. 机油泵链轮传动系统

机油泵链轮传动系统的仿真模型构成与曲轴链轮传动系统相似（图3.8）。在该模型中，最右侧链板上所施加的水平作用力为400N，主动链轮的驱动转速为逆时针方向（2π/25）rad/s，仿真时间为1s。该系统中齿形链波动量的变化趋势如图3.9所示，该系统齿形链的横向波动量最大值为0.120mm，小于传统齿形链啮合过程理论横向波动量0.200mm。同时，该齿形链在运行周期内的纵向波动量的最大值为0.017mm，与传统齿形链理论的纵向波动量的最大值相等。因此，某款发动机用正时齿形链传动系统所采用的渐开线式机油泵链轮与内外复合啮合型链板的啮合特性优于普通的链板与链轮，能够很好地达到降振减噪的作用。

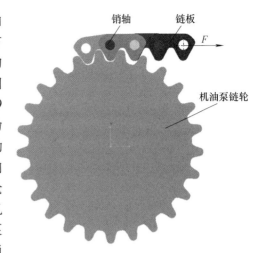

图3.8 机油泵链轮传动系统仿真模型

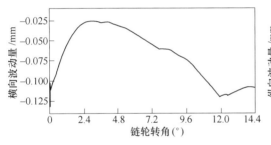 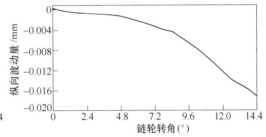

图3.9 链条波动量仿真值

3. 凸轮轴链轮传动系统

基于相关规格参数，建立凸轮轴链轮传动系统的仿真模型（图3.10）。在该模型中，所施加约束与之前相同，不同的是该模型中主动链轮的驱动转速为（2π/42）rad/s。该凸轮轴链传动系统的波动量的变化趋势如图3.11所示。

链条的横向波动量的最大值为0.078mm，小于传统齿形链的理论波动值0.119mm；链条的纵向波动量的最大值为0.0071mm，超出传统齿形链波动值0.0012mm。由以上分析知，本文设计的凸轮轴链轮传动系统降低了链条的横向波动量，纵向波动量改变量较小，并且其本身数值较小，故该凸轮轴链轮能够满足某款发动机用正时齿形链传动系统对噪声和振动方面的要求。

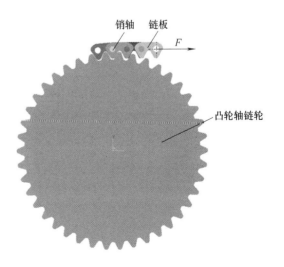

图3.10 凸轮轴链轮传动系统仿真模型

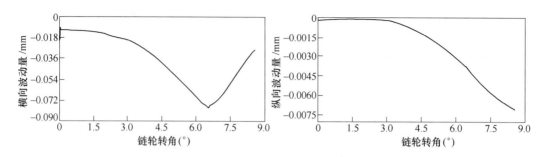

图 3.11　链条波动量仿真值

综上分析，研究结论如下：

（1）从链传动系统的传动特性着手，从理论的层面上介绍了链传动系统多边形效应的形成过程，为后续的波动分析提供有力的理论支撑。

（2）利用齿形链传动系统波动的计算公式，推导出了与某款汽油发动机用正时齿形链传动系统具有同节距的传统链板与同齿数的传统链轮啮合过程中，链条的横向波动量与纵向波动量在一个链板完成啮合的过程中的变化趋势图。从表 3.2 可以看出，横向波动量最大值大约是纵向波动量的 10~20 倍，并且纵向波动量的数值较小，因此，链条的波动主要受横向波动的影响，减小横向波动量能够很好地实现整个齿形链传动系统降噪减振。

表 3.2　某款发动机用正时齿形链系统波动值

波动量 类　型	横向波动量/mm		纵向波动量/mm	
	理论值（传统）	仿真值	理论值（传统）	仿真值
曲轴链轮	0.238	0.168	0.024	0.032
机油泵链轮	0.200	0.120	0.017	0.017
凸轮轴链轮	0.119	0.078	0.0059	0.0071

（3）通过 CAE 分析的方法，得到了某款发动机用正时齿形链传动系统中三种类型链轮与链板啮合过程中齿形链波动量的仿真值变化趋势。通过与传统链条与链轮啮合过程中链条波动量的理论计算值进行对比发现，该系统中所采用三种类型的链轮与链板啮合时齿形链纵向波动量基本保持一致，但横向波动量显著减小。因此，本节设计的链轮和链板能够满足该款发动机用正时齿形链传动系统在噪声和振动方面的需求，且性能优越。

3.2　单层正时齿形链传动系统动态特性分析

虽然完成了正时齿形链传动系统中三种类型的链轮与链板啮合过程中链条波动量的验证分析，但是以上的分析仅是对系统局部啮合特性进行的研究，没有对系统的整体的动态特性进行相关的研究。在实际工况下，正时齿形链传动系统的动态特性对整车的性能有着十分重要的影响。因此，借助 CAE 的手段，基于多体动力学理论，对某款发动机用正时齿形链传动系统的运动学和动力学特性进行模拟分析是开发设计正时链传动系统必不可少的环节。

利用新一代多体动力学软件 RecurDyn，在多边界条件约束的工况下，对所开发的某款发动机用正时齿形链传动系统进行动态特性研究，为该系统的开发设计提供有力的理论支撑。本文利用三维建模软件 CATIA 与多体动力学软件 RecurDyn 联合建立了较为接近实际工况的仿真模型，在考虑实际工况的凸轮轴负载以及曲轴链轮速度波动的情况下，对该系统进行了多边界约束条件下的动态特性分析。

3.2.1　正时齿形链传动系统仿真模型的建立

为了使仿真分析的结果能够更加真实可靠，利用三维建模软件 CATIA 对正时齿形链传动系统进行了完整的三维建模，利用新一代多体动力学软件 RecurDyn 对系统进行相关约束的设置以及边界条件的施加，进而对整个正时齿形链传动系统进行动态特性分析。

1. 基于 CATIA 三维模型的建立

多体动力学软件 RecurDyn 自带正时链传动系统仿真分析的子模块，该模块采用的是简化模型，即用 1×2（或 2×2）的片型代替所设计的片型。这种简化方式虽然能够快速实现仿真模型的建立，节省计算时间，但是存在精确度不高，不能很好地反映系统在实际工况下运行状况的问题。为了尽可能接近实际的运转工况，本文利用三维建模软件 CATIA 建立了系统完整的三维模型（4×5），实现系统的精确化建模。

依据某款发动机用正时齿形链传动系统构件的规格参数，分别建立正时链条、链轮以及导轨的三维模型。对于正时链条三维模型的建立，首先需要分别建立正时链条的内、外链节，再完成整个正时链条的装配，最终得到正时链条的三维模型。需要注意的是在建立系统的各个构件时，应该合理地选择参考坐标平面。在参考坐标平面选取得当的情况下，可以节省装配时间，降低后期的工作量。

选取合适的参考坐标平面，利用 CATIA 完成正时齿形链传动系统各个组成构件三维模型的建立（图 3.12，图 3.13，图 3.14，图 3.15，图 3.16），并结合软件之间的接口，将建立的模型保存成相应的格式文件，方便后续工作的进行。

图 3.12　内、外链节

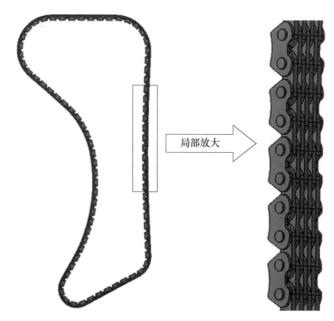

图 3.13 正时链条

图 3.14 导轨

图 3.15 凸轮轴链轮

图 3.16 曲轴链轮（左）和机油泵链轮（右）

2. 基于 RecurDyn 多体动力学模型的建立

（1）建立模型，施加约束，定义驱动

本书第二章已经对液压张紧器进行了详细的介绍，本节利用 RecurDyn 自带的张紧器模块建立本正时链传动系统所需的液压张紧器。至此，正时链传动系统的所有零部件建模完成。接下来在 RecurDyn 中建立仿真模型的相关约束。

某款发动机用正时齿形链传动系统所涉及的约束有：固定副，铰接副以及接触。其中，在液压张紧器与机架之间添加固定副，防止液压张紧器发生窜动。链节与链轮之间以及链节与导轨之间需要施加实体接触，液压张紧器柱塞与张紧导轨之间也是靠实体接触来实现相互作用的。而链轮与机架之间，导轨与机架之间以及链节之间则需要分别施加铰接副。此外，还需要在曲轴链轮铰接副上施加速度驱动作为该系统的输入，在两个凸轮轴链轮铰接副上施加负载转矩。

在建立铰接副的过程中，要合理的选择基体和运动体。设置初始边界与摩擦力的类型，确定计算摩擦力的相关参数，这样能够更加真实地模拟实际的运转工况。

（2）设置参数，进行仿真

本单层正时齿形链传动系统在考虑了曲轴转速波动以及凸轮轴负载的情况下，以 400r/min 为步长，在 1200~6000r/min 转速范围内进行了 13 组不同工况下的动态特性分析。需要设置的仿真参数主要有仿真时间和仿真步长。仿真时间取某一链节在该转速工况下完成两个完整周期的运行所需要的时间。仿真步长数不能太少，太少不能很好地反映系统的运转情况，可靠性不高；但是仿真步长数也不能选取太多，太多会提高对计算机硬件配置的要求，同时也会导致计算速度过慢，因此，需要根据不同工况的需求进行合理的选取。其他初始步长等相关参数根据需求进行设定。仿真参数设置对话框如图 3.17 所示，本单层正时齿形链传动系统的动态特性分析模型如图 3.18 所示。

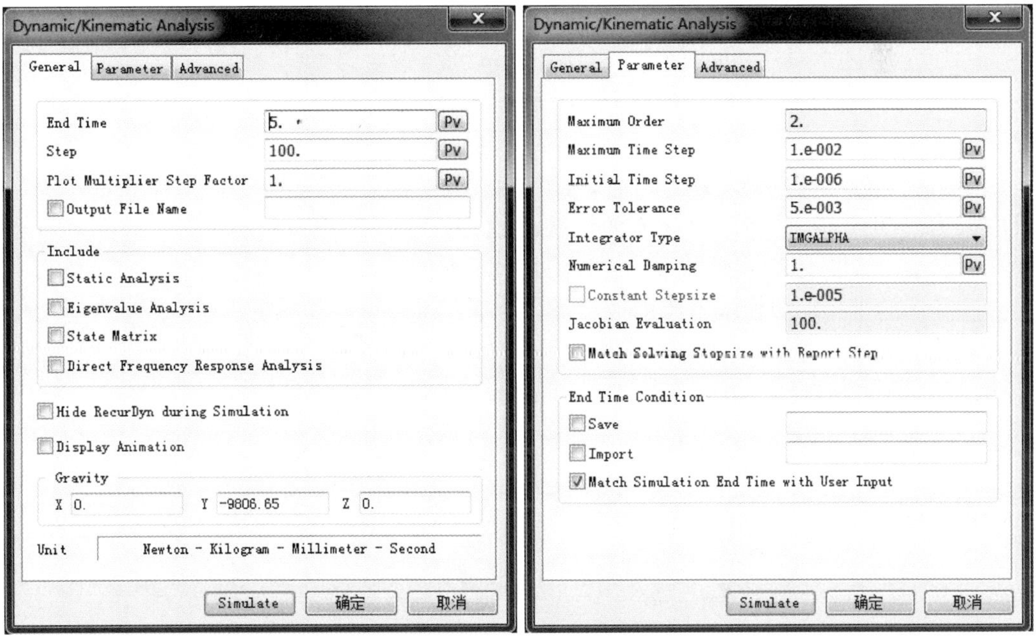

图 3.17 仿真参数设置

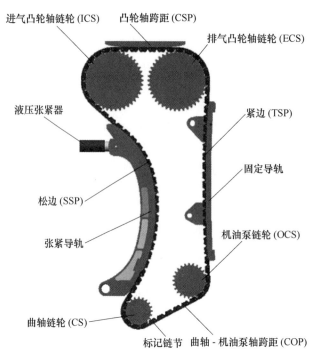

图 3.18 某款发动机正时齿形链传动系统分析模型

3.2.2 接触理论介绍

1. 赫兹接触理论

1882年，德国著名物理学家赫兹首次发表了关于接触力学的论文"On the contact of elastic solids"，之后经过 K. L. Johnson、B. V. Derjaguin 等人的不断研究完善，接触力学的理论逐渐趋向于成熟。

赫兹接触模型假设材料是弹性均匀、各向同性且不计摩擦力。图 3.19 所示为两球体弹性接触模型，其中：E 表示对应物体的弹性模量；μ 为泊松比；R 表示对应球体的半径。接触压力 F_P 的推导过程如下：

$$R_1^2 = (R_1 - z_1)^2 + r^2 \quad (3\text{-}4)$$

当 z_1 很小时，有：

$$z_1 = \frac{r^2}{2R_1} \quad (3\text{-}5)$$

同理可得：

$$z_2 = \frac{r^2}{2R_2} \quad (3\text{-}6)$$

$$z_1 + z_2 = \frac{r^2}{2}\left(\frac{1}{R_1} + \frac{1}{R_2}\right) = \frac{r^2}{2R} \quad (3\text{-}7)$$

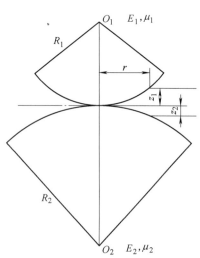

图 3.19 两球体弹性接触模型

当两球受到压力F_P的作用产生相互挤压时，会在接触处产生局部变形，两球的接触从点接触转变为面接触（接触面面积极小），此时，两球体因接触变形产生的位移分别由$\bar{u}_{z_1}$和$\bar{u}_{z_2}$表示。两球因接触产生的穿透深度δ为

$$\delta = z_1 + z_2 + \bar{u}_{z_1} + \bar{u}_{z_2} \tag{3-8}$$

$$\bar{u}_{z_1} + \bar{u}_{z_2} = \delta - (z_1 + z_2) = \delta - \frac{r^2}{2R} \tag{3-9}$$

根据广义胡克定律推导空间几何变形方程得：

$$\bar{u}_{z_1} = \frac{1-\mu_1^2}{E_1} \frac{\pi p_0}{4a}(2a^2 - r^2) \tag{3-10}$$

$$\bar{u}_{z_2} = \frac{1-\mu_2^2}{E_2} \frac{\pi p_0}{4a}(2a^2 - r^2) \tag{3-11}$$

式中，a为接触圆半径；p_0为接触中心的压力。联立式（3-7）~式（3-11）得：

$$\frac{1-\mu_1^2}{E_1} \frac{\pi p_0}{4a}(2a^2 - r^2) + \frac{1-\mu_2^2}{E_2} \frac{\pi p_0}{4a}(2a^2 - r^2) = \delta - \frac{r^2}{2R} \tag{3-12}$$

假设两球体为同一种材料，泊松比$\mu = \sqrt{2}/2$，则有：

$$\frac{\pi p_0}{4aE}(2a^2 - r^2) = \delta - \frac{r^2}{2R} \tag{3-13}$$

在$r = 0$位置处，两球体之间的最大穿透深度δ为

$$\delta = \frac{\pi p_0 a}{2E} \tag{3-14}$$

在$r = a$位置处，两球体之间穿透深度$\delta = 0$，则有：

$$a = \frac{\pi p_0 R}{2E} \tag{3-15}$$

任意接触位置的压强$p(r)$为

$$p(r) = \frac{p_0 \sqrt{a^2 - r^2}}{a} \tag{3-16}$$

接触压力F_P为

$$F_p = \int_0^a 2\pi r p(r) \mathrm{d}r = \frac{2\pi p_0}{a} \int_0^a r \sqrt{a^2 - r^2} \mathrm{d}r = \frac{2}{3}\pi p_0 a^2 \tag{3-17}$$

则有：

$$p_0 = \frac{3 F_p}{2\pi a^2} \tag{3-18}$$

根据式（3-14）、式（3-15）、式（3-18）可得：

$$a = \left(\frac{3 F_p R}{4E}\right)^{\frac{1}{3}} \tag{3-19}$$

$$\delta = \frac{a^2}{R} = \left(\frac{9 F_p^2}{16 R E^2}\right)^{\frac{1}{3}} \tag{3-20}$$

$$p_0 = \left(\frac{6 F_p E^2}{\pi^3 R^2}\right)^{\frac{1}{3}} \tag{3-21}$$

$$F_P = \frac{2}{3}\pi p_0 a^2 = \sqrt{\frac{16R E^2}{9}} \delta^{1.5} \quad (3\text{-}22)$$

在 RecurDyn 中,接触的计算公式为

$$F = K \delta^n \quad (3\text{-}23)$$

其中 $K = \sqrt{\dfrac{16R E^2}{9}}$, $R = \dfrac{R_1 R_2}{R_1 + R_2}$, $E = \dfrac{E_1 E_2}{E_2(1-\mu_1^2) + E_1(1-\mu_2^2)}$。

由公式可知,因接触球体半径、弹性模量的不同,其相互之间的接触刚度也是不同的,表 3.3 列出了一些不同半径钢球之间的接触刚度系数,可以看出刚度系数都在 100000N/mm 左右,故 RecurDyn 默认钢铁之间的接触刚度系数为 100000N/mm。

表 3.3 不同半径钢球之间的接触刚度系数

E/GPa	R_1/mm	R_2/mm	R	K
210	0.5	1	0.333333333	88823
210	0.5	10	0.476190476	106163
210	0.5	100	0.497512438	108514
210	0.5	1000	0.499750125	108758
210	0.5	10000	0.499975001	108782
210	0.5	100000	0.4999975	108785
210	0.5	1000000	0.49999975	108785

2. RecurDyn 中的接触计算过程

图 3.20 所示为小球运动碰撞长方体的完整过程,其中长方体固定不动。如图 3.20a 所示,当两物体距离较远时,RecurDyn 求解器不做任何特殊处理;到图 3.20b 时,两物体的边界缓冲区域发生干涉,软件会立刻使用 Max. StepSize Factor(在接触参数中可以进行相关设置)减小求解器的求解步长,使下一步仿真计算时小球的位移减小;到图 3.20c 时,两物体发生接触,软件开始计算两物体之间的接触力;由于受到接触力的作用,小球的运动方向发生改变,逐渐远离长方体,当两物体之间的边界缓冲区域不再产生干涉时,Max. StepSize Factor 便不再被使用。

在 RecurDyn 中,物体之间的接触力 F_n 分为两部分计算:

$$F_n = F_p + F_d \quad (3\text{-}24)$$

式中, F_p 为刚度力,前面已经进行了详细的介绍; F_d 为阻尼力,在 RecurDyn 中主要有两种计算方法:

(1)边界穿透深度方法(BPM)(图 3.21)

$$F_d = \text{step}(\delta, 0, \delta_{\max}, C_{\max}) \dot{\delta} \quad (3\text{-}25)$$

此方法为 RecurDyn 默认方法。

(2)压痕指数方法(IEM)(图 3.22)

$$F_d = C_{\max} \delta^{mi} \text{sgn}(\dot{\delta}) \dot{\delta}^{md} \quad (3\text{-}26)$$

系统默认 $md = 1$, $mi = 2$。

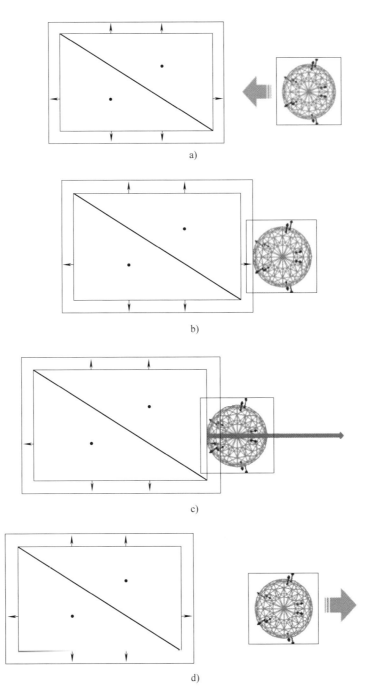

图 3.20 小球运动碰撞长方体

3. RecurDyn 中的接触算法

在 RecurDyn 中,主要有四种接触算法:

(1) 实体接触算法

当两接触物体产生干涉时,接触力的计算发生在具有代表性的点处,如图 3.23 所示。

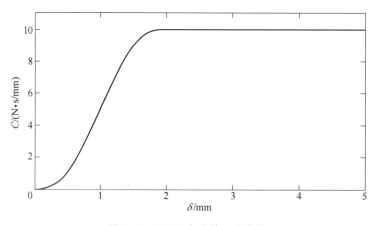

图 3.21　BPM 方法的 δ-C 曲线

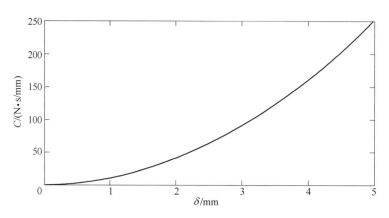

图 3.22　IEM 方法的 δ-C 曲线

（2）解析接触算法

直接使用接触物体之间的几何关系来计算接触，不使用赫兹接触理论，如图 3.24 所示。

$$d = \sqrt{(x_2 - x_1)^2 + (y_2 - y_1)^2} \tag{3-27}$$

$$\delta = R_1 + R_2 - d \tag{3-28}$$

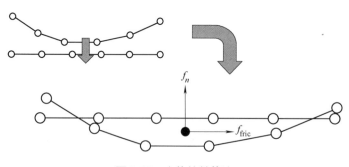

图 3.23　实体接触算法

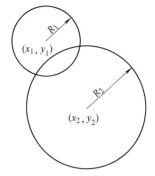

图 3.24　解析接触算法

（3）点接触算法

接触力的计算发生在节点（node）穿透其他几何体处，如图 3.25 所示。

（4）线接触算法

接触力的计算发生在接触物体定义的线条之上，如图 3.26 所示。

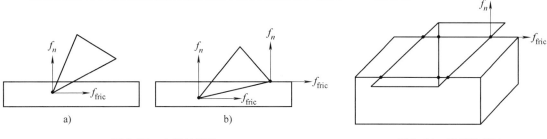

图 3.25　点接触算法　　　　　　　　图 3.26　线接触算法

3.2.3　单层正时链传动系统动态特性分析结果

在考虑曲轴链轮转速波动以及凸轮轴链轮负载的基础上，以 400r/min 为步长，对该正时链传动系统在 1200~6000r/min 转速范围内的动态特性进行了分析。基于不同的边界条件下，针对 13 组不同工况下的仿真结果（链条张力、正时偏差、标记链节运行轨迹、液压张紧器柱塞作用力、柱塞位移的变化图线），对该系统进行了具体的动态特性分析。由于篇幅限制，本部分只列举 1200r/min 和 2800r/min 两种曲轴链轮转速的分析结果。图 3.27 和 3.28（直线为进气凸轮轴链轮，虚线为排气凸轮轴链轮）所示分别是两种工况下的曲轴链轮转速波动曲线和凸轮轴链轮负载变化曲线。

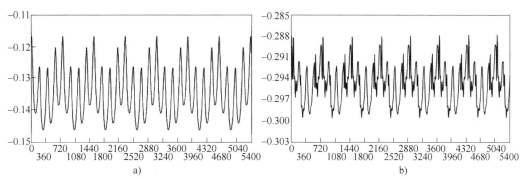

图 3.27　曲轴链轮转速波动曲线 [X 轴为曲轴链轮转角 (°)，Y 轴为曲轴链轮转速 (rad/ms)]
a）1200r/min　b）2800r/min

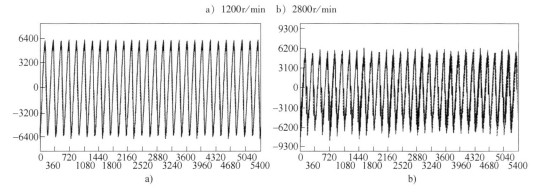

图 3.28　凸轮轴链轮负载转矩变化曲线 [X 轴为凸轮轴链轮转角 (°)，Y 轴为转矩 (N·mm)]
a）1200r/min　b）2800r/min

1. 链条张力

链节通过铰接副联接，构成了具有挠性特点的链条。在整个正时链传动系统中，链节是传递力的主要零件。通过对链条在不同工况下张力情况的分析，可以得到初始起动冲击、啮合冲击以及多边形效应对整个正时链传动系统的影响。

为了能够更好地了解该单层正时链传动系统链条张力的变化趋势，将标记链节运行一个完整的周期（曲轴链轮转过2711°）分为以下八个阶段：曲轴链轮（CS），松边（SSP），进气凸轮轴（ICS），凸轮轴跨距（CSP），排气凸轮轴（ECS），紧边（TSP），机油泵链轮（OCS），曲轴-机油泵轴跨距（COP）。各个阶段对应的曲轴链轮转角见表3.4。图3.29所示是两种工况下标记链节运行两个完整周期链条张力的变化情况。由于当链节处于第二个运转周期时，该系统的运转状态更为平稳，因此，取第二个周期作为研究对象。当标记链节处于CS阶段时，链条张力基本近似为零。当标记链节处于ICS、ECS、OCS阶段时，链节处于啮合定位状态，此时链节之间作用力转化为链节与链轮的啮合作用力，链条张力呈现下降趋势。当链轮处于SSP、CSP、TSP、OCP阶段时，啮合作用力转化为链条张力，链条张力呈现增长趋势。但是13组工况下的链条张力的最大值都小于安全回转疲劳极限1600N。

表3.4 各阶段对应的曲轴链轮转角

阶段	CS	SSP	ICS	CSP	ECS	TSP	OCS	COP
转角（°）	172	806	309	240	206	686	103	189

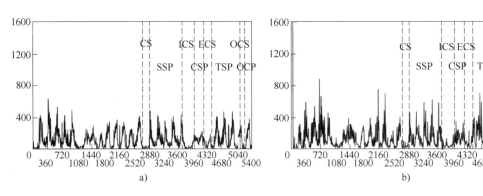

图3.29 链条张力 [X轴为曲轴链轮转角（°），Y轴为链条张力（N）]
a) 1200r/min b) 2800r/min

2. 正时偏差

精确的配气相位除了要设置链轮的初始安装角之外，还需要通过正时链传动系统这一媒介来实现链传动的"同步性"。但是，由于冲击载荷等因素的影响，正时链传动系统在运转过程中会出现一些偏差。为了满足发动机配气正时的精确性，正时链传动系统的正时偏差必须在许可的范围之内。不同正时链传动系统正时偏差的计算方法不同。本系统正时偏差的计算方法为

$$\varphi = \theta_1 - \theta_2 \tag{3-29}$$

式中，θ_1为进气凸轮轴链轮转角（°）；θ_2为排气凸轮轴链轮转角（°）。

图3.30所示为两种工况下进排气凸轮轴链轮的正时偏差瞬时变化曲线。从图中可以看出，随着转速的增加，正时偏差的最大值呈现逐渐减小的变化趋势。当转速为3600r/min左

右时，正时偏差达到最小值。并且所有工况下最大的正时偏差为 0.26°，小于许用正时偏差值 5°，能够满足正时特性的需求。

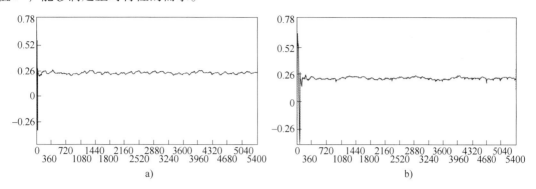

图 3.30 凸轮轴链轮的正时偏差 [X 轴为凸轮轴链轮转角（°），Y 轴为转角之差（°）]
a) 1200r/min b) 2800r/min

3. 标记链节运行轨迹

由于多边形效应的存在，链条在运转的过程中会出现横向波动和纵向波动。多边形效应是链传动系统的固有特性，是不可能被完全消除的，但可以通过一定的方法来减小多边形效应的影响。一个链节完成一个运行周期所形成的轨迹能够很好地反映链条在传动过程中的波动情况，可以通过对其轨迹曲线的研究，了解链条的波动情况，这对减小多边形效应，提高配气机构的正时特性具有十分重要的意义。该系统最大波动量的理论值计算公式为

$$\epsilon = \frac{p \times [1/\sin(\pi/z) - 1/\tan(\pi/z)]}{2} \tag{3-30}$$

代入数据，得理论波动值 $\epsilon = 0.238\text{mm}$。

图 3.31 所示为 1200r/min、2800r/min 两种工况下标记链节的运行轨迹。从图中可以看出，当发动机处于低转速时，由于多边形效应，链条会出现轻微的局部波动。随着转速的增加，多边形效应和系统冲击的影响变得较为明显，尤其是曲轴链轮与机油泵链轮之间无导轨支撑的自由段。由于设计的需要，该正时齿形链传动系统在曲轴链轮与机油泵链轮之间采用了 11 个链节，理想自由段的长度一般以不超过 3~4 个链节为最佳。因此，该自由段是整个系统波动最为突出的部位。较预期的理论波动值而言，该自由段在三种工况下的实际波动值略显偏大，这主要是因为相比于以往的正时齿形链系统的多体动力学分析而言，该正时齿形链传动系统动力学分析结合了曲轴链轮速度的波动，

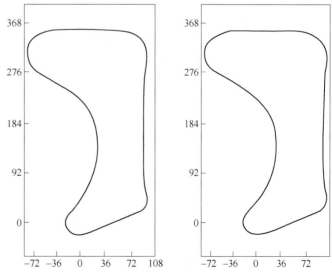

图 3.31 标记链节的运行轨迹

并且考虑了凸轮轴链轮的负载,所以实际的波动值会大于预期理论波动值。研究标记链节的运行轨迹不仅有利于系统啮合冲击以及波动的分析,而且可以为整个系统的优化与改进提供理论参考。

4. 液压张紧器柱塞作用力

图3.32所示为两种工况下液压张紧器柱塞作用力变化曲线。两种工况下,液压张紧器提供的作用力呈现规律的周期性变化,其最大值也在620N以下,这说明该系统所采用的液压张紧器能够达到预期的性能需求(≤1289N)。同时,该分析也为链条张力的校核提供了相关的理论参考。

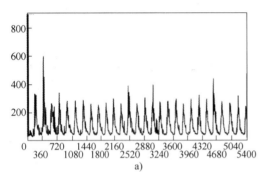
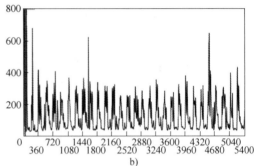

图3.32 液压张紧器柱塞作用力变化曲线 [X轴为曲轴链轮转角(°),Y轴为作用力(N)]
a) 1200r/min b) 2800r/min

5. 液压张紧器柱塞位移

由于正时齿形链传动系统存在由多边形效应以及啮合冲击等引起的动载荷所导致链条的波动,同时还有加工误差,这些变化量都需要通过液压张紧器柱塞位移来进行补偿。因此,液压张紧器柱塞位移在一定程度上反映了链条的波动情况。同时,液压张紧器柱塞位移也是液压张紧器性能的一个评价指标。在进行正时链传动系统的设计时,主机厂家会提供液压张紧器柱塞位移的一个变化范围,以便后期的验证。

图3.33所示为两种工况下液压张紧器柱塞位移。从图上可以看出,除起始时刻外,柱塞位移的变化呈现周期性波动,并且波动幅度在0.30mm左右,这就说明该正时链传动系统运行较为平稳,链条的波动值较小。

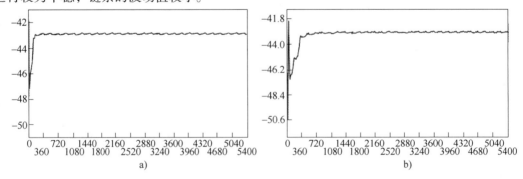

图3.33 液压张紧器柱塞位移 [X轴为曲轴链轮转角(°),Y轴为位移(mm)]
a) 1200r/min b) 2800r/min

分析总结：

（1）在不同工况下，链条最大有效张力均小于1600N（图3.34），在安全回转疲劳极限许可的范围内，满足设计要求。

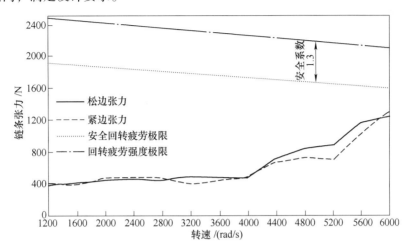

图3.34　不同工况下链条的最大有效张力

（2）与以往的正时链传动系统仿真相比，考虑了实际工况下的曲轴速度波动以及凸轮轴载荷，正时偏差小于0.26°，能够满足发动机正时特性的设计许可要求（≤5°）。

（3）液压张紧器最大作用反力在800N左右，满足液压张紧器预期设计要求（≤1289N）。柱塞全振幅最大值在0.30mm左右，说明该正时链传动系统的运转平稳，液压张紧器能够很好地实现对整个系统的张紧作用，同时也为后续整个系统的优化提供了理论参考。

3.2.4　正时链传动系统试验研究

随着对多体动力学研究的不断深入，借助CAE分析手段对正时链传动系统进行辅助设计已经成为一种发展趋势，但是单纯依靠仿真分析进行方案的设计和完善并不够可靠，最终还需要通过实体试验对最终的设计方案进行校核。通过CAE方法能够减少试验样品的加工次数，缩短开发周期，降低研发成本。利用CAE分析手段对正时链传动系统进行设计大致分为两个阶段：第一阶段就是利用CAE手段对初始设计方案进行分析和完善；第二个阶段就是对前一阶段所确定的方案进行实际的台架试验，验证最终方案的合理性。

1. 正时链传动系统测量方法

以往的正时链传动系统试验研究多是将链条强度以及中心距变化等作为研究对象展开的，由于试验方法较简单，试验手段已经较为成熟。但是国内正时链传动系统的系统特性研究起步相对较晚，且长期受到国外正时链传动系统厂商的技术封锁，对正时链传动系统的系统试验还处于探索阶段。为了突破技术壁垒，本课题组依托于吉林省重大专项，与一汽技术中心合作，对正时链传动系统开展了更深入的研究，除了进行常规的强度以及中心距变化情况的试验外，还对整个正时链传动系统进行了台架试验，模拟发动机的实际工作状况，研究在实际运行工况下正时链传动系统链条的张力。

图 3.35 所示是某款发动机用正时链传动系统测量装置的机构简图。图中 a 途径测量的是液压张紧器柱塞与张紧导轨接触处的作用力值，b 途径测量的是固定导轨安装螺栓处的作用力值，利用这两个值可以分别得出该系统在实际运转工况下的松边张力和紧边张力。图中所使用的传感器为压力传感器。压力传感器是将力学量转化为电学信号的器件，图 3.36 所示为压力传感器的测量示意图。其中弹性敏感元件是压力传感器的重要组成部件，弹性敏感元件的工作机理是把力转化成位移或应变，然后再将位移或者应变转化成电学信号。除传感器外，还有数据采集仪。

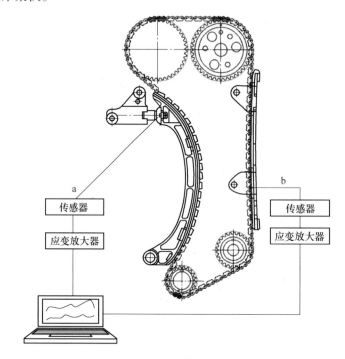

图 3.35　测量装置结构简图

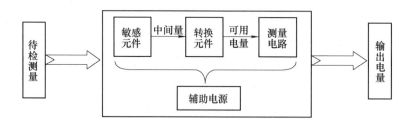

图 3.36　压力传感器测量示意图

基于正时链传动系统的研究现状，直接对链条张力进行测量所使用的技术手段比较复杂，且试验设备十分昂贵。作为代替手段，可以通过测量正时链传动系统液压张紧器的作用反力和固定导轨安装螺栓处的应力，进而利用相应的关系（几何或者试验）计算出链条张力。因此对于发动机正时链传动系统的链条张力一般要结合理论的推导方法得到。目前，理论的推导方法主要有两种：理论计算法和试验推导法。

理论计算法是通过测得的液压张紧器柱塞作用力计算出松边链条张力（在本书第二章

已经对此做了详细的介绍），再依据紧边张力与松边张力之间的关系（经验值），推导出链条的紧边张力。

试验推导法就是通过试验的手段得到液压张紧器柱塞作用力与松边链条的应力关系以及安装螺栓应力与紧边链条应力的关系，然后再借助试验的方法得到链条应力与链条张力的对应关系，进而推导出链条张力与液压张紧器柱塞作用力以及安装螺栓应力的对应关系，最终依据台架试验得到液压张紧器柱塞作用力和安装螺栓应力，按照已得的对应关系分别计算出系统松边和紧边的链条张力。该方法主要借助试验手段来进行系统链条张力的推导，但是要借助于较多的试验环节，并且存在一定的技术难度，相对较为复杂。但是其可靠度高，较理论计算法具有更高的准确性。

试验推导法的具体做法是：除了需要安装力传感器之外，还需要在固定导轨安装螺栓上安装应变片（把安装螺栓的应变量转化为电阻的变化量进行输出），以达到对安装螺栓的受力进行实时监测的目的。安装应变片时，需要在安装螺栓上开槽，如图 3.37 所示。图 3.38 所示为安装螺栓在实际工况下的受力示意图。此外，还需要在正时链条的松紧边的链板上分别安装应变片，然后借助图 3.39 所示试验装置测量液压张紧器柱塞作用力与安装螺栓处应力与系统松边和紧边链条应力的对应关系：首先把系统的两个凸轮轴链轮固定，使其不能转动，然后在曲轴链轮处施加转矩，分别测量液压张紧器柱塞作用力、安装螺栓的应力以及分别对应于二者的松边链条应力和紧边链条应力。按照此操作方法，依次施加不同的转矩值，反复记录多组数据，绘制如图 3.40 所示的对应关系图线（虚线所示），观察图线特征，归纳对应的函数关系（实线所示）。

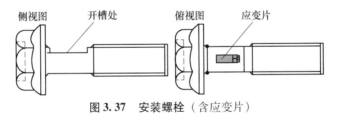

图 3.37 安装螺栓（含应变片）

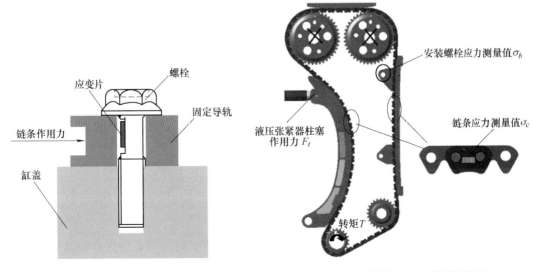

图 3.38 安装螺栓（含应变片）受力示意图　　图 3.39 试验推导法试验装置示意图

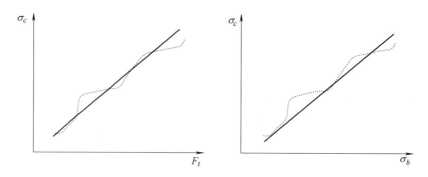

图 3.40　归纳函数关系示意图

链条张力与应力的关系可以通过图 3.41 所示的方法得到，具体做法是：取正时链条的部分链节，一端固定，另一端施加不同的拉力（相当于链条张力），得到多组应力与拉力的数组点，绘制对应关系图线（图 3.42 中虚线所示），归纳出链条张力与应力之间的函数关系（图 3.42 中实线所示）。

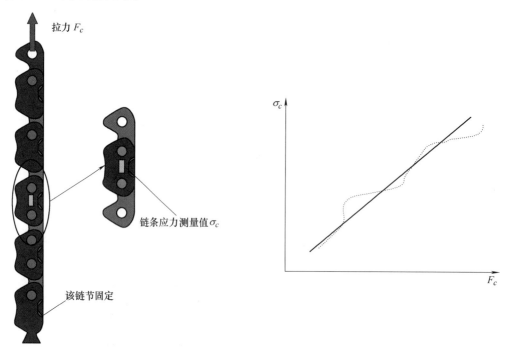

图 3.41　链条张力与应力关系测试法　　　　图 3.42　链条张力与应力函数关系

2. 正时链传动系统试验分析

基于试验推导法，搭建正时链传动系统台架试验台（图 3.43）。图 3.43 是台架试验台的整体布局。利用该台架试验台，针对 1200~6000r/min 转速范围，以 400r/min 为步长，得到系统在 13 组工况下链条张力的试验值。

在完成试验结果校核的同时，为了对该正时链传动系统的动态特性分析结果进行验证，将链条张力的仿真值与试验值进行对比。图 3.44 所示为系统链条张力的试验值与仿真值的结果对比，其中，试验回转疲劳强度极限是通过回转疲劳极限试验得到不同转速下链条破断时的极限载荷，而安全回转疲劳强度极限是利用试验回转疲劳强度极限值除以安全系数（一般取1.3）换算得到的。如图所示，该系统链条张力的试验值在安全回转疲劳极限以内，从试验的角度证实了该正时链传动系统在实际运转的工况下能够达到强度要求。在全转速范围内，紧边链条张力的试验值与仿真值变化趋势基本一致，并且试验值与仿真值较为接近，

图3.43 某款正时齿形链系统台架试验台

这主要是由于链条紧边始终沿固定导轨运转，波动冲击较小。对于松边链条张力，在转速低于4000r/min时，试验值与仿真值的变化趋势以及数值差别不大；当转速在4000r/min以上时，二者的变化趋势虽然一致，但是松边链条张力的仿真值显著大于试验值。推测导致该现象的原因是由于在仿真的过程中，把所有的构件都做刚体处理，当曲轴处于高转速工况下时，速度波动明显，致使液压张紧器柱塞与张紧导轨冲击振动较为严重，故而得到的链条张力仿真值比较大。

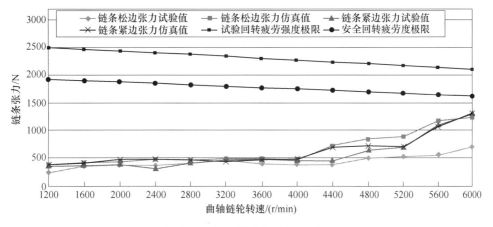

图3.44 链条张力分析结果对比

3.3 双层正时齿形链传动系统动态特性分析

正时链传动系统各个零部件的设计和建模在之前本书已经做了详细的介绍，在此不再介绍。接下来介绍一种正时链传动系统的动力学建模方法。

3.3.1 正时链传动系统的动力学建模

正时链传动系统通常由上百个零件组成，如果用传统方法将零件一个一个导入，再建立零件之间的约束和接触，将十分耗时且极其容易出错，因此本节利用RecurDyn自带的eTemplate功能对正时链传动系统进行动力学建模。

eTemplate 是 RecurDyn 开发的一种基于 Excel 的建模方式。首先将建模所需要的所有信息输入到 Excel 表格之中，然后将创建的 Excel 表格与建立的各个三维零部件文件放在同一个文件夹下，最后通过单击 eTemplate 模块下的运行按钮将创建的 Excel 表格导入 RecurDyn，软件就会根据 Excel 表格中的信息将零件导入到指定位置，建立零件之间的约束和接触。

接下来对 Excel 表格的创建进行详细的介绍，首先是建立表 3.5 所示的 Template_Format 表单。

表 3.5 Template_Format 的基本格式

Template_Format_Definition	Value
ModuleKey	S4park_Module_Professional
TemplateModel	Freestylemode
UserCommentColumn	0

表 3.5 第一列是系统模板定义格式，第二列是需要用户去定义选择的格式。对于 ModuleKey，Professional 模块包括了模型、约束和接触的建立等功能，满足本正时链传动系统的动力学建模需求，所以选用 Professional 作为建模所用模块。对于 TemplateModel，选择了 Freestylemode，该模式相对自由，数据表单的每一列不需要采用固定的格式。UserCommentColumn 取 0 表示数据读取从第一列开始。

如表 3.6 所示，每一个需要单独建立的表单都要记录在表格的第二列中，RecurDyn 读取表单的顺序就是按照表格中的排列顺序。如果创建的表单没有记录在该表格中，即使表单中数据再多，也不会被系统读取。

表 3.6 模板数据表单

Header_Template_UserDefinedSheet	SheetName
Template_UserDefinedSheet	AssemPoints
Template_UserDefinedSheet	ChainBodies
Template_UserDefinedSheet	Sprocket
Template_UserDefinedSheet	HAT1
Template_UserDefinedSheet	Planar
Template_UserDefinedSheet	Chain_Revolute
Template_UserDefinedSheet	Contact
Template_UserDefinedSheet	Setting

为了将每个零件精确的导入到 RecurDyn 的固定位置，需要在导入零件之前对每一个链板、导板、链轮、导轨和液压张紧器的质心位置进行计算，将这些位置单独做成一个表单，RecurDyn 读取这些信息后会创建相应的点，接着系统就可以根据这些点将导入的零部件放置在相应的位置。模型导入的表单建立完成后，接下来建立创建零部件之间约束和接触的表单。本文用到的约束主要有固定副、旋转副和平面运动副。最终创建的正时链传动系统动力学模型如图 3.45 所示。

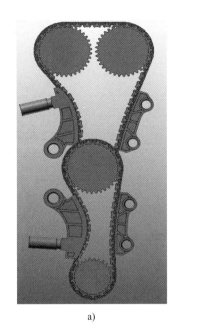

图 3.45　正时链传动系统动力学仿真模型
a）正视图　b）侧视图

3.3.2　双层正时链传动系统动态特性分析

本文对自主设计的正时链传动系统进行了曲轴链轮转速分别为 2000r/min、4000r/min 和 6000r/min 的动力学仿真分析计算。为了让每一层系统都能运行至少两个循环，2000r/min、4000r/min 和 6000r/min 对应的仿真分析时间分别为：0.36s、0.24s、0.12s。在动态特性分析结果中分别提取了链条运行轨迹、进排气链轮转速、链板与链轮接触力、链条张力和液压张紧器张紧力等相关数据。接下来对正时链传动系统的动态特性进行详细的数据分析（由于篇幅限制，只展示曲轴链轮转速为 2000r/min、6000r/min 的仿真图表信息）。

1. 链条运行轨迹

图 3.46、图 3.47 分别为曲轴链轮转速 2000r/min、6000r/min 工况下的链条运行轨迹。从图中可以看出，在曲轴链轮转速为 2000r/min 时，链条的运行十分平稳，链条的运行轨迹几乎完全重合；在曲轴链轮转速为 6000r/min 时，第一层子系统链条运行依旧平稳，第二层子系统链条在啮入、啮出张紧导轨和在两链轮之间的运行过程中均出现了波动。

通过以上分析可以发现，第一层子系统运行极其稳定，几乎没有出现链条波动的情况；第二层子系统受多边形效应影响较为严重，链条波动较大，且随着曲轴转速的提高，链条的多边形效应加剧，使链条的波动加大。但第二层子系统的链条波动均在合理范围内，满足系统的设计要求。

2. 正时链传动系统的传动误差

图 3.48 ~ 图 3.51 分别为曲轴链轮转速 2000r/min、6000r/min 工况下的进、排气链轮转速。在曲轴链轮转速为 2000r/min 时，进、排气链轮理论转速为 104.72rad/s，从图中可以看出进气链轮转速波动范围为 103.8 ~ 105.5rad/s，波动量为 1.7rad/s，排气链轮转速波动

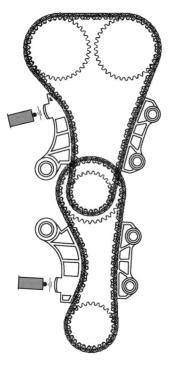
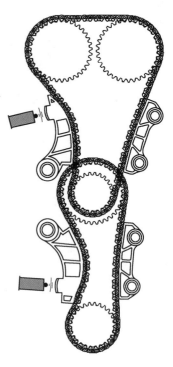

图 3.46　2000r/min 链条运行轨迹　　　　图 3.47　6000r/min 链条运行轨迹

范围为 103.5~105.5rad/s，波动量为 2rad/s。在曲轴链轮转速为 4000r/min 时，进、排气链轮理论转速为 209.44rad/s，进气链轮转速波动范围为 207~212.4rad/s，波动量为 5.4rad/s，排气链轮转速波动范围为 208~211.4rad/s，波动量为：3.4rad/s。在曲轴链轮转速为 6000r/min 时，进、排气链轮理论转速为 314.16rad/s，从图中可以看出进气链轮转速波动范围为 310.2~317.9rad/s，波动量为 7.7rad/s，排气链轮转速波动范围为 311.6~316.9rad/s，波动量为 5.3rad/s。

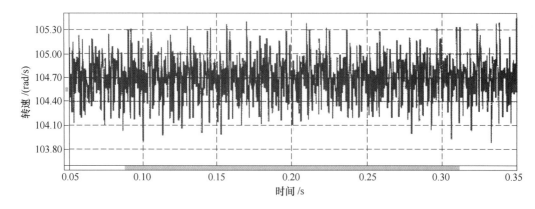

图 3.48　2000r/min 进气链轮转速

通过以上数据分析可以发现，随着转速的提高，链条的多边形效应影响逐渐增大，导致链轮转速波动量也随之加大。但最大的链条波动量也只有 7.7rad/s，可以看出设计的正时链传动系统运行很稳定。

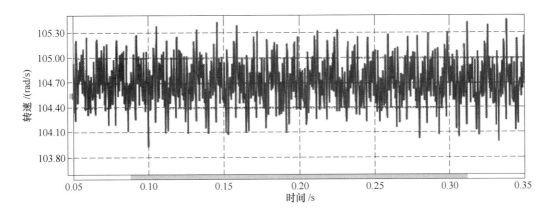

图 3.49　2000r/min 排气链轮转速

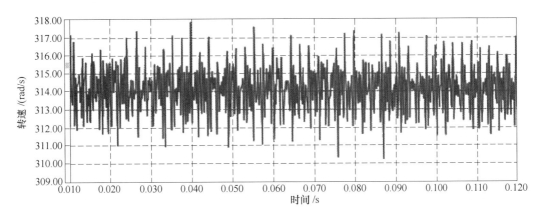

图 3.50　6000r/min 进气链轮转速

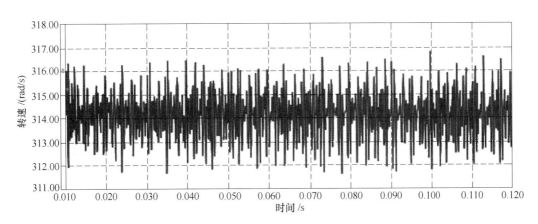

图 3.51　6000r/min 排气链轮转速

正时链传动系统与进、排气链轮的传动比误差是衡量系统正时性能的关键参数，其计算公式见式（3-31）：

$$\varepsilon = \frac{|n - n'|i}{n_0} \tag{3-31}$$

式中，ε 为传动比误差；n 为进气或排气链轮实际平均转速；n' 为进气或排气链轮理论转速；i 为系统传动比；n_0 为曲轴链轮转速。

将进、排气链轮的实际转速数据从 RecurDyn 中导出，算出链轮平均转速，之后将相应的数据代入到式（3-31）中，得：在曲轴链轮转速为 2000r/min 时，进、排气链轮的传动比误差分别为 0.011%、0.0067%；在曲轴链轮转速为 4000r/min 时，进、排气链轮的传动比误差分别为 0.00424%、0.00724%；在曲轴链轮转速为 6000r/min 时，进、排气链轮的传动比误差分别为 0.013%、0.0085%。本正时链传动系统的传动比误差要求小于 1%，而设计系统的实际传动比误差远远小于这一要求值，说明设计的正时链传动系统可以平稳的完成传动任务，辅助配气机构精确地控制进、排气门的开启和关闭。

3. 链条张力

图 3.52～图 3.55 分别为曲轴链轮转速 2000r/min、6000r/min 工况下第一、二层子系统的链条张力。在曲轴链轮转速为 2000r/min 时，第一、二层子系统的链条最大张力分别为 581.47N、844.85N；在曲轴链轮转速为 4000r/min 时，第一、二层子系统的链条最大张力分别为 927.7N、972.06N；在曲轴链轮转速为 6000r/min 时，第一、二层子系统的链条最大张力分别为 1274.73N、1287.48N。

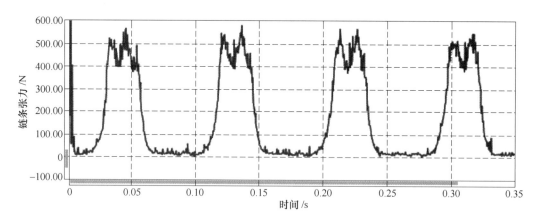

图 3.52　2000r/min 第一层子系统链条张力

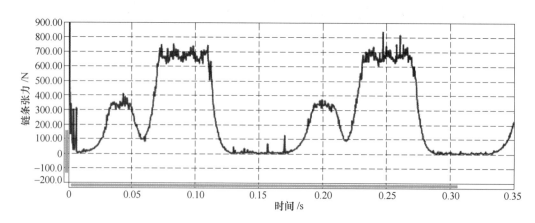

图 3.53　2000r/min 第二层子系统链条张力

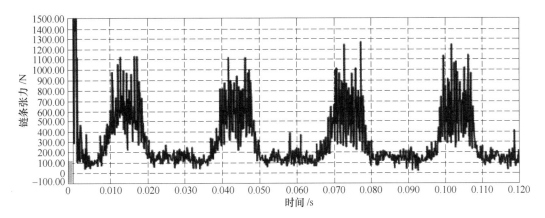

图 3.54 6000r/min 第一层子系统链条张力

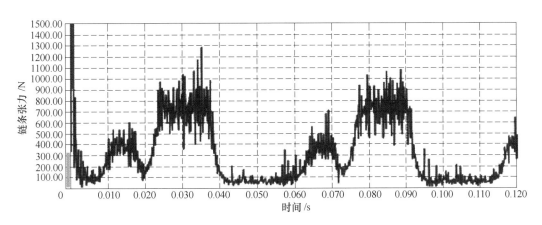

图 3.55 6000r/min 第二层子系统链条张力

通过以上数据分析可以发现，随着曲轴链轮转速的提高，链条的最大张力也在随之增大；第一层子系统的链条张力总是小于第二层子系统，在曲轴链轮转速为 2000r/min 时，两层子系统的张力差值最大，随着转速的提高，这一差值有逐渐变小的趋势。

通过直接观察图线可以发现，第一层子系统有一个峰值，第二层子系统有两个峰值，说明链条的张力变化是极具规律性的；随着曲轴链轮转速的提高，在峰值区间链条张力的波动幅度越来越大。

由于在建立本仿真动力学模型时，直接给定曲轴链轮 2000~6000r/min 的转速，所以系统在开始起动的一段时间内极其不稳定，导致链条的张力极大，故本文不对这一段时间内的正时链传动系统运行情况进行分析。

虽然链条的张力会随着曲轴链轮转速的提高而增大，但链条的最大张力只有 1287.48N，远小于本文所用链条的疲劳破断载荷 1800N。因此，本文设计的系统满足链条的疲劳耐久强度要求。

4. 液压张紧器柱塞作用反力

图 3.56~图 3.59 分别为曲轴链轮转速 2000r/min、6000r/min 工况下第一、二层子系统的张紧器柱塞作用反力。在曲轴链轮转速为 2000r/min 时，第一、二层子系统液压张紧器柱

塞作用反力的波动范围分别为：1~10N、1~10.8N；在曲轴链轮转速为4000r/min时，第一、二层子系统液压张紧器柱塞作用反力的波动范围分别为：2~28.5N、1~19N；在曲轴链轮转速为6000r/min时，第一、二层子系统液压张紧器柱塞作用反力的波动范围分别为：6~63N、0.2~38N。

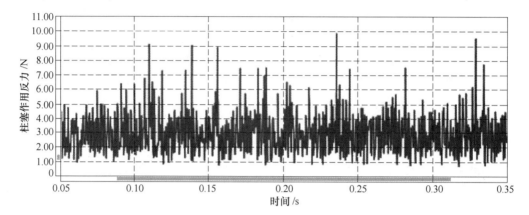

图3.56　2000r/min 第一层子系统液压张紧器柱塞作用反力

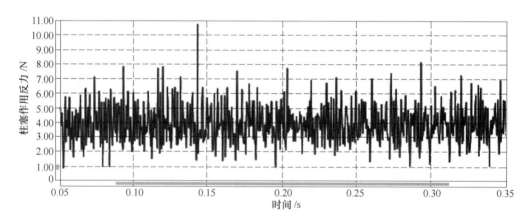

图3.57　2000r/min 第二层子系统液压张紧器柱塞作用反力

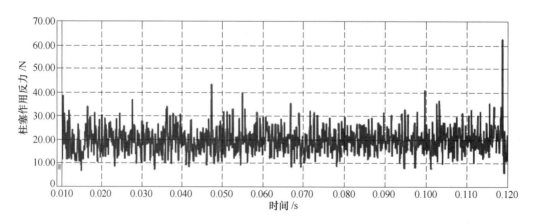

图3.58　6000r/min 第一层子系统液压张紧器柱塞作用反力

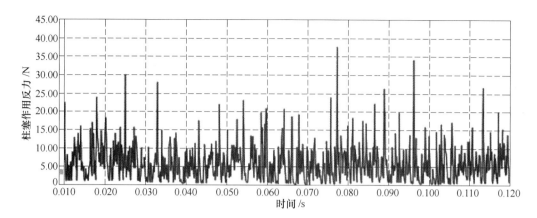

图 3.59 6000r/min 第二层子系统液压张紧器柱塞作用反力

通过以上数据分析可以发现，随着曲轴链轮转速的提高，液压张紧器柱塞作用反力的波动范围逐渐增大，最大柱塞作用反力也在随之增大。第一层子系统液压张紧器柱塞作用力的波动范围、最大柱塞作用力明显大于第二层子系统，这是因为第一层子系统链条松边张力波动范围明显大于第二层子系统，而由式（2-30）可知柱塞作用反力和系统松边张力呈线性关系。本正时链传动系统是刚性体动力学仿真，故不存在链条伸长现象，而曲轴链轮转速又是恒定值，故本系统液压张紧器提供的液压张紧力较小，但从未出现张紧器与张紧导轨分离的情况。因此，本文选用的液压张紧器与系统具有良好的匹配。

5. 正时链传动系统整体运行过程的动力学分析

在前面的内容中已经对设计的正时链传动系统进行了比较全面的仿真动力学分析，接下来针对第一、二层子系统中一个链节的完整运行过程进行分析阐述。

如图 3.60 ~ 图 3.62 所示，大约在 0.09s 时，所选链节刚刚开始啮入中间轴链轮，此时链节由松边逐渐向紧边移动，链条张力逐渐增大，由于本文正时链传动系统采用内外复合啮合齿形链，且此时链节处于松边，所以链板啮入链轮的过程较为平缓，链板与链轮的接触力逐渐增大；大约在 0.12s 时，链节啮出中间轴链轮，链节与链轮的接触力在极短的时间内降为 0，此时链节已经处于紧边，故在接下来一段时间内链条张力维持在 400 ~ 600N；大约在 0.142s 时，链节开始啮入曲轴链轮，此时链节处于紧边，啮入冲击较大，导致链板与链轮

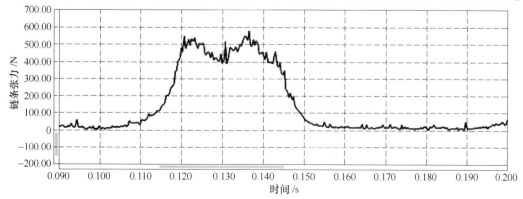

图 3.60 2000r/min 第一层子系统链条张力

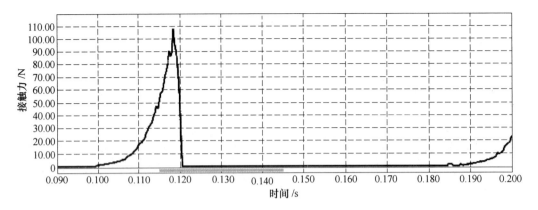

图 3.61 2000r/min 第一层子系统与中间轴链轮接触力

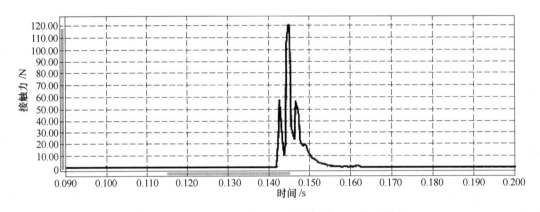

图 3.62 2000r/min 第一层子系统与曲轴链轮接触力

的接触力较大。随着链轮运转,链节逐渐由紧边向松边移动,链板与链轮的接触力和链条张力逐渐减小;大约在 0.162s 时,链节啮出曲轴链轮,链板与链轮的接触力降为 0,此时链节已经处于松边,链条张力处于较低值,直到链节再次与中间轴链轮产生啮合。

如图 3.63 ~ 图 3.66 所示,大约在 0.17s 时,所选链节开始啮入排气链轮,此时链节由松边逐渐向紧边移动(两凸轮轴链轮之间的紧边),链条张力逐渐增大,由于本文正时链传动系统采用内外复合啮合齿形链,且此时链节处于松边,所以链板啮入链轮的过程较为平缓,链板与链轮的接触力逐渐增大;大约在 0.195s 时,链节啮出进气链轮,链节与链轮的接触力在极短的时间内降为 0,此时链节已经处于两凸轮轴链轮之间的紧边,故在接下来一段时间内链条张力维持在 300 ~ 400N;大约在 0.209s 时,链节开始啮入排气链轮,此时链节处于两凸轮轴链轮之间的紧边,啮入冲击较大,导致链板与链轮的接触力较大,在此过程中部分链条张力转化为链板与链轮的接触力,链条张力逐渐下降。随着链节进一步啮入排气链轮,链板与链轮的接触力逐渐减小,当链节运动到紧边部分时(排气链轮与中间轴链轮之间的紧边),由于紧边部分链条张力较大,导致链板与链轮的接触力和链条张力逐渐增大;大约在 0.234s 时,链节啮出排气链轮,链节与链轮的接触力在极短的时间内降为 0,此时链节已经处于排气链轮与中间轴链轮之间的紧边,故在接下来一段时间内链条张力维持在 600 ~ 850N;大约在 0.27s 时,链节开始啮入中间轴链轮,此时链节处于紧边,啮入冲击较大，导致链板与链轮的接触力较大。随着链轮运转，链节逐渐由紧边向松边移动，链板与链轮的接触力和链条张力逐渐减小；大约在 0.294s 时，链节啮出中间轴链轮，链板与链轮的接触力降为 0，此时链节已经处于松边，链条张力处于较低值，直到链节再次与进气链轮产生啮合。

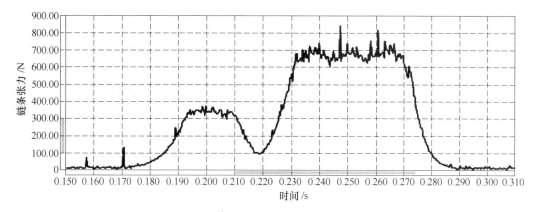

图 3.63　2000r/min 第二层子系统链条张力

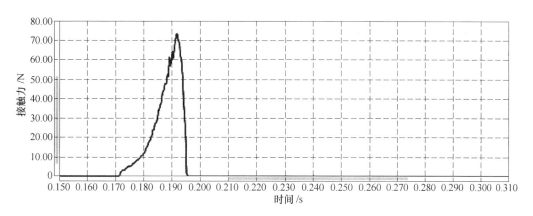

图 3.64　2000r/min 第二层子系统链板与进气链轮接触力

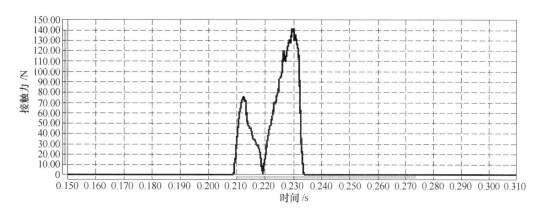

图 3.65　2000r/min 第二层子系统链板与排气链轮接触力

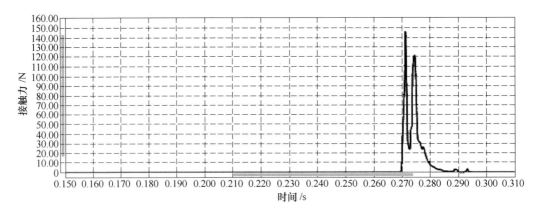

图 3.66　2000r/min 第二层子系统链板与中间轴链轮接触力

3.3.3　正时链传动系统的喷油润滑分析

对于汽车发动机来说，发动机机油相当于汽车的血液。喷油润滑将正时链传动系统各零部件摩擦表面隔开，形成液体摩擦，从而减小了机械磨损和摩擦阻力，提高了机械效率。因此，喷油润滑的位置是否合理对正时链传动系统的健康运行起着重要的作用。

1. ParticleWorks 的基础理论

ParticleWorks 是一款基于计算流体动力学（CFD）技术的运动粒子模拟（MPS）软件。运动粒子模拟（MPS）是一种仿真不可压缩粒子在表面自由流动的计算方法（拉格朗日无网格法），具有宏观性、确定性，它是由东京大学的 Koshizuka 教授于 1996 年提出的。传统的流体分析技术大多基于网格技术，如图 3.67 所示。传统的流体分析技术，需要在流体可能飞溅的区域预先定义划分网格，且网格划分的精度直接影响分析结果。而运用 MPS 计算方法的 ParticleWorks 完全不需要划分网格，它将流体划分成有限多个粒子，更真实地模拟流体的运动情况。

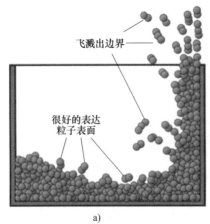 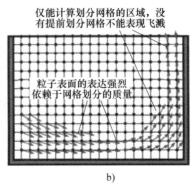

图 3.67　两种流体计算方法的对比

a）MPS 计算方法　b）FEM 传统流体计算方法

运动粒子模拟（MPS）方法的基本控制方程是一个连续方程和纳维-斯托克斯方程。连续方程为

$$\frac{\partial \rho}{\partial t} + \nabla(\rho \vec{u}) = 0 \tag{3-32}$$

纳维-斯托克斯方程为

$$\frac{\partial \vec{u}}{\partial t} = -\frac{\nabla p}{\rho} + v \nabla^2 \vec{u} + \vec{g} \tag{3-33}$$

式中，ρ 为密度；$\vec{u}$ 为速度；p 为压力；v 为运动黏度系数；$\vec{g}$ 为重力加速度。

在 MPS 方法中，纳维-斯托克斯方程被分为两部分，压力项是间接求解的，除压力项外，所有项都是直接求解。直接求解部分公式为

$$\frac{\vec{u}^* - \vec{u}^k}{\Delta t} = v \nabla^2 \vec{u}^k + \vec{g} \tag{3-34}$$

间接求解部分公式为

$$\nabla^2 p^{k+1} = \frac{\rho}{\Delta t^2} \frac{n^* - n^0}{n^0} \tag{3-35}$$

计算顺序为先计算直接求解部分，再利用间接求解求出的压力梯度对直接求解部分的粒子速度和位置进行修正，修正公式为

$$\frac{\vec{u}^{k+1} - \vec{u}^*}{\Delta t} = -\frac{\nabla p^{k+1}}{\rho} \tag{3-36}$$

式中，n 为粒子浓度；n^0 为初始状态下的粒子数密度；上标 k 为时间步长；上标 $*$ 表示计算完成阶段的物理量。

在 ParticleWorks 仿真计算过程中，只有当两个粒子之间的距离比给定的固定值更小时，两个粒子之间的相互作用才会被计算。这个提前给定的固定值被称为"有效半径"，在指定粒子有效半径内的粒子被称为相邻粒子。仿真计算前，可以根据情况适当选择有效半径。为了确保相邻粒子分布的均匀性和各向同性，有效半径最好是初始粒子距离的 2 到 4 倍。

2. ParticleWorks 中正时链传动系统的动力学建模过程

在联合仿真的过程中，ParticleWorks 与 RecurDyn 是通过 Vessel 相互传递信息的。如图 3.68 所示，Vessel 是 RecurDyn 模型中的刚体表面，它可以在 RecurDyn 中被创建，之后导入到 ParticleWorks 中，Vessel 会记录原零件的位置，所以导入 ParticleWorks 后的位置与在 RecurDyn 中原零件的位置相同。在联合仿真过程中，RecurDyn 将 Vessel（在本仿真中就是链条、链轮、导轨和箱体的表面）的位置和速度传递至 ParticleWorks，在 ParticleWorks 中，Vessel 可以与流体接触，ParticleWorks 计算 Vessel 和流体之间的相互作用力，这些相互作用力和流体粒子的位置将被传回到 RecurDyn。通过以上过程，就实现了 ParticleWorks 与 RecurDyn 之间的信息交互。

要在 ParticleWorks 中建立正时链传动系统的动力学模型，首先要在 RecurDyn 中创建一个箱体，将整个正时链传动系统包含在内。之后创建所有零部件的 Vessel，将 Vessel 导出到指定文件夹。打开 ParticleWorks，创建一个新的项目，将之前从 RecurDyn 中导出的 Vessel 导入软件。然后进行接下来的一系列设置：

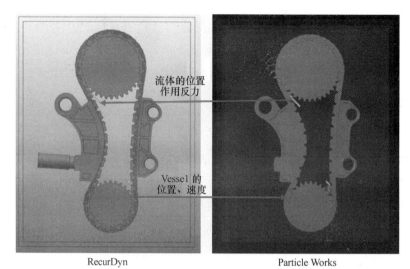

图 3.68 ParticleWorks 与 RecurDyn 的信息交互

(1) 设置计算域

只有在计算域内的 Vessel 和流体才能被软件识别计算,所以要将所有 Vessel 包含在计算域内。

(2) 创建和设置物体的物理属性

创建用来定义 Vessel 的 Polygon,一般采用系统默认属性;创建用来定义流体粒子的 Fluid,流体采用试验用润滑油的物理属性。

(3) 创建流体粒子

在事先设定好的位置创建喷油器(Inflow),进行喷油口半径、喷油速度、流体体积上限、粒子间距等相关设置。

(4) 设置分析条件

设置仿真时间、初始步长和最大步长。这些设置应与 RecurDyn 中的设置保持一致,从而使 ParticleWorks 与 RecurDyn 在仿真过程中始终处于同步状态。

(5) 运行仿真

首先在 ParticleWorks 中进行预分析,预分析结束后进行仿真。在仿真的过程中,ParticleWorks 会生成一系列用于与 RecurDyn 进行联合仿真的文件。解析一旦开始,用于联合仿真的文件就已经创建成功了,这时可以随时停止解析,不要关闭 ParticleWorks,打开 RecurDyn,单击仿真,RecurDyn 会自动调用 ParticleWorks 进行联合仿真运算。

3. 联合仿真结果分析

如图 3.69 所示,在第一层子系统设置了两个喷油位置,喷油润滑的工作过程大致相同,故只对左上角润滑油的工作过程进行详细分析。在初始阶段,润滑油由设定的喷油位置喷出并和链条产生接触。之后在链条的带动下,一部分润滑油运动到链条和链轮之间,对链条和链轮的接触进行润滑,另一部分润滑油通过链节之间的空隙被甩出链条。随着链条和链轮的运转,在链条和链轮之间的润滑油被带到了链条紧边,一部分润滑油黏着在链节上随链条继续运转,另一部分在惯性力的作用下向链条的松边导轨和曲轴链轮方向运动。因此,左上角喷出的油主要对第一层子系统的中间轴链轮、紧边导轨和松边导轨进行了润滑,右下角喷出的油主要对第一层子系统的曲轴链轮、松边导轨和紧边导轨进行了润滑。最终实现了对第一层子系统各个零部件的充分润滑。

第二层子系统的喷油润滑位置与第一层大致相同,通过图3.70可以看出该层系统的各个零部件都能够得到充分润滑,该层子系统喷油润滑过程与第一层大致相同,在此不再做详细分析。综上分析,正时链传动系统的各个零部件都得到了充分的润滑,证明本文布置的喷油位置满足设计需求。

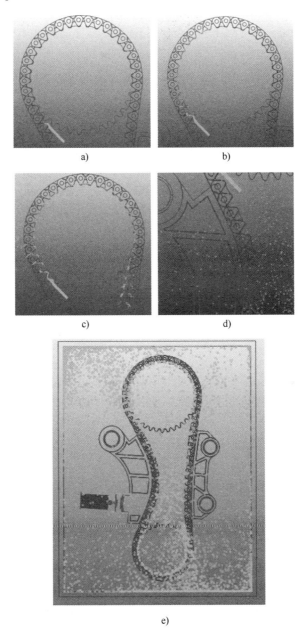

图3.69 第一层子系统的喷油润滑过程

a) 润滑油与链条初始接触阶段 b) 润滑油与链条链轮接触 c) 润滑油被甩出链轮
d) 润滑油被甩到松边导轨 e) 喷油润滑整体效果图

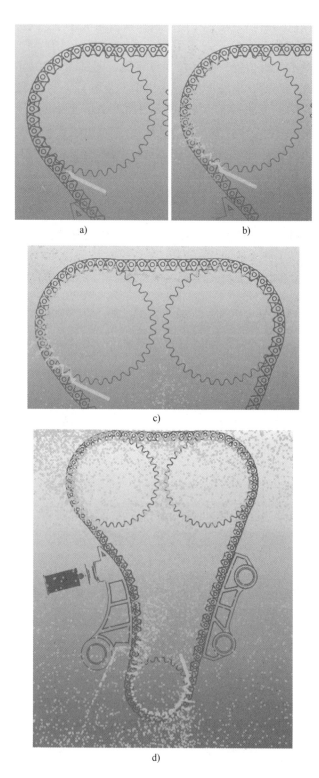

图 3.70 第二层子系统的喷油润滑过程

a）润滑油与链条初始接触阶段 b）润滑油对链条和链轮进行润滑
c）润滑油对链条和凸轮轴链轮进行润滑 d）喷油润滑整体效果图

3.4 本章总结

本章结合吉林省重大科技专项课题"现代汽油发动机正时齿形链系统开发关键技术研究",与一汽技术中心合作,对自主开发设计的正时齿形链传动系统进行了动态特性分析以及试验研究。结论如下:

(1) 针对自主设计的某款发动机用正时齿形链传动系统,对系统涉及的链板和链轮进行了啮合特性研究,推导出了齿形链波动量的理论计算公式,并将齿形链波动量的仿真值与传统链条与链轮啮合过程的计算值进行了对比。对比分析表明仿真值与计算值链板纵向波动量基本保持一致,但是对波动作用较为明显的横向波动量,仿真值实现了很大程度上的减小。因此,该正时齿形链传动系统能够满足系统减振降噪的要求。

(2) 在考虑实际工况下的曲轴速度波动以及凸轮轴负载转矩的基础上,利用现代多体动力学软件,对自主开发设计的单层正时齿形链传动系统进行了系统动态特性研究,从链条张力、正时偏差、标记链节运行轨迹、液压张紧器柱塞作用力、柱塞位移的变化图线等方面进行了动态特性分析。分析结果表明,该款正时链传动系统的链条张力在安全回转疲劳极限许可的范围内;正时偏差小于 0.26°,能够满足发动机的正时特性设计许可要求 ($\leq$5°);链条的运行轨迹较为平稳;液压张紧器有效最大作用反力在 800N 左右,满足液压张紧器预期设计要求 ($\leq$1289N)。柱塞全振幅最大值在 0.30mm 左右,正时链条运转较为平稳,液压张紧器能够达到预期的性能需求。

(3) 介绍了正时齿形链传动系统的试验测定方法,进而对自主设计的系统进行了链条张力的测定,并将测定结果与系统的动态特性分析结果进行了对比分析,从试验的层面上验证了该系统能够达到预期的设计要求。

(4) 对赫兹接触理论和 RecurDyn 中的接触算法进行了系统的介绍,为接下来的动力学建模分析打下基础。对自主设计的双层正时链传动系统进行了动力学建模,通过对正时链传动系统的仿真分析得到以下结论:第一层子系统运行极其稳定,链条运行轨迹几乎完全重合,第二层子系统运行时,链条在部分位置存在轻微波动,但完全在合理范围内;本正时链传动系统的传动比误差远远小于 1%;曲轴链轮转速为 6000r/min 时,链条的最大张力出现在第二层子系统,为 1287.48N,小于链条的疲劳破断载荷 1800N;系统运行时,液压张紧器未出现与张紧导轨分离飞脱的情况,与系统具有良好的匹配。以上结论验证了自主设计的正时链传动系统具有优越的性能。

(5) 设计了喷油润滑的位置,通过 ParticleWorks 与 RecurDyn 的联合仿真观察到正时链传动系统运行时各个零部件都得到了充分的润滑,证明本文布置的喷油位置满足设计需求。

第4章 正时齿形链疲劳磨损分析及试验研究

4.1 正时链条磨损及疲劳研究现状

发动机正时链条虽有诸多优点，但在工作过程中，由于受到多边形效应和啮合冲击的影响，使其受到各种动载荷的作用，这种动载荷一般低于工作链板材料的抗拉强度极限，甚至远远低于材料的屈服强度，但在此载荷的反复作用下，裂纹萌生扩展，最后导致链条突然断裂，这就是链条产生疲劳破坏的过程。链条的疲劳破坏往往是突然发生的，这不仅会给企业带来财产上的损失，还将使个人的生命安全受到威胁。正时链条在工作过程中会与链轮轮齿产生接触、冲击，随着时间的累积链板与销轴会产生一定的磨损，而磨损会导致链条伸长，影响链条的传动精度，增加系统中的振动冲击以及噪声，所以链条的磨损对于链条的性能有着很大的影响。因此，研究链条的磨损及疲劳特性能够帮助设计者更好的评估和提高链条的可靠性以及使用寿命。

吉林大学孟繁忠等人在大量链传动疲劳试验研究和理论分析的基础上，总结出了滚子链疲劳寿命的分布规律，制订了疲劳可靠性评定指标。利用滚子链形状参数变化规律揭示了滚子链疲劳寿命威布尔分布形状参数随链条载荷水平、规格、节距变化的特点，其形状参数值的不同对试验截止时间有显著影响；指出在一般情况下滚子链板的疲劳寿命与疲劳强度不属于同一种分布，应用材料疲劳强度近似等效正态分布获取了链板的表面加工质量系数、尺寸系数、有效应力集中系数等相关参数；发现在高应力试验条件下，0.25倍载荷时的断口微观形貌为准解理断裂，有时稍有凹陷以及二次裂纹等，分析指出汽车链的链板断口形貌属拉伸疲劳断裂，为了提高链板的疲劳寿命，应选用抗拉强度和疲劳强度较高的中碳钢或中碳合金钢作为链板材料，并进行整链预拉强化，提高链条的使用寿命和经济价值。吉林大学的杨刚、史瑞华等人通过对06B滚子链进行疲劳试验，得出链条的疲劳寿命曲线和产生疲劳失效的位置，利用插值法来确定在 5×10^5 周期对应的载荷水平，并绘制出对应的额定功率曲线，通过分析曲线得出在小链轮低速运转时链条的额定功率比标准的额定功率大，两者的差值会随着链速的提高逐渐加大，这为我国的链条疲劳试验测试提出了一套可行的疲劳数据处理方法。王洪军、叶斌等人通过利用汽车分动器台架试验台，对汽车分动器齿形链进行疲劳试验，分析了汽车齿形链的疲劳破坏机理和断口的微观形貌，研究了汽车链关键部件的循环硬化特性和塑性变形，发现链板的热处理、尺寸一致性和冲裁表面质量均会影响汽车齿形链的疲劳特性。蓝宏、金昌等人对滚子链链板材料做了大量的疲劳性能试验，通过试验结果对链板孔表面的加工质量、疲劳强度、应力集中、喷丸强化以及整链预拉强化等影响滚子链疲劳特性的因素展开了深入的研究，为了提高其疲劳寿命，结合试验提出了合理的加工工艺参数。长春理工大学孙淑红利用成组法和升降法对高速运转情况下的汽车发动机滚子链和齿形链进行了疲劳试验分析,从试验数据中提取出两种疲劳寿命曲线:$F\text{-}N$ 曲线及 $R\text{-}F\text{-}N$ 曲线,体现了不同可靠度所对应的载荷水平与疲劳寿命之间的关系。

吉林大学史文库等人建立了链条磨损伸长的数学模型,得出了链条垂度与磨损伸长量的关系。吉林大学孟繁忠等人对汽车发动机正时链进行了磨损试验,试验对比发现润滑状况对链条磨损起着至关重要的作用;为了研究传动链的磨损机制,对试验链条套筒、链板和销轴的表面磨损形貌进行了分析,提出了通过改进链板、销轴和套筒的表面处理工艺提高其疲劳强度的方法;通过对比磨损试验研究了新型齿形链与普通外啮合齿形链的磨损机制,分析了销轴表面的磨损形貌,研究了不同油温和交变速度下新型齿形链的磨损特性;绘出了汽车发动机机油泵链在不同试验工况下的磨损伸长曲线,阐述了汽车链主要零件的循环软化与循环硬化特性,通过联接牢固度的压出力试验,分析了汽车链过盈配合零件间的微动磨损现象及其产生的原因。浙江大学的严超建立了发动机正时链条磨损试验台的控制系统,并进行了恒速稳定试验和交变转速试验。中国矿业大学的卓少凡分析了正时链条的主要失效形式,探讨了疲劳失效的预防措施,根据多载荷疲劳计算方法计算出链板在不同伸长率下的疲劳寿命,搭建了针对耐久性疲劳测试的正时链条封闭力流式试验台,讨论了正时链条的主要磨损形式,分析了结构中销轴、套筒及滚子疲劳破坏的表面形貌特征,为提高链条的疲劳特性提供了有效的试验数据。翁建良通过对销轴进行冷处理,提高了正时链条的耐磨性能。

国外链传动技术已经非常成熟,在链条的疲劳特性方面主要做了针对链条的结构设计方法、疲劳失效机理、疲劳可靠性以及相关标准化的研究。在链条的制造工艺方面运用了将新型复合材料与传统材料相结合的方法,以此来提高链条的疲劳强度。对于汽车发动机正时链来讲,美国的摩斯公司拥有多项专利技术,其为上海通用公司的汽车发动机专业配套了变节距的新型 Hy-Vo 齿形链,大大减小了链传动过程中的多边形效应,疲劳强度也得到大幅度提高。目前该公司的链条技术代表了国际先进水平,但在研究成果上一直处于保密状态。德国 IWIS 在齿形链系列产品上也有所创新,其为一汽大众配套了多种车型,均达到了与发动机同寿命。国外学者 Azsel、S Sen 等结合实际的齿形链运动工况,对外啮合机制的齿形链进行了疲劳强度的分析,提出了一些改善齿形链工作链板疲劳强度的有效措施。

本小节对正时链传动系统的磨损及疲劳研究现状进行了非常详细而又具体的探讨,进而通过分析整理,确定了本章研究的主体框架,如图 4.1 所示。

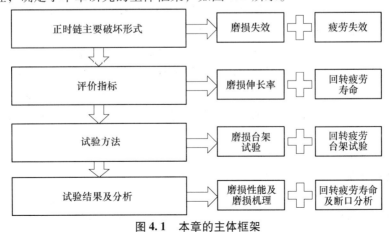

图 4.1 本章的主体框架

4.2 齿形链的失效形式及可靠性评估

4.2.1 链条的可靠性评估

链条的可靠性是指"链条在一定的条件下，在一段时间内完成特定功能的能力"。这其中"一定条件"指的是链条的使用应满足设计时的许用条件、维护条件、环境温度湿度条件等一系列条件。"一段时间"指的是该可靠性所对应的有效时间。由于汽车链条的特性，通常用行驶里程这一参数来表示时间。"特定功能"的实现通常需要各种性能参数的支持。性能参数主要包括：疲劳寿命、耐磨损特性、最小拉伸强度等。各项性能参数达到规定的数值就可以说该链条可以完成特定功能，可以被应用于产品中。当产品无法完成特定的功能时，就称该状态为"失效"。定量的研究各性能参数对于评价链条性能有非常重要的意义，可以直观地评价链条的性能，也可以和同类链条产品进行比较，得出符合链条在实际使用过程中的评价。

链条作为机械基础结构件，其可靠性的高低直接关系到生产厂家配套主机产品的性能。一旦链条在传动过程中产生故障，将导致整个生产线的全面停产甚至发生人身财产安全事故，造成严重的经济损失。由于链条是由大量链节组成的，相当于很长的串联系统，所以整挂链条的可靠度难以保证，这就需要对链条可靠性的研究提出更加严格的要求。在近十多年来，链条行业通过采用国际标准和贯彻实施分等标准等工作来保证质量，使我国链条产品质量得到了实质性的提高。尽管如此，在行业评比和监督抽查中依旧会发现很多问题，说明我国链条产品的质量还存在许多不稳定因素。从链条产品实际使用状况调查研究来看，发现同一规格的链条产品在正常工作过程中的使用寿命各不相同，甚至相差悬殊，反映了某些国产链条低可靠性的真实状况。在国外，链条可靠性的问题早已备受关注，包括对链传动功率曲线的制订以及链条结构零部件失效机理的深入研究，为链传动的设计提供了更加科学的基础。

1. 链条静强度可靠性的评定方法

对于传动链和输送链，其可靠性要求很高，在工作过程中不允许发生破断。链条产品静强度的可靠度是指链条产品在规定的检验规范下，其实际的极限拉伸载荷大于标准或产品目录中预先规定载荷的概率，因此评估链条产品质量的关键指标为抗拉强度。

首先应当考虑链条零件尺寸参数、零件材料的强度指标、工作载荷数值的分布特性，从结构设计上满足可靠性要求。由于链条的应力和强度数值均为随机的变量，而这一随机变量的分布情况满足一定的规律，为了简化设计分析过程，利用可靠性设计的相关原则将其看作符合正态分布。如果应力和强度分布的尾部不发生干涉或重叠，则认为静强度的失效概率为零，即不会因静强度产生破坏，如果两个分布的尾端产生了干涉，则表示将有可能出现应力大于强度的情况，干涉区越大，失效概率就越大。由于链条是典型的串联系统，其可靠度等于链条内所有链板和销轴可靠度的乘积。

2. 链条疲劳可靠性的评定方法

一般采用可靠寿命作为评价链条疲劳可靠性的指标。由于应用链条的主机产品众多，不方便去研究和评定各自主机使用状况下的可靠寿命，只能寻求一种通用的切实可行的评定方法,即在通用的疲劳试验机上进行链条可靠寿命的评估。

目前我国对滚子链的疲劳试验制定了相关标准(参见 GB/T 20736—2006,《传动用精密滚子链条疲劳试验方法》),规定了试验原则、试验设备、试件、试验载荷以及试验数据分析方法等,为滚子链的疲劳试验评估提供了详细的依据。而对于齿形链的疲劳试验,国家还没有制订相关标准,为了得到齿形链疲劳性能的数据,一些链条企业通常会进行直线疲劳试验或回转疲劳试验。直线疲劳试验在企业中运用得比较广泛,通常的做法是从链条中取出至少五段链节,用夹具将链条固定并在一端施加激励,其优点在于试验周期短,可以快速得到疲劳试验的数据,从而对其疲劳性能进行评估。但是齿形链系统往往应用于高速运转的工况,链条会受到弯曲应力的作用,因此,链条的回转疲劳试验结果会更加准确,其测量方法是:将链条绕在链轮上,同时施加链条张力,利用回转疲劳测试仪,根据给定的回转速度来测试对应的回转疲劳极限,但该方法存在试验周期长等缺点。

4.2.2 齿形链的失效形式

正时齿形链传动系统主要是由链条、链轮和张紧器组成,其薄弱部件为链条,链条的传动失效往往出现在最弱的链节上。链轮轮齿在工作中也容易出现塑性变形或磨损,但使用经验表明,一般情况下链轮的疲劳寿命是链条的 2~3 倍以上。常见的齿形链失效形式分为以下几种:

1. 齿形链的疲劳破坏

齿形链在工作过程中每经历一次完整的工作循环,在松边和紧边都会受到交变应力的作用,此时齿形链链板的受力状态是拉伸和弯曲,与之接触配合的销轴则会受到剪切、挤压和弯曲的作用,链条经过一定的循环次数后,工作链板在交变应力作用下渐渐在应力集中位置或强度最弱位置产生疲劳裂纹,裂纹不断扩大直到达到临界长度时,材料剩下的面积将无法承受所施加的负荷,导致疲劳断裂。链条断裂可能会顶坏气门,损坏正时总成,致使运行中的汽车抛锚。链节中单个链片的断裂也可能会刮伤正时链罩盖或导板、张紧器顶端等。绝大多数链条的疲劳断裂是由链板裂纹萌生引起的,图 4.2 与图 4.3 所示分别为链板在电子显微镜下放大 250 倍和 500 倍后的断口形貌,根据疲劳裂纹断口形貌分析发现,疲劳裂纹最初产生在链板腰部工作齿廓和靠近链板孔处,断口表面因反复挤压摩擦形成两道光亮带,断口呈现粗糙颗粒状。由于齿形链产生疲劳破坏的比率占到了所有破坏形式的 50%~90%,所以齿形链的疲劳性能是决定其传动可靠性的主要因素。

图 4.2 250 倍电子镜下的断口形貌

图 4.3 500 倍电子镜下的断口形貌

2. 齿形链的磨损

齿形链通常会因零件的相对滑动而产生摩擦，摩擦必然导致磨损，磨损会导致链条伸长，影响链条的传动精度，增加系统的振动冲击以及噪声。相比于滚子链，齿形链的啮合机制使齿形链的整个啮入过程较为平稳，其工作链板与链轮、销轴接触表面上的磨损量得到了有效的控制，各部分链节磨损伸长较为均匀，能保持更好的运动精度。由于齿形链多应用于高速多冲和速度交变的情况下，磨损性能成为评价齿形链传动系统可靠性的重要指标。而磨损伸长率是衡量和评价齿形链耐磨性能的指标，通常用 ε 来表示。

$$\varepsilon = \frac{\Delta L}{L} \tag{4-1}$$

3. 异响

发动机正时链条异响是一种普遍性故障，较多车型都出现过此现象，一般出现在行驶一定里程之后，可以听到发动机噪声明显增大，某些情况下可能伴随有不间断、有节奏的"哒哒"声，响声随着发动机转速的增高而降低。引起发动机正时链条异响的原因多种多样，但多来自于链条与链条护罩之间的摩擦或与导轨及链轮进行的冲击，最直接的原因是链条由于受力或磨损而伸长，而张紧器未能及时对正时链条进行张紧，导致链条松动，与其他零部件间存在冲击或摩擦而产生噪声。

由于链条及链轮的磨损，张紧器工作表面的磨损、机油压力低而导致润滑不良或张紧器油道堵塞等情况都会造成链条异响。因此，通常对于产生异响的系统，首先需要对链条及链轮进行检查，若链条伸长量及链轮磨损量超出了设计所允许的最大值，除去考虑材质的因素，需要改善正时链条的润滑条件。另外需要检查发动机正时链传动系统的张紧装置，检查供油量是否充足，油压的大小是否合理，动作是否正常。

4. 其他失效形式

除了以上介绍的失效形式外，还可能出现因过载而导致的拉断以及因摩擦高温导致链板与销轴之间产生胶合的现象。为了避免如以失效形式的产生，可以通过改进结构、热处理、提高齿形链表面质量和降低载荷等方法来改善。

4.2.3 销轴表面处理技术

表面处理技术是利用不同的物理方法、化学方法以及一系列改进零件制造工艺的方法来对材料表面的某些性能进行改善或者强化，在处理的过程中改变了表层材料的成分、表层组织结构以及表层性能。可以改善的性能通常有耐磨性、耐蚀性等。对于正时齿形链，表面处理的优势为：

对于链条来说，其摩擦磨损失效和疲劳失效等失效形式都出现在零件的表面，因此可以通过对销轴等零件的表面进行强化使得零件表面层在某一特性上具有远超整体材料的性能表现。在销轴上的具体性能体现就是硬度，通过一定的表面处理，可以使销轴的表面硬度达到1200~2700HV。对表面的处理深度很难达到特别深的程度，因此材料表面涂层非常的薄，在销轴表面处理中常用的表面涂层金属有铬和钒，其价格相对便宜。

渗碳、渗氮、碳氮共渗是链条销轴表面处理的常用方法。渗铬和渗钒作为新的表面处理工艺也越来越受到行业的重视和应用。

1. 表面渗碳处理

渗碳处理的实质就是改变钢材表面的含碳量，增加其碳浓度。对于钢材这一材料来说，碳含量会很大程度上影响材料硬度。通过把待处理的机械零件放到碳势较高的介质环境中，通过原子的扩散作用使活性碳原子进入到零件的表面，从而形成一层碳含量相对比较高的渗碳层，再通过淬火或回火处理，使零件的表面得到强化。在这个过程中不会改变零件内部的碳含量，因而可以保持零件的韧性。渗碳层的厚度与零件的耐磨性要求以及抗接触疲劳性能要求有关，同时也和零件内部的硬度、工作的工况等条件有关系。合理地选择渗层厚度有利于提高零件的整体性能。

2. 表面渗氮及碳氮共渗处理

渗氮处理的实质是在待处理零件表面引入氮原子。常见的有气体渗氮、盐浴软氮化、离子渗氮等不同的渗氮方法。气体渗氮是把待处理零件放入一个特制的容器中，在容器中通入流动的热氨气，并保持温度在 500~600℃，整个渗氮过程通常在 50 个小时以上，处理周期相对较长。在该处理过程中氨气会受热分解出活性较高的氮原子，这些氮原子会不断地渗入到待处理工件表面，并通过扩散作用形成一定厚度的渗氮层。渗入待处理工件的活性氮原子会与工件原材料里的原子发生一系列的化学反应，其中与铁会反应形成氮化铁，与其他合金元素反应结合生成不同的合金氮化物，常见的有氮化铝、氮化铬等。而这些氮化物由于具有很高的硬度，可使渗氮处理后的工件的表面硬度、耐磨性和接触疲劳强度有不同程度的提高。

盐浴软氮化又称低温氮碳共渗，即工件表面在渗氮的过程中也进行渗碳处理。渗碳过程会形成碳化物，该碳化物能在一定程度上促进氮原子的扩散，即渗碳的存在提高了高氮化合物的合成速率。与此同时，随着高氮化合物形成，会对碳的扩散和渗透有促进作用。碳氮共渗的过程因为碳原子和氮原子的相互促进而提高了渗透速率，降低了处理的周期。氮碳共渗得到的表面层相对于单独渗碳或渗氮的韧性更好，硬度更高，耐磨损性更好。因而在链条行业，对于销轴表面常采用碳氮共渗的处理工艺。

3. 表面渗铬处理

铬作为金属中硬度最大的，其原子用于表面处理会提高处理件表面的硬度。处理过程是通过加热使得铬元素通过扩散作用渗入工件表面，进而在工件表面形成无孔隙的铬合金层。该合金层相对于电镀层和热喷涂层具有许多显著的优势：一般电镀层与基体的结合不够牢固，而渗铬层的结合十分稳固；一般的热喷涂层表面不够光洁和致密，而渗铬层则十分的致密和光洁。渗铬工艺通常被用于处理一些钢铁材料，比如含碳量在 0.3%（质量分数）以上的碳钢才进行渗铬处理。此时铬原子与高碳钢中的碳原子形成对应的碳化物，这种渗铬层的硬度高达 1200~1800HV。因而其具有突出的耐磨损、耐蚀性能。

4. 表面渗钒处理

渗钒处理的实质是在待处理零件表面引入金属钒原子。相比于渗碳和渗氮等非金属原子，钒的原子半径相对较大，不容易通过扩散作用将金属钒渗入工件表面。渗钒的过程大致和渗铬类似，是通过加热使得钒元素通过扩散作用渗入工件表面，进而在工件表面得到硬度特别高的表面组织（表面硬度可达 1800~2700HV），从而使销轴具有更高的耐磨性能。本文试验所用链条销轴所采用的表面处理技术即为渗钒处理。本文的试验结果对于研究渗钒处理后的销轴磨损特性有着一定的参考价值。

4.3 正时齿形链疲劳分析及试验研究

4.3.1 疲劳分析理论

1. 高周疲劳与低周疲劳

高周疲劳是指构件在服役过程中所受最大应力低于其屈服强度应力,在交变应力作用下经 100000 次以上循环而产生的疲劳。循环次数一般用 N 表示,N 称为失效周数或疲劳寿命。低周疲劳也称为应变疲劳,与高周疲劳相反,构件所受局部应力大于材料的屈服强度极限,经历 10000 次以下的工作循环就发生疲劳破坏。从高周疲劳和低周疲劳的定义可以判断出区分两者的关键在于循环次数和应力大小。

疲劳断口保留了整个断裂过程的所有信息,因此对疲劳断口的研究分析具有十分重要的意义。典型的疲劳断口有 3 个特征区:疲劳源区、疲劳裂纹扩展区以及瞬断区。疲劳源区是疲劳裂纹的萌生地,多出现在构件表面,色泽光亮(两个断面反复对磨的结果),断面平坦且细密,有向外辐射的放射状条纹。疲劳裂纹扩展区断口比较平整且分布有贝纹线,颜色介于源区与瞬断区之间。当疲劳裂纹扩展至临界尺寸后会突然产生断裂,这个区域称为瞬断区。瞬断区断口粗糙,断口形貌不仅取决于载荷的大小与加载方式,还取决于材料的强度特性。

在分析疲劳寿命时,对于高周疲劳理论上可以通过应力寿命和应变寿命两种方法来进行分析,但是在实际中应力更好控制,所以多采用应力寿命分析。而对于低周疲劳的构件来讲,由于在整个过程中塑性应变较大,所以只能通过应变寿命来计算分析,另外处于低周疲劳的材料,各种表面处理方法都不能提高其疲劳强度,应降低所施加的应力,减小塑性应变,才能增加构件的使用寿命。由于本文所研究的对象为正时齿形链传动系统的齿形链,其疲劳特性要求较高,需要同发动机等寿命,而发动机的循环次数一般超过 10^7 次,所以齿形链的疲劳破坏属于高周疲劳破坏。在疲劳分析之前判断齿形链在传动过程中属于高周疲劳还是低周疲劳非常重要。

2. 疲劳特性曲线

机械零件的疲劳性能往往是通过大量的疲劳试验确定的,在试验过程中用来描绘试样发生疲劳破坏所经历的循环次数 N 与其对应的最大应力 $\sigma_{\max}$ 之间的关系曲线叫做材料的疲劳特性曲线,也称为材料的 S-N 曲线(图 4.4)。

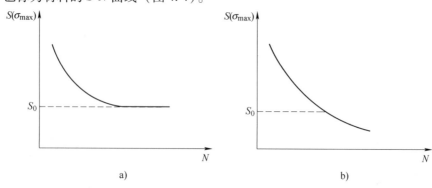

图 4.4 材料的 S-N 曲线
a) 有明显水平部分的 S-N 曲线 b) 无明显水平部分的 S-N 曲线

实际构件的疲劳性能往往要受到尺寸、形状、表面状况、平均应力、加工工艺、环境、温度等的影响。因此为了更方便直观地查看构件的疲劳极限和疲劳寿命，需要对材料的 S-N 曲线进行修正，得出构件的 S-N 曲线，修正后的疲劳极限可能高于材料的疲劳极限，也可能低于材料的疲劳极限，这与所取构件的位置和所受应力状况不同有关。

试验试样本身由于材料的差异性以及加工过程存在的各种随机误差等不可控的因素的存在，虽然尽可能地控制了无关变量的统一性（包括试验条件、试验载荷等变量），仍不能保证试验数据的高度一致性。因此试验所得的数据为一定程度上的离散数据，通过大量的统计规律得出这些离散数据满足一定的分布规律。为了研究对应某一载荷水平下构件的疲劳寿命，不能凭借某单一试样的试验结果来评价该构件在该载荷水平下疲劳寿命，通常需要对多个构件在相同试验条件下进行试验，对试验所得数据进行相应的分析处理，利用相应的概率分布公式进行计算得出对应数据的概率分布情况。通常把链条的疲劳寿命曲线分成两个部分来通过试验分别获得，这两个部分分别对应有限疲劳寿命和无限疲劳寿命。为获得有限疲劳寿命部分对应的疲劳性能曲线，通常可以采用成组法进行试验数据的获取。而对于无限疲劳寿命部分对应的疲劳性能曲线，采用升降法进行试验可以比较准确地获得其对应的疲劳寿命的极限值。

4.3.2 齿形链的静强度分析

根据厂家对正时链条提出的寿命要求，在进行疲劳分析之前，首先要测试结构在给定载荷条件下的静强度，依次将结构离散化、有限元求解、计算结果后处理，分析外载荷所引起的位移和应力，以保证链条在最大载荷作用下不会产生较大变形或功能上的破坏。

1. 几何模型的建立

齿形链的结构分布较为整齐，链板与链板之间排列有规律可循，因此依次将导板、链板、销轴及试验夹板按照实际约束关系在 CATIA 中建模装配，内外链节以 5×4 排列形式进行排列，最终的几何模型如图 4.5 所示。其中链板和销轴的装配关系为间隙配合，导板和销轴的配合关系为过盈配合。

2. 有限元模型的建立

有限元建模是有限元分析过程中最重要的步骤之一，分析结果的精度取决于建立结构模型时使用的假设。建立真实结构的有限元模型需要对有限单元的类型、载荷的建模以及预期的结构响应进行深入的了解与判断。其关键在于使用最少数量的规则形状的单元体来模拟模型，以达到在最短时间内预测真实变形结构中的应力和梯度情况的目的。

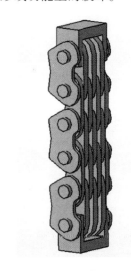

图 4.5 5×4 齿形链模型

通过有限元软件 ANSYS 对 5×4 齿形链划分网格后的有限元模型如图 4.6 所示，其网格划分思想遵循先简单后复杂，2D 单元同 3D 单元科学搭配的划分原则。由于整挂链条结构具有对称性，从图中可以看出网格分布均匀，在对称方向保持一致，同时使用 ANSYS 特有的网格细化功能，对网格的密度进行调整，以避免网格扭曲的问题，防止计算错误产生的分析中断。划分后的齿形链节点的数量为112430,单元数量为54011。

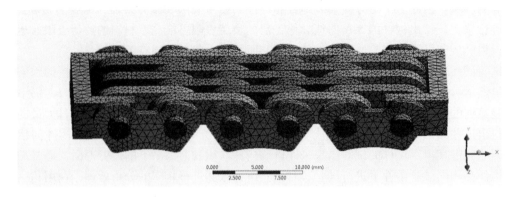

图4.6　5×4齿形链有限元模型

3. 有限元结果分析

对于齿形链的静强度特性、动力学特性以及试验标准还没有相应的国家标准参照,因此该正时齿形链的有限元分析所施加的载荷依据是根据厂家提供的厂内试验标准。在有限元软件ANSYS Workbench可以选择激励的类型并进行参数设置,通过拟合后的试验载荷近似为对称循环的正弦波,应力幅值为2940N,频率为70Hz。

在设置材料参数时,因齿形链由工作链板、导板、销轴以及试验夹板四部分组成,所以要对这四部分的材料属性进行定义,表4.1。其中导板的材质与工作链板材质相同,而夹板材质与销轴材质相同,弹性模量均设置成为$E=2.1\times10^5$MPa,同时材料的泊松比为$\gamma=0.3$。

表4.1　材料属性

	材　　料	屈服强度极限/(N/mm^2)	抗拉强度极限/(N/mm^2)
链板	50CrVA	1127	1274
销轴	38CrMoAl	835	980

齿形链有限元模型经ANSYS Workbench计算后得到变形、应力等分析结果,图4.7所示为齿形链的静强度等效应力云纹图,从分析结果来看在载荷作用下最大应力出现在内链节靠两端的工作链板上,最大应力值为751.38MPa,其所受应力值远小于链板材料的屈服强度,因此齿形链在此载荷作用下不会产生拉断,满足静强度的要求。

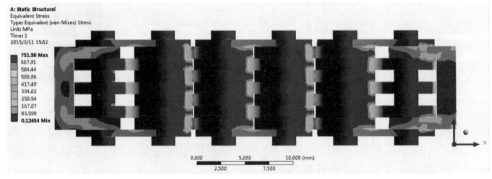

图4.7　齿形链等效应力云纹图

从图中可以发现容易发生应力集中的部位主要出现在工作链板和销轴上，因此从应力结果中提取出所受应力最大的链板和销轴的应力云纹图，如图4.8、图4.9所示，由于链板中部截面面积最小，且存在孔和齿廓缺口特征，在工作过程中会受到拉伸和弯曲应力的作用，所以链板中部圆弧过渡靠近链板孔的部位易产生应力集中；而销轴在与内外链节接触的部位最易产生应力集中，最大应力为141.59MPa，远小于销轴材料的屈服强度，因此齿形链的所有零部件都满足静强度的要求。

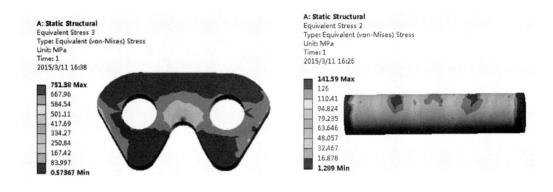

图4.8　链板的应力云纹图　　　　　　图4.9　销轴的应力云纹图

4.3.3　正时齿形链的刚柔耦合动力学寿命分析

目前关于齿形链疲劳寿命的试验方法主要有直线疲劳试验和回转疲劳试验两种：直线疲劳试验可以快速得到结果，但与链条实际工作情况不符；回转疲劳试验符合链条的实际运行情况，但试验周期过长。因此，为了既能快速得到结果，又尽可能真实地模拟链条的工作运行情况，减少人力物力的消耗，可以根据正时链条工作的实际情况建立对应的多体动力学刚柔耦合仿真模型进行链条的寿命预测。

1. 正时齿形链传动系统的建模

首先在CATIA中将该正时链传动系统的链板、导板、导轨以及链轮的三维模型建立起来。利用RecurDyn自带的eTemplate功能打开提前做好的Excel表格，软件会根据Excel表格内的设定自动导入模型并将模型移动到设定好的位置，之后根据设定创建运动副和接触，建立完整的正时链传动系统模型（图4.10、图4.11）。

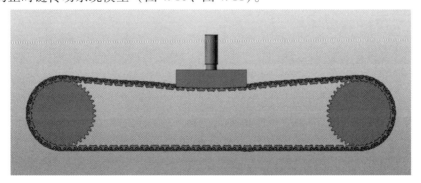

图4.10　正时链传动系统动力学模型正视图

图 4.11　正时链传动系统动力学模型立体图

2. 链板的柔性化

多体动力学系统中柔性体的建模和仿真使得用户可以从仿真中获得更精确的结果。对此，RecurDyn 提供了两种途径：Reduced Flex（RFlex）和 Full Flex（FFlex）。当非柔性体与柔性体之间有明确附着点、没有接触，而且是线性范围内小变形时，RFlex 可以迅速完成仿真。而 FFlex 可以处理柔性体的滚动和滑动接触，以及呈非线性行为的较大形变，但运算速度相对较慢。本文柔性化的链板需要与链轮等刚性体产生接触，因此选用 FFlex 方法进行仿真。

柔性体的仿真计算通常十分费时，为了更快的得到仿真结果，本文只对一个链节和一个销轴进行柔性化处理。利用 RecurDyn 自带的柔性化模块对链节、销轴进行柔性化处理，柔性化后的模型如图 4.12 所示。

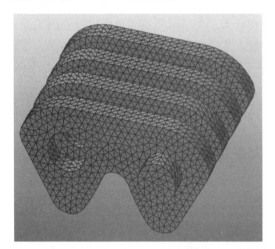

图 4.12　链节、销轴柔性化后模型

柔性体建立完成后，退出柔性体编辑模式。由于柔性化后的链节、销轴替换了原来的刚体模型，原本关于链节和销轴的接触、约束也会随之消失，因此需要重新对柔性体建立接触。最终建立的正时链传动系统刚柔耦合模型如图 4.13 所示，对主动链轮施加 3600r/min 的转速，调整从动链轮位置，运行两组仿真进行对比分析。

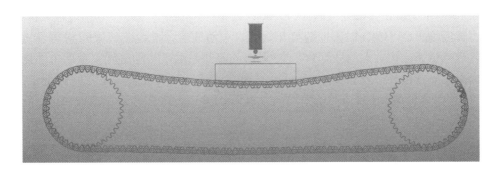

图 4.13　正时链传动系统刚柔耦合模型

3. 柔性化链节运行轨迹

图 4.14 所示为两组动力学仿真分析柔性化链节的运行轨迹,其中图 4.14a 的链条张力较小,图 4.14b 的链条张力较大,从图中可以看出图 4.14b 的柔性化链节运行轨迹波动较小,图 4.14a 的柔性链节运行轨迹在啮入啮出从动链轮时有较大的波动,可见当链轮中心距适度增大时,链条张力会随之增大,系统运行也会更稳定。通过观察可以发现两组柔性化链节的运行轨迹整体相对稳定,证明本文建立的回转疲劳试验台齿形链传动系统刚柔耦合模型具有稳定的传动特性。

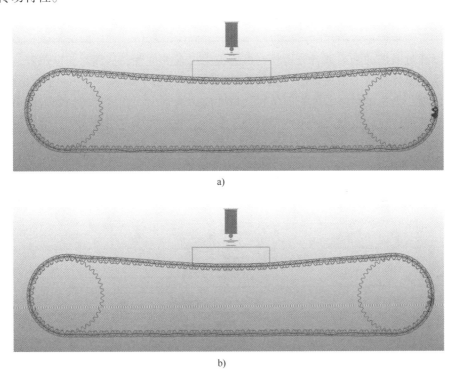

a)

b)

图 4.14　柔性化链节运行轨迹

4. 链条张力与柔性化链节应力

链条的张力是决定柔性化链节应力大小的关键因素,因此本文将两组动力学仿真分析的链条张力与柔性化链节应力变化曲线放在一起进行数据分析。

图 4.15 所示为链条张力变化曲线，0.002s 时柔性链节开始啮出从动链轮进入链条紧边，链条张力逐渐增大，0.032s 时柔性链节开始啮入主动链轮，大约在 0.039s 时柔性链节啮出主动链轮进入链条松边，大约在 0.065s 时柔性链节开始啮出从动链轮，至此柔性链节完成了一个完整的工作循环。观察图 4.15 可以发现柔性链节处于链条紧边时的链条张力较大，最大张力为 1565.68N，在紧边链条平均张力为 971.420N，柔性链节在啮入啮出链轮时由于啮合冲击链条张力出现较大波动。

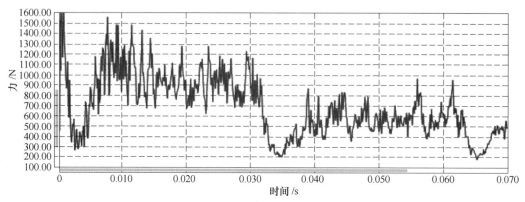

图 4.15 链条张力变化情况

通过观察柔性链节在运行过程中的应力分布，可以找到最大应力出现的位置，而最大应力所处的位置通常就是链条实际运行过程中最容易断裂的部位，在正时齿形链传动系统设计初期，可以通过系统的刚柔耦合分析找到最大应力出现的位置，从而对对应位置进行优化处理，增强系统整体的疲劳耐久寿命。图 4.16 所示为柔性链节在各个位置的应力分布，综合分析可以发现：无论柔性链节处于何位置，最大应力通常出现在齿形链内侧齿廓胯部，链节与圆销接触的部位应力也较大；柔性链节处于紧边时的最大应力明显大于其他位置的最大应力，其他位置的最大应力大致相同。

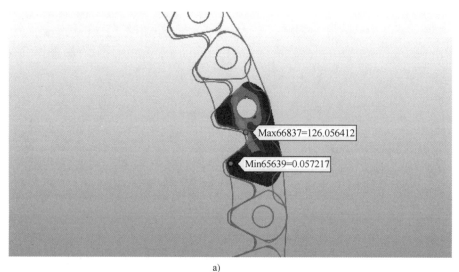

a)

图 4.16 柔性链节应力分布

a) 柔性链节在从动链轮位置处的应力分布

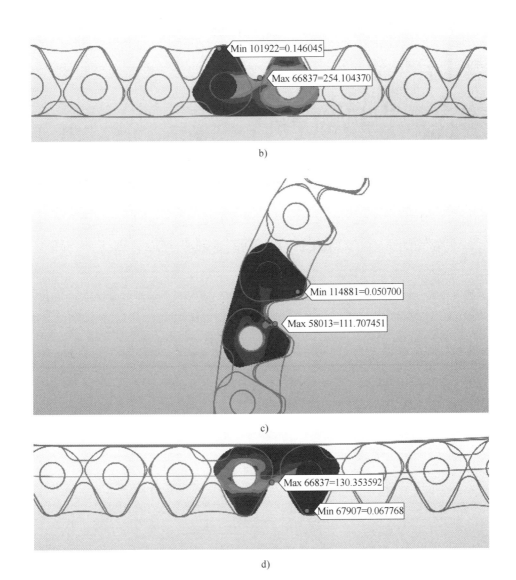

图 4.16　柔性链节应力分布（续）
b）柔性链节在链条紧边位置处的应力分布　c）柔性链节在主动链轮位置处的应力分布
d）柔性链节在链条松边位置处的应力分布

  图 4.17、图 4.18 所示为另一组刚柔耦合仿真分析结果，柔性链节在运行过程中的最大张力为 2308.84N，在链条紧边链条平均张力为 1271.92N，柔性链节的运动过程和应力分布情况大致与上一个仿真分析相同，在此不再做具体分析。
  综上分析可以发现正时齿形链传动系统的刚柔耦合动力学分析可以直观的观察链节在运行过程中的应力分布，在设计初期对系统的优化有着重要的指导作用。同时发现随着链条张力的增大，柔性链节的应力也在随之增大。

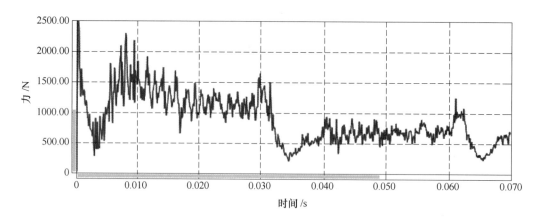

图 4.17 链条张力变化情况

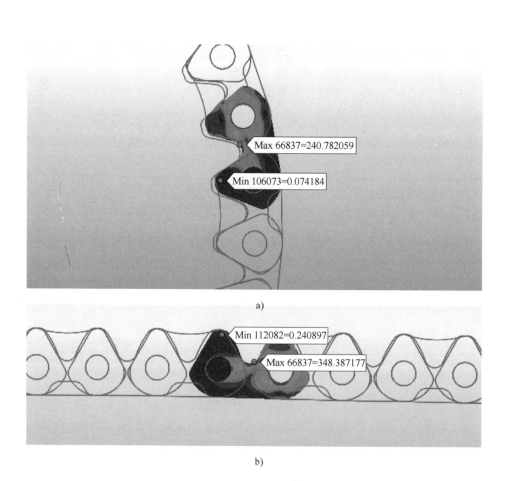

图 4.18 柔性链节应力分布

a）柔性链节在从动链轮位置处的应力分布　b）柔性链节在链条紧边位置处的应力分布

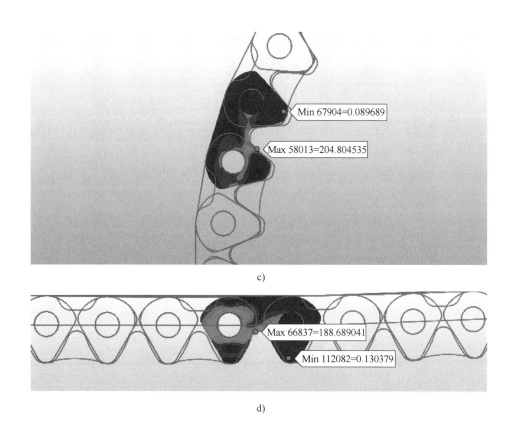

图 4.18 柔性链节应力分布（续）

c）柔性链节在主动链轮位置处的应力分布　d）柔性链节在链条松边位置处的应力分布

5. 柔性链节寿命预测分析

当刚柔耦合模型在单个工作周期内的动力学仿真分析完成后，用户就可以用 RecurDyn/Durability 模块轻松预测出该柔性部分的寿命。Durability 模块可以实现从动态分析结果到疲劳分析的无缝转移，用户可以从包含 180 种常用材料的 SAE J1099 疲劳材料库中选取合适的材料来预测疲劳寿命。

完成正时链传动系统的刚柔耦合分析后，利用 RecurDyn 的 Durability 模块对链板、销轴进行寿命预测。预测结果如图 4.19 所示，图中较小的数字表示的是链板、销轴能够工作循环的最低次数，链条最大张力为 1565.68N 的柔性链节寿命预测如图 4.19a 所示，链条最大张力为 2308.84N 的柔性链节寿命预测如图 4.19b 所示。综合观察分析图 4.16、图 4.18、图 4.19 可以发现：链节应力大的区域，相应的预测寿命也低；两次预测的最低寿命均出现在齿形链内侧齿廓跨部，此预测结果与链条实际断裂位置相同；链条最大张力为 1565.68N 对应的最低预测寿命为 4.2217×10^8，链条最大张力为 2308.84N 对应的最低预测寿命为 2.1168×10^6，随着链条张力的提升，齿形链的预测寿命明显降低，符合实际工作情况。

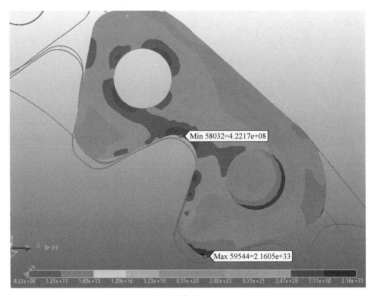

a)

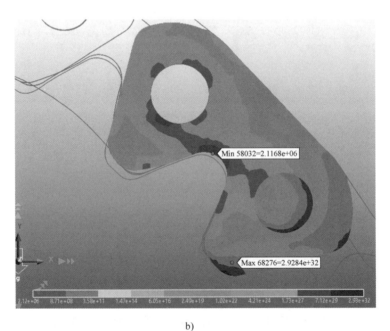

b)

图 4.19 柔性链节寿命预测分布图

4.3.4 回转疲劳试验验证

1. 疲劳特性试验概述

对于齿形链疲劳性能数据的获取通常采用直线疲劳试验,该方法简单快速。但在实际的齿形链运行过程中,链条在和链轮的啮合过程中会受到弯曲应力,而发动机正时链传动系统有转速高这一特点,其工作工况更为复杂。这就造成直线疲劳的试验结果与实际工况下的试验数据存在较大偏差，这也是为什么需要进行回转疲劳试验的原因。

(1) 直线疲劳试验

该试验的试验对象为链条中随机取出的一段链节，通常链节数量至少为五段。取出试验链节后用专门的链条夹具将链条进行固定。为模拟疲劳过程需要沿链节方向施加相应的激励。对于正时齿形链，所加的激励通常为正弦波激励，可以通过控制激励频率、应力幅值等参数来模拟不同载荷下的疲劳寿命。这种试验方法的优点十分显著，其试验时间短，能够迅速得到一系列的疲劳试验结果，方便对齿形链疲劳性能进行快速评估。仿真分析中也常用这种方法。

(2) 回转疲劳试验

回转疲劳试验主要通过利用特定的回转疲劳试验台，将整挂链条装到试验链轮上，并通过加载装置进行加载，也就是给链条相应的张力，通过调节电动机的转速来模拟不同转速的工况。通过试验就可以得出对应张力和转速工况下的回转疲劳寿命。这一疲劳寿命特征数据相较于直线疲劳试验所得数据能够更加真实的反映正时齿形链的实际工况，因而其试验所得的数据更为准确。而这一试验方法没有被企业广泛采纳的主要原因就是试验周期长，人力物力成本消耗大。

通过图 3.34 可以看出，随着转速的上升，发动机台架试验对应的链条张力也在不断增加，且在 4000r/min 以后增幅明显加大，在转速最大时达到最大链条张力，即在转速为 6000r/min 时，链条张力为 1350N，安全系数通常取 1.3，可以将试验的载荷水平控制在 1.5~1.6 倍的链条张力，因此本试验将对应 6000r/min 的回转疲劳载荷设为 2090N。通常情况下，随着转速的增加，疲劳极限载荷会降低，因此，在大批量工业化检测中可以只进行最高转速下的回转疲劳验证试验。本文为得到更为准确的试验结果，做了表 4.2 中五种不同转速下的回转疲劳试验。

表 4.2 不同试验转速及其对应的张力

试验转速/(r/min)	1200	2400	3600	4800	6000
张力/N	2370	2320	2250	2140	2090

2. 疲劳试验台及试验规范

如图 4.20 所示，该试验台主要用于发动机链条的疲劳试验，采用计算机闭环控制，在

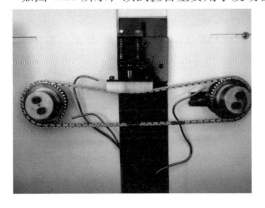 

图 4.20 回转疲劳试验台链条试验部分实物图与整体实物图

试验开始前可实现主动轮转速、单边负荷、功率、中心距和运行时间等的设定；在运行过程中可实现对链轮转速、单边负荷、转矩、功率的实时监测（图4.21）；具有实时记忆、储存功能；试验报告可实现计算机打印；整机结构为封闭式。主要结构如下：

主机：由主动轴、从动轴、传感器、加载伺服系统等组成；

电控系统：电控柜、计算机、数据采集系统；

辅助系统：冷却系统、润滑系统。

试验台主要技术参数：

（1）主轴转速（高速轴）：极限转速10000r/min，工作转速7000r/min，最低转速1500r/min；

（2）最大试验载荷：3000N（单侧）；

（3）两轴中心距：270~500mm；

（4）链条润滑方式：喷油润滑；

（5）加载方式：系统自动加载，断电后可手动卸载。

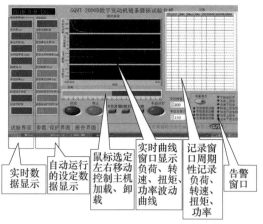

图4.21 试验参数设定及显示窗口

通过回转疲劳试验台进行回转疲劳性能验证。设定转速和载荷，然后在充分润滑的情况下进行链条的回转疲劳试验。记录试验数据。这里仅展示6000r/min对应载荷2090N的试验数据（表4.3），通过试验记录数据可以直观地看出链条的回转疲劳性能良好，其余四组回转疲劳试验也显示链条满足疲劳性能要求。

表4.3 6000r/min 下的链条试验参数

试验周次/次	单边负荷/N	转速/(r/min)	回转频率/Hz	功率/kW
1000000	2090	6000	26.6	55.8

通过表4.4可以清楚地看出，试验链条在经过了10^7次运转后仍运行良好，该试验链条在该试验条件下满足回转疲劳性能要求。同时通过图4.22所记录曲线可以直观地看出整个试验过程链条运行良好。试验台运行平稳，试验数据真实可靠。

表 4.4　6000r/min 下对应的部分试验数据

序号	单边拉力/N	回转频率/Hz	转速/(r/min)	功率/kW	总周次/次	记录时间
1_2	2106	26.56	5995	56.18	8068	14：28：2
1_3	2106	26.56	5994	56.16	16168	14：33：2
1_4	2082	26.56	5995	55.52	24268	14：38：2
1_5	2103	26.56	5994	56.09	32368	14：43：2
1_317	2090	26.56	5994	55.74	6443108	9：49：34
1_318	2087	26.56	5994	55.66	6451208	9：54：34
1_319	2098	26.56	5995	55.95	6459308	9：59：34
1_106	2100	26.56	5995	56.02	9987259	9：25：22
1_107	2103	26.56	5995	56.10	9995359	9：30：22
1_108	2104	26.54	5990	56.06	10000003	9：33：13

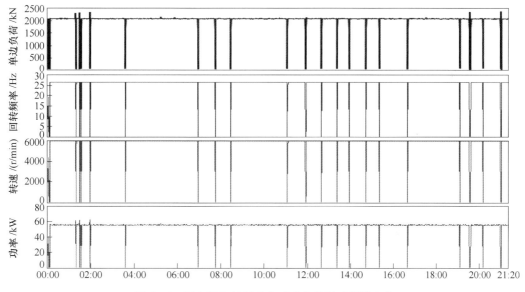

图 4.22　链条运行过程中各试验参数随时间的变化

4.3.5　链条断裂分析

由于整个回转疲劳试验阶段没有出现链条疲劳断裂的情况，这将无法分析链条的疲劳断裂端口，因此为了得到疲劳断裂的链条，对转速 3600r/min 的试验负荷进行了调整，将原来试验负荷 2250N 提高到 2450N，从表 4.5 可以观察到链条经过约 149min 的回转疲劳试验，142555 次运转后发生了断裂失效。3600r/min 下对应 2450N 张力的链条试验参数见表 4.6。

表 4.5　断裂试验链条对应的试验记录

序号	单边拉力/N	回转频率/Hz	转速/(r/min)	功率/kW	总周次/次	记录时间
1_1	312	0.00	0	0.00	0	10：58：56
1_2	2480	15.93	3596	39.69	3643	11：03：02
1_3	2471	15.93	3596	39.53	8443	11：08：02

（续）

序号	单边拉力/N	回转频率/Hz	转速/(r/min)	功率/kW	总周次/次	记录时间
1_4	2470	15.93	3596	39.52	13243	11：13：02
1_29	2450	15.92	3594	39.18	133243	13：18：02
1_30	2449	15.92	3594	39.17	138043	13：23：02
1_31	2437	15.92	3593	38.95	142555	13：27：45

表4.6　3600r/min下对应2450N张力的链条试验参数

试验周次/次	单边负荷/N	转速/(r/min)	回转频率/Hz	功率/kW
10000000	2450	3600	15.9	39.2

通过观察分析图4.19与图4.23及图4.24，可以发现齿形链预测寿命低的位置刚好与链条实际断裂的位置相吻合，证明齿形链传动系统的刚柔耦合多体动力学分析可以预测链条的薄弱位置，这有利于在设计之初对齿形链的齿形进行优化改进，缩短研发周期，节约研发成本。与此同时，可以利用该方法对其他构件进行优化设计。

a)

b)

图4.23　链条断口图

a)

b)

图4.24　链条断口处微观图

4.4 正时齿形链磨损试验和磨损形貌分析

汽车发动机正时齿形链条的磨损伸长会使传动的精确度降低，速度波动增大，导致从动轮的转角滞后，进而增加了系统中的振动和噪声，甚至影响系统的正常运行。通过对链条磨损伸长率的试验、测量、计算，可以具体直观的评估链条的磨损特性，帮助设计者更好的评估链条在使用过程中的可靠性以及使用寿命。

磨损是摩擦学三个主要研究课题之一（其余两个为摩擦和润滑），接触面上两个相互接触的物体在载荷、相对运动、相关介质、温度等的综合作用下，导致相互接触物体的表面材料发生转移，材料表面连续不断被消耗，进而引起其形状、尺寸、结构和性能发生变化，最终导致机械零件发生失效等问题。

磨损作为一个非常复杂的研究领域，涉及很多物理和力学过程，也涉及表面化学、材料力学和断裂理论等一系列学科。由于影响磨损的因素很多而且很复杂，其中单环境一项就包括温度、湿度和周围介质等因素。润滑条件、工作条件、材料的组成成分、组织的物理和化学性质等都会对磨损产生影响。虽然国内外研究人员已经进行了大量的研究工作，但到目前为止，对磨损机理的研究还不够明确，试验研究一直有着不可替代的重要地位。

4.4.1 磨损分析理论

1. 磨损的一般过程

磨损作为一个由非常多影响因素相互作用的过程，前人经过试验研究发现，在一般情况下机械零件的磨损过程通常可以被分为三个主要的阶段：

（1）磨合磨损阶段

物体在实际加工制造过程中，表面不可避免地存在一些缺陷，这些缺陷是无法通过改善制造工艺来完全避免的。因此物体的实际微观表面的真实形貌是粗糙且不光滑的。由于这一特点，两个物体在表面接触的过程中实际上并不是两个表面完整的贴合，而是表面上各个微观凸起的实体相互间的接触。在接触表面一旦产生相对滑动，微观凸起由于受到很大的切应力而率先达到材料的破坏极限，引发破坏。随着这一过程不断进行，表面的凸起逐渐被磨损进而脱落，实际接触表面的光滑程度得到了一定程度的改善，因而实际的接触区域会变大。在这个过程中，对应的磨损量 Q 一开始增加的速率非常大，这和初始时表面凸体的磨损脱落有着密切的关系。随后的速率变慢也是因为表面接触面积增大。

（2）稳定磨损阶段

经过磨合磨损阶段的磨合过程，接触表面微观的几何形貌发生了改变，接触面的相对接触状态由磨合磨损阶段的凸体间点接触转变为线接触甚至是面接触，这一转变无疑增加了摩擦过程中的相对接触面积，两接触面之间的接触应力随之减小，降低了摩擦磨损程度。在这个过程中磨损逐渐稳定，磨损率维持在一个相对稳定的值。

（3）剧烈磨损阶段

经过长时间的稳定磨损阶段后，磨损量随时间变化的曲线斜率会急剧变大，零件进入剧烈磨损阶段。造成剧烈磨损的原因主要有三个：由于材料不断地产生摩擦热，这种热量不能得到十分有效的散失，会引起接触表面的局部温度剧烈升高，这就会导致其表面组织发生改变，造成剧烈的磨损；由于零件表面通常都会经过强化处理，形成一层不同于内层金属的表面层，这个表面层在之前的磨损过程中被大量的破坏掉，导致其磨损性能降低；由于磨损带来零件几何尺寸的改变也会影响到零件之间的相互配合精度，这时就会出现一些较大的冲击载荷和振动，这又进一步加剧了在这一过程的磨损程度。此时的零件已经接近于失效甚至在一些要求比较高的地方该零件已经被判定为失效。

2. 主要的磨损形式

按照零件表面破坏的特征，磨损可以分为黏着磨损、疲劳磨损、磨粒磨损、微动磨损及腐蚀磨损。其中微动磨损和腐蚀磨损与本文内容关系不大，这里不做介绍。

（1）黏着磨损

黏着磨损也称摩擦磨损或胶合磨损。磨损产物从零件表面脱落黏附到与之接触的物体表面，有时黏附到另一个表面的材料会在循环过程中反向粘回原表面，黏附和反黏附的往复出现常使表面材料以自由碎片状磨屑脱落。黏着磨损产物的形成不受循环形式的影响，在初始接触面上产生的黏着点不一定会在该接触面脱落，其断裂分离可能发生在其他与产生表面接触的表面。由于磨损程度的不同，通常把黏着磨损分为四种：涂抹、擦伤、粘焊、咬卡。

影响黏着磨损的因素很多，如金属的互溶性、原子结构、晶体结构、显微组织等材料本身的特性。同时也与速度、载荷、温度、湿度、润滑条件等工作条件有着密不可分的关系。

（2）疲劳磨损

疲劳磨损作为最常出现的磨损情况，它主要发生在承受交变应力或周期性接触载荷的零件表面，其过程包括初始时裂纹的萌生、扩展和最终的断裂。它最为典型的特征是点蚀和剥落。疲劳磨损裂纹源自于表面和亚表面，接触应力场的分布对亚表面产生裂纹有一定的影响。在疲劳磨损的过程中，除了循环应力参与作用外、材料还经历了十分复杂的摩擦过程，并会引起表面发生一系列物理化学变化，例如残余应力、微观组织结构、表面温度、塑性变形、缺陷特征以及各种物理力学性能的变化等。

（3）磨粒磨损

磨粒磨损不同于疲劳磨损和黏着磨损，该种磨损形式是由两接触表面之外的处于游离状态的相对于接触面更为坚硬的颗粒对相互接触的摩擦面进行微观上的切削，造成表面划痕或者表面材料产生脱落。这并不意味着通过控制外源硬质颗粒物就可以避免磨粒磨损的发生。这是因为发生磨粒磨损表面的磨粒并不全是外源的，也有在其他磨损形式下从接触表面脱落产生的磨损产物。研究表明，在经过表面处理的零件表面硬度如果过大，磨粒磨损现象就会加剧。磨粒磨损会受到很多因素的影响，比如磨粒本身的特性、磨损表面所处的磨损阶段、整个过程中的工况、磨损金属表面层的成分及相应的组织结构等。磨粒磨损的过程也会相应地涉及应力应变等不同因素。

4.4.2 磨损试验台

本试验所用磨损试验台（图 4.25）与回转疲劳试验台有所区别，主要是两链轮主轴竖直布置。其他结构和参数两试验台几乎一样。

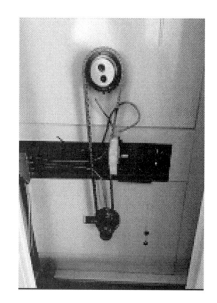

图 4.25　磨损试验台及链条部分实物图

4.4.3　链长的测量

当链条完成设定时间的磨损试验后,需要测量链条磨损后的链长。链长这一尺寸参数的精度对于评估链传动可靠性有着非常重要的作用。因此对于链条长度的测量工作,也是试验中非常重要的一个环节。目前有两种常用的测量方法:

1. 链条直线式测量仪测量

如图 4.26 所示,将试验链条在试验前置于测量台,随机选取相邻的 10~20 节链节,以恒定的测量载荷(通常将极限拉伸载荷的 1/3 作为测量载荷)对链条进行预加载,测量选取的部分链条两端圆销同侧母线间的距离,选取 5~10 组相同链节数的链条,分别测得各组数据,去掉一个最大值和一个最小值,求取平均值,该数值即为 L。待链条磨损后,采用同样的步骤测得对应的数值L_1。该方法存在的问题有:需要将链条拆解出对应的片段,以方便加载,但是在此过程中难免产生因拆解带来的误差,造成测量结果准确度不高,测量难度较大。该方法的优点:相对简单,对于测量设备的要求不高,对于测量精度要求不高的场合可采用。

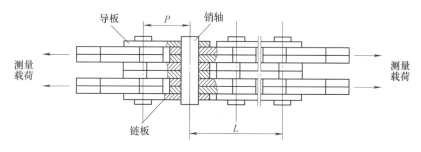

图 4.26　链长测量示意图

2. 链条中心距测量仪测量

传动链作为一个闭合的环形传动部件，其在整个工作周期内的功率和运动都是闭合的。在很多情况下，两个链轮轴的中心距离是非常重要的参数，且多数情况下该参数固定不可调节，所以用链条在两测量链轮之间的中心距 a 算作链条的长度更为科学。此测量方法相对于直线测量法操作简单，精确度更高。因此，本论文采用针对汽车发动机正时链条研制的中心距测量仪测量链条中心距。图 4.27、图 4.28 分别是中心距测量仪实物、结构原理图。中心距测量仪测量过程及工作原理是：将整挂链条装在垂直平面的两个链轮上，一个链轮固定不动，另一个链轮通过伺服加载系统施加相应载荷进行移动直至链条张紧，这时测出两轮中心距，即为被测链条的中心距。

图 4.27 链条中心距测量仪

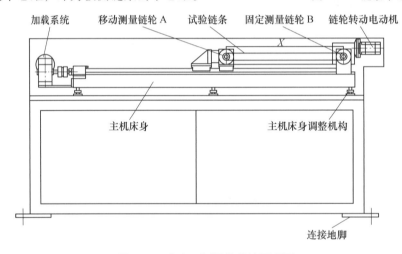

图 4.28 中心距测量仪结构原理图

4.4.4 试验时间的科学性

车胎型号：175/65 R15。

车轮滚动直径：$D = 377.5 \text{mm}$。

发动机变速器传动比：$i_5 = 3.229$；$i_4 = 4.753$。

链条设计运行公里数：$L = 5 \times 10^4 \text{km}$。

试验时间：$T = 305 \text{h}$。

试验转速：$N = 5000 \text{r/min}$。

$$L = \frac{60NT\pi D}{i} \tag{4-2}$$

$$T = \frac{Li}{60N\pi D} \tag{4-3}$$

当发动机变速器传动比取 $i_5 = 3.229$，$L = 5.64 \times 10^4 \text{km}$。

链条经过 305h 的磨损试验对应的道路试验里程数为 5.64×10^4 km，因此该链条进行的是长周期磨损试验。

4.4.5 磨损试验

试验链条如图 4.29 所示，规格参数、材质及试验环境见表 4.7。在进行链条磨损试验的过程中，每隔一定的时间对链条进行中心距检测，对每个时间段链条磨损后的中心距进行 10 次测量，去掉一个最大值和最小值，对剩余的 8 组数据取平均值，各时间段磨损后的链条中心距见表 4.8。

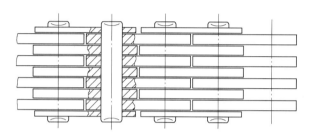

图 4.29 试验链条

表 4.7 试验链条与环境

产品名称	规格型号	测量节数	节距/mm	主动轮齿数	从动轮齿数	分度圆半径/mm
齿形链	4×5	158	6.350	21	42	42.485
测量载荷/N	链板材料	销轴材料及/热处理	测试时间/h	测量精度/mm	试验温度/℃	相对湿度（%）
130	50CrVA	38CrMoAl 表面渗钒	305	0.001	20	80

将表 4.8 的数据代入式（4-1）可以计算出该链条经过 305h 磨损后的伸长率为：0.111%。根据表格中的数据绘制成的链条磨损伸长率随时间的变化曲线如图 4.30 所示。

表 4.8 各时间段的平均中心距

磨损时间/h	0	5	15	25	35	45
中心距/mm	368.784	368.855	368.897	368.888	368.896	368.915
磨损时间/h	55	65	75	85	95	105
中心距/mm	368.943	368.945	368.959	368.972	368.983	368.998
磨损时间/h	115	125	135	145	155	165
中心距/mm	369.019	369.014	369.038	369.035	369.066	369.089
磨损时间/h	175	185	195	205	215	225
中心距/mm	369.096	369.097	369.108	369.114	369.145	369.138
磨损时间/h	235	245	255	265	275	285
中心距/mm	369.133	369.149	369.159	369.168	369.169	369.179
磨损时间/h	295	305				
中心距/mm	369.178	369.193				

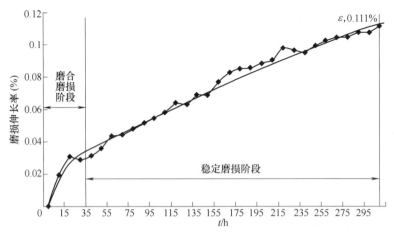

图 4.30 链条磨损伸长率随时间的变化曲线

虽然齿形链在减小啮合冲击以及磨损方面有一定的优势,但磨损总是存在的,客观上决定了磨损伸长率不可能降为零,该磨损伸长率相对于传统的齿形链来说其数值已经十分理想,满足行业对汽车发动机正时齿形链磨损伸长率在 0.3% 以下的要求。

通过与典型机械产品磨损曲线(图4.31)的对比可以得出如下结论:

1. 该组齿形链磨损后的中心距随时间的变化曲线与典型机械产品的磨损曲线非常的相近,验证了试验数据的科学性和合理性。

2. 拟合链条磨损后的中心距随时间变化的曲线可以发现,磨合磨损阶段的时长约为 35h,占试验时间的 11.5%,而对应的磨损伸长率为 0.035%,占总伸长率的 31.5%,说明了磨合磨损阶段由于加工制造所造成的初期磨损现象比较严重。

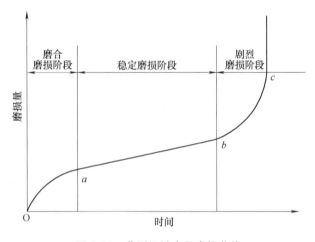

图 4.31 典型机械产品磨损曲线

3. 35~305h 之间的磨损伸长率随时间的变化基本保持不变,可以看出在链条的整个试验过程中没有进入到剧烈磨损阶段,因而在规定的试验时间内,链条不会出现磨损伸长率剧烈增加的情况,这也说明了链条的耐磨性能较好。

对于所绘制的曲线中有波动的小区域,经分析为:在相应试验数据的测量中,由于存在磨粒未脱落,附着在链片表面,导致测量出的磨损伸长率偏大。

4.4.6 磨损形貌分析

对链条进行 305h 的磨损试验后,将试验所得齿形链拆解出链板以及销轴,通过对链板和销轴的清洗,发现与链轮啮合传动的链板内侧与外侧工作齿廓均有明显的磨损光亮带,在销轴上同样发现了光亮的磨损区域。应用 TESCAN – VEGA3 型电子扫描显微镜(SEM)对链板的内侧和外侧以及销轴的光亮磨损区域进行观察,得到了一系列的磨损表面微观形貌图,通过分析这些微观形貌图,可以得到该新型齿形链的磨损机理并能够更好地分析该齿形链的磨损特性。

从图 4.32(销轴工作面放大 500 倍)可观察到销轴磨损表面非常光滑,伴有部分疲劳裂纹,只能看出轻微的磨损,无明显的剥落坑,将销轴工作面放大 1000 倍(图 4.33)后仍看不到明显的剥落坑,证明该新型齿形链销轴的磨损特性良好。为进一步研究销轴的磨损机理,将销轴工作面放大到 5000 倍,此时在图 4.34 上可以看到大小、方向无规则分布的剥落坑。当放大到 10000 倍(图 4.35)时,可以明显看到无规则分布的犁沟和剥落坑。综上分析判断销轴的磨损机制主要为疲劳磨损,同时存在轻微的磨粒磨损。

图 4.32　500×销轴工作面的 SEM 磨损

图 4.33　1000×销轴工作面的 SEM 磨损

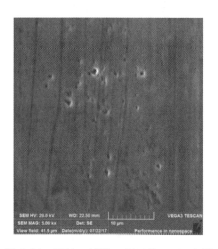

图 4.34　5000×销轴工作面的 SEM 磨损

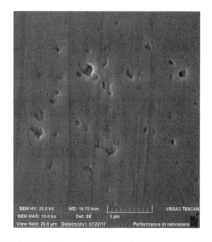

图 4.35　10000×销轴工作面的 SEM 磨损

销轴作为经过渗钒处理的重要零件,为得到经过 305h 磨损试验后销轴的相关信息,对其微观表面 6 个取样点进行金属成分分析。从图 4.36~图 4.41 中可以看出,其主要的金属成分及分布相对比较均匀,在未出现剥落坑的取样点 2、4、6 和出现剥落坑的取样点 1、3、5 均检测出了较高含量的钒。说明销轴的磨损较为均匀,剥落坑较浅,渗钒层均未被完全破坏,渗钒层厚度足够。证明渗钒处理很成功,销轴有良好持久的耐磨特性。

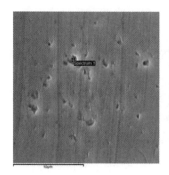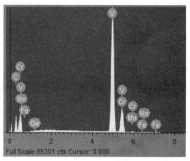

图 4.36　销轴取样点 1 位置及对应的能谱图

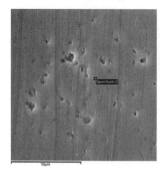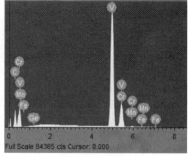

图 4.37　销轴取样点 2 位置及对应的能谱图

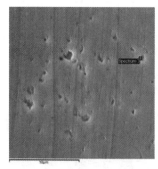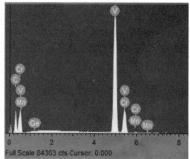

图 4.38　销轴取样点 3 位置及对应的能谱图

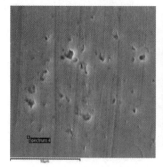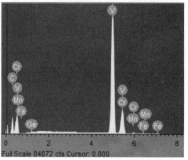

图 4.39　销轴取样点 4 位置及对应的能谱图

第 4 章　正时齿形链疲劳磨损分析及试验研究

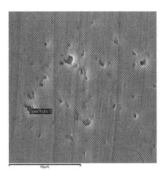
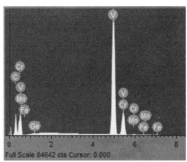

图 4.40　销轴取样点 5 位置及对应的能谱图

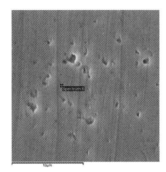
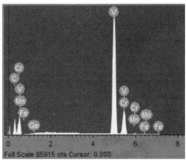

图 4.41　销轴取样点 6 位置及对应的能谱图

本齿形链的啮合形式为内-外复合啮合，该链板内侧磨损表面对应的磨损形貌能够直观地观察到疲劳裂纹现象，其他磨损特征主要表现为擦伤，同时伴随有少量不规则剥落坑，且剥落坑不明显。在将其放大 500（图 4.42）和 1000 倍（图 4.43）的时候几乎观察不到明显的剥落坑。为进一步研究其磨损机制，将磨损表面放大到 5000 倍（图 4.44）和 10000 倍（图 4.45），此时能够明显地观察到剥落坑，并存在犁沟，这说明剥落坑十分小，相对于普

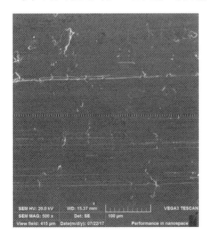
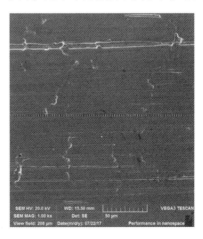

图 4.42　500×链板内侧表面磨损形貌图　　　　图 4.43　1000×链板内侧表面磨损形貌图

通的齿形链链板放大500倍就能观察到剥落坑来说，本链板的表面磨损特性有了很大的提升。链板的内侧对应的擦伤沟槽比较整齐，且沟槽深度不大，相比于普通链板擦伤程度较低，这是由于内–外啮合机制的不断转换使得链板的内侧表面没有参与全部的啮合过程。由链板磨损表面微观形貌图观察分析可知：链板内侧磨损形式表现为疲劳磨损，伴随有轻微的黏着磨损，该试验链条链板具有良好的耐磨特性。

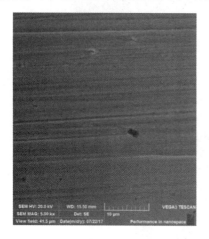 

图4.44　5000×链板内侧表面磨损形貌图　　　图4.45　10000×链板内侧表面磨损形貌图

因未对链板表面进行创新性的处理，在链板内侧仅取4个取样点进行金属成分分析（图4.46~图4.49）。发现在取样点3位置出现了少量的钒元素，而在加工制造的过程中并

 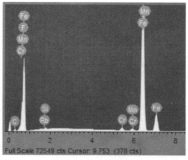

图4.46　链板内侧取样点1位置及对应的能谱图

 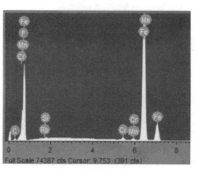

图4.47　链板内侧取样点2位置及对应的能谱图

没有对链板进行渗钒处理,因此推断链板内侧表面的钒来自经过了渗钒处理的销轴表面。喷油润滑将正时链传动系统各零部件摩擦表面隔开,形成液体摩擦,从而减小了机械磨损和摩擦阻力,因此本齿形链磨损试验在运行过程中也采用了喷油润滑,如图 4.25 所示,本试验台布置了三个喷油润滑点,销轴表面因疲劳磨损形成含钒元素的小颗粒,极少量的小颗粒通过油液黏附到链板内侧表面,故四个取样点中只有一个检测出了少量的钒元素。

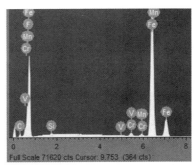

图 4.48　链板内侧取样点 3 位置及对应的能谱图

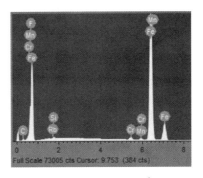

图 4.49　链板内侧取样点 4 位置及对应的能谱图

通过观察图 4.50~4.52,发现试验链条链板外侧表面粗糙,并存在大量剥落和麻点凹坑。这是由于从内啮合过渡到外啮合时,链板的外侧工作表面与链轮存在轻微的啮合冲击,链板外侧与链轮在定位后有一定的微动现象,且剥落物会磨损链板外侧。因此推断链板外侧

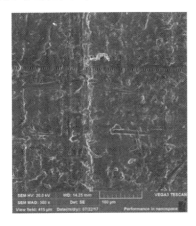
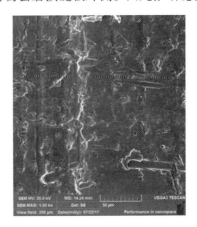

图 4.50　500×链板外侧表面磨损形貌图　　　图 4.51　1000×链板外侧表面磨损形貌图

主要磨损形式为疲劳-黏着磨损。在链板外侧取样进行成分分析（图 4.53），从图 4.54 中同样发现了钒元素，其原因与链板内侧出现钒元素相同。

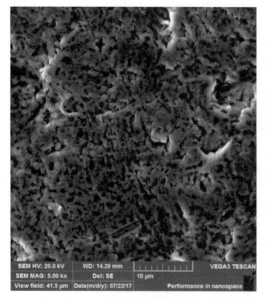

图 4.52　5000×链板外侧磨损表面磨损形貌　　图 4.53　链板外侧取样点 5 位置

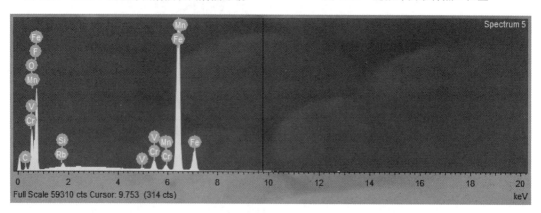

图 4.54　链板外侧磨损表面取样点 5 位置的能谱图

4.5　本章总结

本章首先介绍了正时链疲劳和磨损的研究现状，阐述了齿形链的失效形式及可靠性评估方法。接下来对自主开发的正时齿形链进行了一系列疲劳和磨损的研究。具体内容如下：

（1）概述了国内外专家学者对于正时链疲劳和磨损特性做过的研究，介绍了两种评定链条可靠性的方法：链条静强度可靠性的评定方法和链条疲劳可靠性的评定方法，阐述了正时链疲劳和磨损的相关理论，为接下来的磨损疲劳分析提供了理论依据。

（2）利用有限元软件 ANSYS 对正时齿形链进行了静力学分析，结果显示结构应力集中部位的最大应力为 751.38MPa，小于材料的抗拉强度极限，满足强度要求。利用多体动力学软件 RecurDyn 对正时齿形链传动系统进行了刚柔耦合动力学分析，对链条寿命进行了预测。对正时齿形链进行了 1000000 次的回转疲劳试验，链条在整个过程中运行良好，验证了链条良好的疲劳性能。最后对链条做了疲劳断裂试验，经过 142555 次循环链条发生了断裂，观察到链板断口表面较为光滑，通过观察分析断口微观图发现断裂部位有明显的韧窝，推断该断裂形式为韧性断裂，链板力学性能良好。

（3）给出了磨损试验时间的计算过程，确定 305h 可以作为长试验周期指标的科学性。通过对试验数据进行科学的处理，发现与典型零件磨损曲线拟合情况良好，得出磨合磨损阶段的时长约为 35h，35～305h 之间的磨损伸长率随时间的变化率基本保持不变，经过 305h 的试验，链条磨损伸长率仅为 0.111%。通过对磨损后的链板和销轴进行微观分析，在销轴表面的微观形貌图上看到了细小的疲劳裂纹，在链板内测发现了钒元素，判断销轴的磨损机制主要为疲劳磨损，同时也存在少量的磨粒磨损；在链板内侧磨损表面能够直观地观察到疲劳裂纹现象，由于本齿形链的啮合形式为内-外复合啮合，从观察中可以发现剥落坑十分小，链板耐磨性能好，链板的主要磨损机制为疲劳和粘着磨损。

参考文献

[1] 孟繁忠，程亚兵，李亚男. 汽车链疲劳寿命分布规律［J］. 吉林大学学报（工学版），2006（6）：889-892.

[2] 程亚兵，孟繁忠，冯增铭. 汽车链疲劳寿命威布尔分布形状参数的探讨［J］. 润滑与密封，2009（6）：13-16.

[3] 王淑坤，李月辉，孟繁忠. 汽车链链板的抗疲劳断裂性能研究［J］. 机械制造，2010（8）：47-50.

[4] 孟繁忠，许树新，金昌. 滚子链材料疲劳强度分布函数的研究［J］. 中国机械工程，1996（2）：35-38.

[5] 柴邦衡，孟繁忠，金昌. 滚子链疲劳可靠性评定方法［J］. 农业机械学报，1992（3）：67-71.

[6] 孟繁忠，许树新，范成岩. 滚子链疲劳寿命威布尔分布形状参数的探讨［J］. 吉林工业大学学报，1996（4）：45-48.

[7] 史瑞华. 滚子链疲劳性能分析及检测方法［D］. 长春：吉林大学，2012.

[8] 杨刚，史瑞华，朱国仁. 链条疲劳性能测试方法研究［J］. 机械设计，2008（12）：17-19.

[9] 王洪军，叶斌，卢旭东. 汽车分动器齿形链疲劳失效分析［J］. 机械传动，2012（1）：60-64.

[10] 蓝宏，金昌，黄梅. 影响滚子链疲劳寿命的主要因素［J］. 吉林工业大学学报，1997（3）：30-33.

[11] 孙淑红. 高速汽车链的疲劳可靠性试验研究［D］. 长春：长春理工大学，2009.

[12] 史文库，郑志峰. 链传动磨损伸长的计算与评估［J］. 石油矿场机械，1992，（6）：11-13.

[13] 孟繁忠，赵富，路宝明. 摩托车正时链和传动链磨损特性的研究［J］. 摩擦学学报，2000（2）：106-109.

[14] 孟繁忠，程亚兵，董成国. 汽车发动机链条的微动磨损现象研究［J］. 润滑与密封，2006（10）：36-38.

[15] 孟繁忠，冯增铭，李纯涛. 新型齿形链磨损机制及其温度和速度特性的实验研究［J］. 摩擦学学报，2004（6）：560-563.

[16] 孟繁忠，张进平，黄梅. 汽车发动机链条的多次冲击磨损特性研究［J］. 摩擦学学报，2007（6）：573-577.

[17] 严超. 汽车发动机正时链条磨损试验台控制系统研究［D］. 杭州：浙江大学，2014.

[18] 卓少凡. 发动机正时链系统设计及磨损试验分析［D］. 徐州：中国矿业大学，2014.

[19] 翁建良,尹德兵,钱江. 销轴冷处理对发动机正时链条磨损性能的影响[J]. 机械传动,2016(11):103-105.

[20] 黄洪钟. 机械传动可靠性理论与应用[M]. 北京:中国科学技术出版社,1995.

[21] Azel, S Sen, M Belevi. Effects of residual stressed caused by different types of loading on silent chain strength [J]. Engineering and Environmental Science, 1998, 22: 461-470.

[22] 易谷,毛层健. 摩托车小链条疲劳试验设备的研制[J]. 内燃机,2005(3):34-39.

[23] 孙文,任涛,康晓清. 基于链板理论S-N曲线的链条疲劳可靠性设计[J]. 科学技术与工程,2018(4):263-267.

[24] 孟繁忠. 链条链轮产品设计与检验[M]. 北京:机械工业出版社,1996.

[25] 秦大同. 疲劳强度与可靠性设计[M]. 北京:化学工业出版社,2013.

[26] 陶平,李公法. 机械设计基础[M]. 武汉:华中科技大学出版社,2012.

[27] 李宝林,孟繁忠,曲绍鹏. 汽车发动机正时链试验中的纳米摩擦[J]. 润滑与密封,2006(9):90-93.

第 5 章
正时链传动系统噪声测试及振动噪声特性研究

5.1 发动机振动噪声特性的研究现状

噪声、振动与声振粗糙度（Noise、Vibration、Harshness 简写为 NVH）作为衡量汽车制造品质的重要指标，已经成为提高车辆市场竞争力的关键因素。数据资料表明，车辆30%左右的故障问题与 NVH 有关，而各个知名车企每年用近 1/5 的研发经费来解决车辆的振动噪声问题。如表 5.1 所示，各个国家对车辆噪声都有严格要求，同时，随着对居住环境质量要求的日益提高，我国对车辆的噪声要求也逐年提高，使得车企对车辆的 NVH 性能愈加重视。

表 5.1 各国和地区现行噪声法规的比较 （单位：dB）

国家和地区		轿车	厢式车	载货汽车 （<75kW）	载货汽车 （75~150kW）	载货汽车 （>150kW）
日本		76	76	—	80	81
奥地利		—	—	—	78	80
欧盟		74	76	—	79	80
中国	2002.10.1 之前	82	—	84	86	89
	2004.12.30 之前	77	78	83	86	88
	2005.1.1 之后	74	76	81	83	84

发动机是车辆的主要噪声源，发动机的振动噪声问题直接影响发动机与车辆的匹配，进而影响车辆的品质，因此，发动机的振动噪声问题得到了各主机厂家的重视。正时链传动系统作为发动机的重要组成部分，其振动噪声问题受到广泛关注。然而由于国外企业对关键技术的垄断，我国至今还没有形成对发动机（特别是正时链传动系统）振动噪声源识别与噪声值预测的独立完整流程。

5.1.1 发动机振动噪声特性的研究现状

发动机噪声一般分为三种类型：燃烧噪声、机械噪声和空气动力学噪声，国内外学者对发动机振动噪声特性做了大量研究分析。

在国内，天津大学的李兆文对稳态和瞬态工况下柴油发动机燃烧噪声和其控制策略分别做了研究，证明预喷射、排气再循环（EGR）和增压控制能够有效控制瞬态工况燃烧噪声，进而提出瞬态工况燃烧噪声的控制策略。

重庆大学机械传动国家重点实验室的王厚记、邓兆祥等人，以降低成本，改善配气机构噪声为目的，优化凸轮型线。对优化后的配气机构进行多体动力学分析和试验研究，分析结果显示，采用高次多项式凸轮型线能够有效降低气门正、负加速度最大值，优化加速度波动状况，减小气门和摇臂之间的冲击力及气门落座撞击力，配气机构在高转速工况下工作状态良好，没有出现气门"飞脱"和"反跳"现象。

湖南大学的李帅研究了发动机配气机构噪声产生机理，分析了配气机构噪声的传播途径，并使用有限元分析方法和多体动力学方法探讨了缸盖罩的振动特性，最后利用边界元理论对配气机构激振力下缸盖罩的辐射噪声进行预测，并与试验数据进行对比，计算结果与试验结果基本吻合。

天津大学的孙少军结合试验模态分析方法和有限元分析方法，对发动机结构动态特性进行了研究，详细阐述了发动机振动噪声产生机理，确定出噪声高能量频带。利用有限元和多体动力学方法建立了发动机仿真分析模型，对发动机整机振动特性和辐射噪声做了进一步仿真研究。张俊红以六缸柴油机为例，阐述运用多体动力学方法对内燃机振动噪声特性的仿真分析过程。为提高有限元和动力学分析模型质量，对分析模型进行了非线性阻尼处理，为后续高效率分析提供了方法。

武汉理工大学的李玉军首先利用多体动力学方法对柴油机曲轴系统和配气机构进行分析，得到了发动机的机械激励数据，然后利用有限元技术建立发动机有限元模型，分析了发动机的振动响应状况，最后结合边界元法预测了发动机的结构噪声。

国外，Mathias阐述了运用谱减法和振动噪声主动控制法控制内燃机振动噪声。CHO等人建立了可以预测活塞冲击力与该冲击力引起的内燃机缸体表面振动的动力学模型。用三自由度系统模拟活塞的平面运动，用一个两自由度系统仿真活塞裙部与缸体内壁撞击位置。通过测量冲击点导纳来估算质量、刚度系数与阻尼系数，利用这些参数来预测计算冲击力与缸体表面的振动水平，最后通过试验验证了仿真结果的合理性。

Tuan Anh Nguyen等人运用小波变换和瞬态燃烧噪声产生模型研究了柴油机工作状态下燃烧噪声特性。研究结果表明，燃烧噪声是内燃机噪声的主要噪声源，燃烧噪声取决于燃烧噪声能的大小，而燃烧噪声能随时间以指数变化趋势衰减，与最大燃烧冲击能和传输辐射率有关。

通用汽车、丰田汽车、福特汽车等国际知名车企很早就开始关注车辆的振动噪声问题，并在用统计能量分析法（SEA）分析车辆的振动噪声特性上做了大量工作，积累了许多经验。可以说国外应用统计能量分析法预测噪声的技术已经成为研究车辆NVH的重要方法。

国内关于统计能量分析法预测噪声的研究始与20世纪80年代，其中姚德源编著的《统计能量分析及其应用》是系统介绍统计能量分析原理及简单系统模型应用统计能量分析法预测噪声的教材。统计能量分析法多用于预测结构噪声。大连理工大学的马晓文利用该方法预测内燃机噪声。首先，研究了发动机表面辐射噪声产生机理，研究结果表明发动机油底壳辐射噪声是主要噪声源。其次，使用统计能量分析软件AutoSEA建立发动机油底壳表面及空间子系统模型，计算其振动噪声值。结果表明内损耗因子对油底壳的表面振动响应影响颇大，直接决定结构的辐射噪声水平。

刘爱群、陈文枢等人依据统计能量分析法要求，建立具有5个子系统的发动机SEA模型，列出各子系统之间的功率平衡方程以确定各参数之间的关系和具体数值。分析得出发动机油底壳结构阻尼参数，通过优化油底壳阻尼参数达到优化发动机油底壳辐射噪声的目的。

胡旭东、刘小勇以火箭发动机为研究对象，首先对发动机喷流噪声进行了测量，然后基于统计能量分析法建立其声振仿真分析模型预测发动机振动噪声值，预测结果与试验测量结果在整个分析频带内差异小于 5dB，表明统计能量分析法具有良好的计算精度。

Agren 提出初始斜率这一概念来评价发动机各子系统之间的耦合强度，为得到各参数具体数据，对发动机进行了大量测量试验，将试验测量参数代入 SEA 模型中分析，在 630Hz 和 1.6kHz 频带能得到较好的计算结果。

综上所述，发动机振动噪声特性研究基本基于四种分析方法，即多体动力学方法、有限元方法、边界元方法和统计能量分析法。

多体动力学方法多用于分析发动机各部件在空间运动过程中的动力学特性，以获得其运动轨迹、动态受力曲线等数据，从而判断发动机的动力学性能。有限元方法（FEM）是将发动机部件离散为有限个单元，将无限自由度问题转化为离散的有限自由度问题。有限元技术多用来探讨发动机系统的应力、应变和振动特性。边界元法与有限元方法相比，更有利于解决无界区域问题，同时该方法对网格质量要求不高，能够简化网格划分过程，提高工程技术人员网格划分效率，多用来预测发动机的振动噪声水平。统计能量分析（SEA）方法是在统计力学和空间声学基础上发展起来的，是将系统划分为多个子系统，以统计的思想研究子系统间的能量流动和模态响应。该方法主要用来研究系统中高频的振动噪声特性。

5.1.2 链传动系统的振动噪声特性研究

链传动是通过链条将主动链轮的运动和动力传递到从动链轮的一种经典传动方式，由于链节是刚性件，在传动过程中存在多边形效应，这种运动特性会产生附加动载荷和振动。关于链传动系统的振动噪声特性，国内外学者多从理论分析入手。

Mahalingam 将滚子链近似为一根质量均布的弦模型，考虑阻尼的情况下在链条一端施加横向振动的位移，得到了力的响应公式，研究了链条横向振动的固有频率。Wang 提出了一种通用的发动机正时链传动模型。在此基础上，研究了凸轮轴转矩的波动，发现凸轮轴的转矩振荡将会引起链条纵向振动和链条张力的增大，进而导致链条产生较大的横向振动。Troedsson 将链轮的几何形状、链条的重力、惯性力、链节之间的弹性变形都考虑在内，建立了链传动的模型，在中高速时可计算链传动的横向振动及由此产生的载荷，验证了中高速时链条的惯性力不可忽略，并且要在松边增加张紧装置以减小横向振动。Jack S P Liu 等人首次建立滚子链传动系统固有频率和振型的理论方程，得出链条振动的三种类型：链条的横向振动、链轮啮合振动、链条纵向应力波动引起的振动。

Zheng 等人提出了一种工程中预测滚子和链轮冲击噪声的方法。基于声场主要是由圆柱滚子振荡所形成的理论，在建模和仿真中运用有限元技术和数字软件代码，模拟链传动过程中的加速度响应，进而预测在多种工况和不同链轮参数下的链传动噪声级，将预测到的啮合噪声与试验数据进行了对比。Ravi 提出采用声振分析预测自动变速器链条噪声的方法，采用广泛使用的 CAE 工具 Sysnoise 预测不同速度下的声压级与声功率级，与在半消声室中测量的数据结果对比具有一定的相关性。

张广义对质量均布的弦模型和集中质量模型两种模型简化方式进行了对比，在传统自振频率计算的基础上，对链条横向振动固有频率的运动方程进行了推导，探究了自振频率的工程应用。宁兴江在将链传动系统简化为集中质量系统的基础上，利用数值分析方法和 Matlab 软件进行了求解，研究了带阻尼和不带阻尼装置两种情况下的链传动系统横向振动的自振频率和响应，讨论了阻尼装置的不同参数对自振频率的影响。宋薇在多自由度系统理论的基础上，建立了印刷机中链传动横向振动运动微分方程，并用 Matlab 软件求解其固有频率和模态振型。

台湾成功大学的罗一扬针对链传动过程中啮合冲击对传动系统噪声的影响，分析了链轮在啮合冲击作用下的声场状况。分析结果表明链条的啮入冲击对链轮噪声的影响远大于啮出冲击。吉林大学链传动研究所的孙威博士对齿形链传动系统声强测试与声源识别作了详细研究，以两圆柱冲击理论和声学理论为基础，分析齿形链传动的动态行为，计算齿形链传动过程中啮合冲击所产生噪声的声压与声功率，从而实现对齿形链传动啮合冲击噪声值的预测。长安汽车工程研究总院，汽车噪声振动和安全技术国家重点实验室的彭国民等人对汽油机链传动啸叫噪声进行了研究。阐述了汽油机链传动系统噪声的类型：啸叫噪声、冲击噪声与共振噪声。指出多边形效应是链传动过程中啸叫噪声产生的原因，建立了正时链传动的数学模型，基于该理论模型，运用动力学软件 AVL 分析了正时链及机油泵链传动系统布置对啸叫噪声的影响，其布置会影响阶次激励，但只修改链轮布局不能解决啸叫问题，需要使用齿形链。

通过以上国内外有关发动机振动噪声和链传动系统振动噪声特性文献的分析，发现如下有待解决的问题：

1. 没有建立完整而系统的发动机振动噪声源识别试验流程与规范。虽然国内外研究工作者对发动机燃烧噪声、机械噪声、空气动力学噪声做了许多系统分析，并做了相应试验研究，但是仅仅是针对某一特定噪声类型做了试验研究，没有提出发动机振动噪声源识别的具体方法与步骤。

2. 对于发动机正时链传动系统尚未形成完整的振动噪声水平预测方法与流程。国内外学者或工程技术人员多从运动学角度出发，分析链条的动力学特性，很少分析正时链传动系统的振动特性，更缺乏对正时链传动系统噪声水平预测的研究，虽然台湾成功大学的罗一扬建立了正时链传动系统链轮声场分析模型，但该分析并没有涉及整个正时链传动系统。

本章将针对噪声源识别方法试验技术、噪声源多体动力学分析技术、振动噪声值预测与测量方法进行详细的阐述。

5.2 发动机噪声产生机理与检测

噪声、大气污染和水污染被认为是当今世界三大公害。随着汽车的日益普及，其造成的环境污染也日益严重。发动机噪声是汽车噪声的主要来源，明确噪声产生机理、精确测量噪声值、判断噪声产生位置可以有效改善发动机品质，从而降低汽车噪声。

5.2.1 发动机噪声产生机理

发动机噪声主要由空气动力学噪声、燃烧噪声和机械噪声组成。空气动力学噪声是由于空气振动以及气体与其他物体相互作用而产生的噪声，主要包括进气、排气和风扇噪声，如果不控制排气噪声，它可能成为发动机最主要的噪声源。燃烧噪声是由于气缸内周期变化的气体压力作用产生的，它主要取决于燃烧的方式和速度，如果发生爆燃和表面点火等不正常燃烧，将产生较大的燃烧噪声。机械噪声包括活塞敲击噪声、配气机构噪声等。配气机构的噪声主要来自正时链传动系统，接下来将对正时链传动系统的振动噪声产生机理做详细阐述。

正时链传动系统主要用来驱动发动机的配气机构，使发动机的进、排气门在适当的时候开启或闭合，保证发动机气缸正常吸气和排气，是发动机的重要组成部分。正时链传动系统因具有结构紧凑、传动效率高、可靠性与耐磨性高、设计形式多样、与发动机同寿命等优点而被广泛应用。但由于正时链传动系统的工作是靠高强度金属链条将曲轴链轮和凸轮轴链轮连接使其保持同步运转，在运转过程中，往往伴随着振动噪声问题，影响发动机整体的品质。正时链传动系统的激励源主要由内部振动和外部振动两部分组成。内部振动激励是指链条与链轮在运转过程中的啮合冲击和多边形效应引起的动态激励。外部振动激励是指曲轴速度波动、凸轮轴转矩波动、液压张紧器对导轨的激励等外部因素对正时链传动系统产生的激励。

1. 正时链传动系统内部振动激励

（1）链条与链轮的啮合冲击

一般情况下，链节与链轮啮合（图5.1），链节 A 落底，随主动链轮转动，链节 B 将与链轮啮合，啮合点为 K，链节 B 与链轮啮合前瞬时速度为 V_{rk}，链轮转速为 V_{sk}，由于 V_{sk} 与 V_{rk} 不一致，产生了冲击速度 V_k，即链节与链轮啮合瞬间在啮合点位置的速度差。

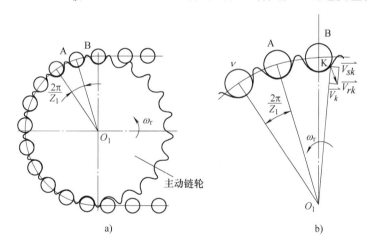

图 5.1　链节与链轮啮合示意图

（2）链条的多边形效应

链条是由一定数量的链节以铰接的形式连接起来的挠性件，其结构形式决定了链传动是具有中间挠性件的啮合传动。链条与链轮啮合过程中，链节围绕在链轮上，形成弦长为链节节距，边数为链轮齿数的多边形。在运动过程中，链条中心线（链条拉直时，铰链中心的连线）与链轮分度圆交替地呈现相切和相割状态，链条的这种运动特性便是链传动的多边形效应。在多边形效应作用下，当主动链轮匀速运转时，链条的线速度和从动链轮的角速度会发生周期性变化，从而产生附加动载荷。

假设主动链轮齿数为z_1，转速为n_1，角速度为ω_1，从动链轮齿数为z_2，转速为n_2，角速度为ω_2，且链条在运动过程中没有伸长等变形。

当主动链轮以角速度ω_1匀速运转时（图5.2a），链轮分度圆的圆周速度（图5.2b）为

$$v_1 = R_1 \omega_1 \tag{5-1}$$

$$R_1 = \frac{p}{2\sin\left(\dfrac{180°}{z_1}\right)} \tag{5-2}$$

式中，R_1为主动链轮分度圆半径。

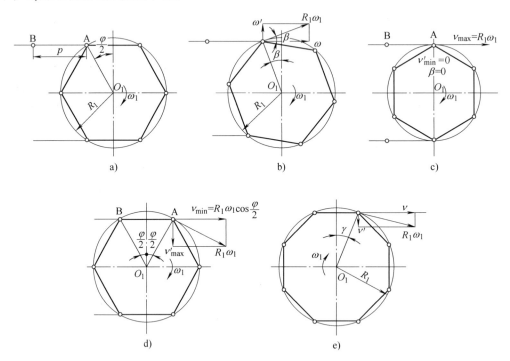

图5.2 链传动速度分析

将链轮分度圆圆周速度v_1分解，则沿链中心线方向的速度（链的线速度）可表示为

$$v = R_1 \omega_1 \cos\beta \tag{5-3}$$

式中，β为链节在主动链轮上的相位角，其变化范围为

$$-\frac{180°}{z_1} \leqslant \beta \leqslant \frac{180°}{z_1} \tag{5-4}$$

当$\beta = 0$时（图5.2c），链速最大：

$$v_{\max} = R_1 \omega_1 \tag{5-5}$$

当$\beta = \pm\dfrac{180°}{z_1}$时（图5.2d），链速最小：

$$v_{\min} = R_1 \omega_1 \cos\frac{180°}{z_1} \tag{5-6}$$

因而，当主动链轮以角速度ω_1匀速运转时，链的线速度呈现由小到大，又由大到小的周期性变化，链速随相位角的变化关系如图5.3所示。由于链速的周期性变化特性，使链条

产生纵向波动。

图 5.2e 所示为链节垂直于中心线方向的速度：

$$v' = R_1\omega_1\sin\beta \tag{5-7}$$

当 $\beta=0$ 时（图 5.2c），链速最小

$$v'_{\min}=0 \tag{5-8}$$

当 $\beta=\pm\dfrac{180°}{z_1}$ 时（图 5.2d），链速最大

$$v'_{\max}=\pm R_1\omega_1\sin\dfrac{180°}{z_1} \tag{5-9}$$

随着链节在主动链轮上相位角的变化，当 $-\dfrac{\varphi}{2}<\beta<0$ 时，v' 开始下降，当 $0<\beta<\dfrac{\varphi}{2}$ 时，v' 开始上升，因而 v' 呈现从 0 变到 $R_1\omega_1\sin\dfrac{180°}{z_1}$，又从 $R_1\omega_1\sin\dfrac{180°}{z_1}$ 变为 0 的

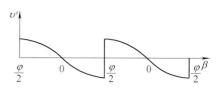

图 5.3 链速随相位角的变化

周期性变化，如图 5.3 所示。链节垂直于中心线方向速度的这种变化导致链节的上下波动，形成链条的横向波动。

综上，链条速度的周期性变化规律使链传动过程中链条产生纵向与横向波动，导致了链传动的不平稳性。

2. 正时链传动系统的外部振动激励

（1）曲轴转矩的变化

活塞在运动过程中（图 5.4），作用在活塞上的气体压强为 p，活塞面积为 S，则活塞所受气体压力 F_p 为

$$F_p = PS \tag{5-10}$$

已知往复质量为 m_p，曲拐半径为 r，曲轴旋转角速度为 ω，曲轴连杆比 λ，则可求出二阶项的惯性力 F_1：

$$F_1 = -m_p r\omega^2\left(\cos\theta+\dfrac{1}{\lambda}\cos2\theta\right) \tag{5-11}$$

因此，作用在活塞上的合力 F 为

$$F = F_p + F_1 \tag{5-12}$$

将 F 分解为垂直于活塞运动方向的力 R 和沿着连杆方向的力 Q。Q 则可继续分解为力 G 和 H，其中 G 为沿着曲拐方向的分力，H 为垂直于曲拐方向的分力，驱动曲拐旋转，力 H 产生的转矩 T 可由式（5-13）计算。

$$T = Hr \tag{5-13}$$

将式（5-10）~式（5-12）代入式（5-13）得：

$$T = Fr\sin\theta\left(1+\dfrac{\cos\theta}{\sqrt{\lambda^2-\sin^2\theta}}\right) \tag{5-14}$$

对于多缸发动机，由于各缸之间存在相位差异，因而其转矩 T 可表示为

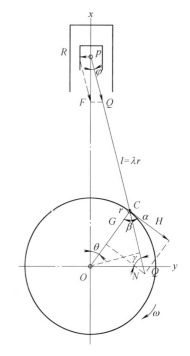

图 5.4 活塞曲柄机构受力示意图

$$T = \sum_{i=1}^{n} T_i(\theta + in\pi) \tag{5-15}$$

通过式（5-15）合成的转矩存在波动状况，其波动大小可用转矩波动率 δ 表示。

$$\delta = \frac{1}{I\omega^2} \int_{\theta\omega_{\min}}^{\theta\omega_{\max}} (T - T_f) \mathrm{d}\theta \tag{5-16}$$

式中，T_f 为平均转矩；I 为曲轴的惯性力矩；$\omega_{\max}$ 和 $\omega_{\min}$ 分别为曲轴旋转的最大和最小角速度。

曲轴的转矩波动造成其转速不平稳，由于曲轴链轮与曲轴直接相连，曲轴的速度波动在很大程度上影响正时链传动系统的啮合冲击特性。

（2）凸轮轴负载转矩的变化

图 5.5 所示为单个凸轮轴受力情况，依据力矩平衡原理，驱动转矩、摩擦力和正压力产生的转矩平衡，则凸轮轴转矩为

$$T' = F_z e + F_s(h_\theta + R) \tag{5-17}$$

式中，e 为挺柱与凸轮接触点的偏心量；R 为基圆半径；h_θ 为气门升程；F_z 为挺柱对凸轮的法向力；F_s 为凸轮与挺柱的接触摩擦力。

其中挺柱对凸轮的法向力 F_z 可由式（5-18）求得：

$$F_z = F_k + F_g + p_s = k(h_\theta + \Delta x) + \frac{m \mathrm{d}^2 h_\theta}{\mathrm{d}t^2} + p_s \tag{5-18}$$

式中，F_g 为气门机构惯性力；F_k 为气门弹簧对挺柱的力；p_s 为燃气爆发压强。

凸轮与挺柱接触摩擦力 F_s 可由式（5-19）计算：

$$F_s = \mu F_z \tag{5-19}$$

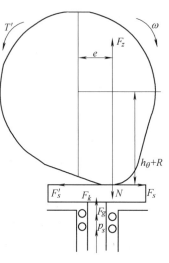

图 5.5 凸轮轴受力示意图

挺柱与凸轮接触点的偏心量 e 为

$$e = \frac{\mathrm{d}h_\theta}{\mathrm{d}\theta} = \frac{1}{\omega} \frac{\mathrm{d}h_\theta}{\mathrm{d}t} \tag{5-20}$$

式中，ω 为凸轮轴转速。

$$m = m_v + \frac{m_s}{3} \tag{5-21}$$

则由式（5-18）~式（5-21）可得式（5-22）：

$$T' = \left[k(h_\theta + \Delta x) + \left(m_v + \frac{m_s}{3} \right) \frac{\mathrm{d}^2 h_\theta}{\mathrm{d}t^2} \omega^2 + p_s \right] \left[\frac{\mathrm{d}h_\theta}{\mathrm{d}\theta} + \mu(h_\theta + R) \right] \tag{5-22}$$

式中：

$$\frac{\mathrm{d}^2 h_\theta}{\mathrm{d}t^2} = \omega^2 \frac{\mathrm{d}^2 h_\theta}{\mathrm{d}\theta^2} \tag{5-23}$$

式中，Δx 为弹簧的预压缩量；k 为弹簧刚度；m 为气门机构的当量质量；m_v 为气门质量；m_s 为气门弹簧质量；μ 为凸轮和挺住间的摩擦因数。

多缸发动机的凸轮轴负载转矩可通过式（5-22）计算得出，对应相同时刻的各缸转矩之和即为凸轮轴所受总转矩。由式（5-22）可以看出凸轮轴转矩随着凸轮轴转角的变化而变化，即在凸轮轴运转过程中，凸轮轴转矩是一个变化量。凸轮轴链轮与凸轮轴相连，凸轮轴转矩的波动直接影响正时链传动系统的稳定性。

（3）液压张紧器对正时链传动系统的影响

液压张紧器在正时链传动系统中起到阻尼器的作用，为张紧导轨提供一定位移量以达到对链条进行张紧的目的。同时，还要吸收一部分振动能量达到减振的目的，因而液压张紧器与传动系统的良好匹配，是系统正常工作的前提。一旦匹配不佳，液压张紧器就会变为激励器，引起系统的振动噪声。本书第二章对液压张紧器进行了详细的介绍。

5.2.2 齿形链传动系统噪声分析

1. 链传动系统噪声的影响因素

滚子链的啮合过程，如图5.6a所示，滚子以几乎90°的入射角接近链轮齿面并与链轮齿面发生冲击，滚子的旋转能等能量的大部分都转化成冲击时的噪声能，产生非常强烈的机械冲击噪声。而齿形链的啮合过程，如图5.6b所示，则是链节以几乎0°的入射角接近链轮齿面并相对齿面产生滑动因而冲击很小，链节和链轮的冲击能大部分转变为滑动摩擦能，转变为冲击噪声的能量大幅减少，啮合时的噪声降低，自身产生的声音也较柔和。

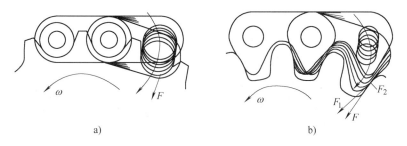

图5.6 滚子链和齿形链的啮合冲击

图5.7所示为针对齿形链链条和链轮单体，对链噪声产生的主要因素进行的归纳整理。链轮参数中对噪声产生影响的因素主要有：齿数、节圆直径、压力角、节距、齿面精度、齿面形状、齿廓形状等。链板参数中对噪声产生影响的因素主要有：链的节距、链板的厚度、链的形式（圆销式齿形链、滚销式齿形链）、链的啮合机制（内啮合、外啮合和内外复合啮合，若是内外复合啮合，还要考虑整挂链条中内啮合链板和外啮合链板所占的百分比）、零

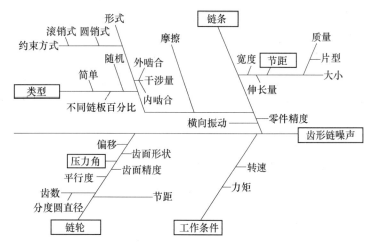

图5.7 噪声的主要影响因素

件精度等。图5.8和图5.9分别表示的是内外复合啮合齿形链和外啮合齿形链的结构形式以及与链轮的啮合形式。另外系统的使用工况（链轮转速及力矩等）对噪声也有影响。在以上因素中，根据经验，链轮压力角、链型、节距、链轮转速等参数对链传动系统噪声的影响较大。

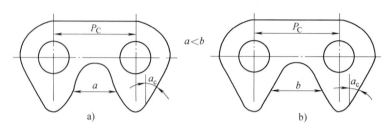

图5.8 链板形状

a) 内外复合啮合链板 b) 外啮合链板

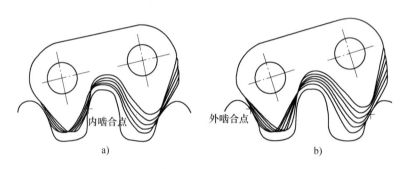

图5.9 齿形链啮合情况

a) 内外复合啮合情况 b) 外啮合情况

2. 链传动系统噪声的理论计算

齿形链系统的噪声按照频率可以划分成各种音调，但是很难对各频率段的噪声分别进行分析，所以本节对链传动系统的整体噪声水平进行了分析。噪声的产生必然有其能量源，与噪声产生相关的能量来源主要有链和链轮的碰撞以及链板速度的变化，将这两种形式的能量作为噪声产生的重要能量源，对其进行理论计算。

（1）链轮转动过程中各点的坐标

为了方便计算碰撞能和速度变化能，首先设置链条及链轮各点的坐标。如图5.10所示，分别定义链轮转角为 θ，角速度为 ω，链轮齿为 S，销轴为 P，链板为 L，在 $t=0$ 的时刻，啮合完成后的链轮齿为 S_1，链板为 L_1，销轴从左侧开始分别为 P_1、P_2，这样可推导出第 i 个链轮齿、销轴、链板上的任意点的坐标如下。

1）链轮齿 S_i 中心线与 Y 轴的夹角 θ_i

设 $t=0$ 时刻，链轮齿 S_1 与 Y 轴的夹角为 $\theta_1=0$，则：

$$\theta_i = \omega t - (i-1)\frac{2\pi}{Z} \tag{5-24}$$

2）链轮齿 S_i 任意点的坐标 (X_{s_i}, Y_{s_i})

设 $t=0$ 时刻，链轮齿 S_1 上的任意一点的坐标为 $(X_{s_1}^{(0)}, Y_{s_1}^{(0)})$，则链轮齿 S_i 上相同位置的

点的坐标为

$$X_{s_i} = X_{S_1}^{(0)} \cos \theta_i - Y_{S_1}^{(0)} \sin \theta_i \tag{5-25}$$

$$Y_{s_i} = X_{S_1}^{(0)} \sin \theta_i + Y_{S_1}^{(0)} \cos \theta_i \tag{5-26}$$

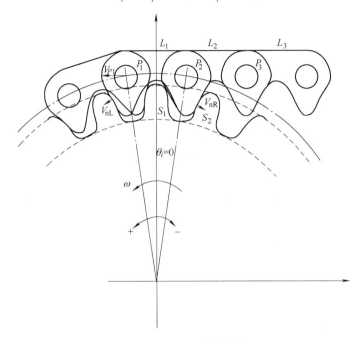

图 5.10　链和链轮的坐标

3）销轴 P_i 的坐标（X_{p_i}, Y_{p_i}）

当 $\theta_{i-1} \geqslant 0$ 时：

$$X_{p_i} = -\frac{p_c}{2} \cos \theta_i - \frac{p_c}{2} \cot\left(\frac{\pi}{Z}\right) \sin \theta_i \tag{5-27}$$

$$Y_{p_i} = -\frac{p_c}{2} \sin \theta_i - \frac{p_c}{2} \cot\left(\frac{\pi}{Z}\right) \cos \theta_i \tag{5-28}$$

当 $\theta_{i-1} < 0$ 时：

$$X_{p_i} = X_{p_{i-1}} + p_c \cos \delta \tag{5-29}$$

$$Y_{p_i} = Y_{p_{i-1}} + p_c \sin \delta \tag{5-30}$$

4）链板 L_i 的坐标（X_{L_i}, Y_{L_i}）

设 $t=0$ 时刻，链板 L_1 上任意一点的坐标为（$X_{L_1}^{(0)}, Y_{L_1}^{(0)}$），则链板 L_i 上相同位置的点的坐标为

当 $\theta_i \geqslant 0$ 时：

$$X_{L_i} = X_{L_1}^{(0)} \cos \theta_i - Y_{L_1}^{(0)} \sin \theta_i \tag{5-31}$$

$$Y_{L_i} = X_{L_1}^{(0)} \sin \theta_i + Y_{L_1}^{(0)} \cos \theta_i \tag{5-32}$$

当 $\theta_i < 0$ 时：

$$X_{L_i} = X_{L_{i-1}} + p_c \cos \delta \tag{5-33}$$

$$Y_{L_i} = Y_{L_{i-1}} + p_c \sin \delta \tag{5-34}$$

式中，ω 为链轮回转角速度；Z 为链轮齿数；t 为时间；a 为两链轮中心距；p_c 为链节距；S_i 为链轮第 i 个齿；θ_i 为 S_i 的中心线和 Y 轴的夹角；P_i 为第 i 个销轴；L_i 为第 i 个链板；(X, Y) 为任意时刻的 X、Y 坐标值；$(X^{(0)}, Y^{(0)})$ 为 $t=0$ 时的 X、Y 坐标值；δ 为链条紧边中心线和水平方向的夹角。

（2）内侧齿面接触时的坐标修正

如图 5.9a 所示，在 $\theta_i > 0$ 的区间，内外复合啮合链板的内侧齿面和链轮齿面在啮合时发生干涉，由于存在干涉，为了实现销轴 P_i 绕销轴 P_{i-1} 的回转必须对销轴 P_i 的坐标进行修正。回转后销轴坐标为 (X'_{P_i}, Y'_{P_i})：

$$X'_{P_i} = X_{P_{i-1}} + p_c \cos(\varphi + \Delta\varphi) \tag{5-35}$$

$$Y'_{P_i} = Y_{P_{i-1}} + p_c \sin(\varphi + \Delta\varphi) \tag{5-36}$$

$$\varphi = \tan^{-1} \frac{Y_{P_i} - Y_{P_{i-1}}}{X_{P_i} - X_{P_{i-1}}} \tag{5-37}$$

式中，φ 为 $\overline{P_{i-1}P_i}$ 与 X 轴的夹角；$\Delta\varphi$ 为由于内侧齿面干涉导致的 P_{i-1} 相对中心的转角。

（3）链板和链轮在齿面方向的碰撞速度

当 $\theta_i = 0$ 时，认为链板和链轮已完成啮合，基于式（5-24）~式（5-34），求出 $\theta_i = 0$ 时链板和链轮啮合点的相对速度，沿链板齿面法线方向进行换算得到齿面方向的碰撞速度。

链板右外侧齿面法线方向的碰撞速度 V_{nR}，用法线方向单位矢量的方向余弦（$-\cos\alpha_c$，$\sin\alpha_c$）表示为

$$V_{nR} = \omega\left[-\frac{p_c}{2}\cot\left(\frac{\pi}{Z}\right)\cos\left(\alpha_C + \frac{2\pi}{Z}\right) - \frac{p_c}{2}\sin\left(\alpha_C + \frac{2\pi}{Z}\right) + \frac{pZ}{2\pi}\cos\alpha\right] \tag{5-38}$$

链板左外侧齿面法线方向的碰撞速度 V_{nL}，用法线方向单位矢量的方向余弦（$\cos\alpha_c$，$\sin\alpha_c$）表示为

$$V_{nL} = \overline{\omega}\left[\frac{p_c}{2}\cot\left(\frac{\pi}{Z}\right)\cos\left(\alpha_C - \frac{2\pi}{Z}\right) - \frac{p_c}{2}\sin\left(\alpha_C - \frac{2\pi}{Z}\right) - \frac{pZ}{2\pi}\cos\alpha\right] \tag{5-39}$$

对链板内侧齿面和链轮齿面发生碰撞时的 θ_i 进行收敛计算，利用下式求得链板内侧齿面法线方向的碰撞速度 $V_{nC}(V_{XC}, V_{YC})$：

$$V_{XC} = \lim_{\Delta\theta_i \to 0} \frac{\{X_{Ii}\}_{\theta_i - \Delta\theta_i} - \{X_{Ki}\}_{\theta_i - \Delta\theta_i}}{\Delta\theta_i} \tag{5-40}$$

$$V_{YC} = \lim_{\Delta\theta_i \to 0} \frac{\{Y_{Ii}\}_{\theta_i - \Delta\theta_i} - \{Y_{Ki}\}_{\theta_i - \Delta\theta_i}}{\Delta\theta_i} \tag{5-41}$$

内侧齿面法线方向的碰撞速度，用法线方向单位矢量的方向余弦（$-\cos\gamma, \sin\gamma$）表示为

$$V_{nC} = -V_{XC}\cos\gamma + V_{YC}\sin\gamma \tag{5-42}$$

式中，α_c 为链板齿形角；α 为链轮压力角；γ 为链轮齿面法线和 X 轴的夹角；V_{nR} 为链板右外侧齿面法线方向碰撞速度；V_{nL} 为链板左外侧齿面法线方向碰撞速度；V_{nC} 为链板内侧齿面法线方向碰撞速度；(X_{Ii}, Y_{Ii}) 为与链板内侧齿面啮合的链轮齿面的 X、Y 坐标；(X_{K_i}, Y_{K_i}) 为与链轮啮合的链板内侧齿面的 X、Y 坐标。

（4）链的速度变化

默认与链轮啮合前的链的速度 V_{P_i} 与销轴 P_i 在 X 方向的速度相等。

1) 外啮合链板

$$V_{P_i} = \frac{dX_{P_i}}{dt} = \omega \frac{p_c}{2}\left[\sin\theta_i - \cot\left(\frac{\pi}{Z}\right)\cos\theta_i\right] \quad \frac{2\pi}{Z} > \theta_{i-1} \geq 0 \tag{5-43}$$

2) 内外复合啮合链板

这时进行收敛计算之后，利用下式进行求解：

$$V_{P_i} = \frac{dX_{P_i}}{dt} = \lim_{\Delta\theta_i \to 0}\frac{\{X_{P_i}\}_{\theta_i} - \{X_{P_i}\}_{\theta_i - \Delta\theta_i}}{\Delta\theta_i} \quad \frac{2\pi}{Z} > \theta_{i-1} \geq 0 \tag{5-44}$$

链条的速度变化是链条噪声的振源，将链条的速度进行傅里叶变换得到链条的速度变化值，N 为链板速度 V_p 的取样数，矢量 $\boldsymbol{v}_p$ 可表示为

$$\boldsymbol{v}_p(l) = \frac{1}{N}\sum_{l=1}^{N-1}V_p(k) \times e^{\frac{-i2\pi lk}{N}} \quad l,k = 0,1,\cdots,N-1 \tag{5-45}$$

(5) 链噪声的代用特征值

链的速度碰撞能及速度变化能，与链噪声密切相关，将这两种能量作为链噪声的代用特征值，用无量纲化的能量值来表现噪声水平：

$$E = E_1 + E_2 \tag{5-46}$$

无量纲化的碰撞速度能代用值 E_1：

$$E_1 = \varepsilon \frac{1}{2}m(V_{nL}^2 + V_{nR}^2 + V_{nC}^2) \tag{5-47}$$

无量纲化的速度变化能代用值 E_2：

$$E_2 = \eta \frac{1}{2}mn\sum_{l=1}^{N-1}|v_p(l)|^2 \tag{5-48}$$

碰撞能 E_1 为链噪声的主导因素，占总能量 E 的绝大多数。而且按节距，链轮压力角，链型（即内啮合和外啮合两种链板所占的百分比）的顺序，各参数对噪声的影响逐渐增大。式中，E 为链噪声能量的代用特征值；ε，η 为各能量对链噪声的影响系数；m 为链条每一节距的质量；n 为两链轮间的链节个数。

3. 计算结果

通过改变链条节距，链轮压力角及链轮转速，得到了不同参数下的齿形链传动系统的能量特征值。以下为计算结果，对代用特征值 E 取对数，即 $\log(E)$ 作为噪声的能量指数。

(1) 链轮压力角和噪声的关系

如图 5.11 所示为改变链轮压力角时的计算结果。链轮转速为 3000r/min，链条节距为 9.525mm，可以看出链轮压力角在 31°附近时，噪声水平最低，计算结果和实际经验吻合。根据理论分析，压力角增加时，链板左外侧齿面法线方向碰撞的分速度增加，压力角减小时，链板右外侧齿面的碰撞分速度增加。因此，压力角存在最优值。

(2) 转速和噪声的关系

如图 5.12 所示为改变链轮转速时的计算结果。

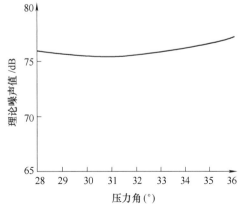

图 5.11 不同链轮压力角对应的理论噪声

链条节距为 9.525mm，链轮压力角为 31.5°。如图可以看出链和链轮的碰撞速度与回转角速度成正比，转速上升时，碰撞速度变大，导致噪声水平升高。因此，在车速提高时，噪声的能量变大，计算结果和实际经验一致。

（3）节距和噪声的关系

如图 5.13 所示为节距变化时的计算结果。链轮转速为 3000r/min，压力角为 31.5°。根据理论分析，节距变小，则链和链轮的碰撞速度变小；同时，由于节距变小即链板的尺寸减小，链板的质量变小，两个变量相乘的结果使得链和链轮的碰撞能大幅降低，对降低噪声的效果最好。

以上计算结果证明能量指数可以用来作为预测齿形链噪声的代用特征值。

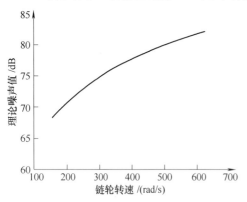
图 5.12　不同转速对应的理论噪声

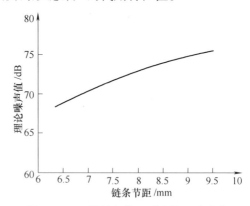
图 5.13　不同链条节距对应的理论噪声

5.2.3　噪声测量技术

声音强弱用声压 P 来表示的，单位是 Pa，声压一般用有效值表示。有效声压是通过对瞬时声压取一段时间内的平均方根值得到的，如无特殊说明，日常所说的声压和一般电子仪表所测得的声压都是有效声压。

$$p_e = \sqrt{\frac{1}{T}\int_0^T p^2 \mathrm{d}t} \tag{5-49}$$

然而，可以检测到的声压变化区间很大，小到人的听力刚刚可以感觉到的参考声压（$P_0 = 2 \times 10^{-5}$ Pa），大到军用战斗机发动机呼啸的上百 Pa 的声压，这给噪声的测量带来了极大的不便。人的听觉感受与声功率的变化呈现比率关系，当声音的强度发生变化时，人耳所能感受到的差异是呈对数关系的（对数特性），因而用对数方法来划分声音的强弱等级就得到了声压级。声压级的公式为

$$L_p = 20\lg\frac{p}{p_0} \tag{5-50}$$

式中，p 为声压（Pa）；$p_0 = 2 \times 10^{-5}$ Pa，为参考声压。

1. 噪声频谱

实际上，机器运转产生的噪声是无数频率声音成分的集合。按照噪声成分的不同分为高、中和低频噪声。噪声主要频率在 2000Hz 以上的，称之为高频噪声，噪声品质高亢刺耳，如动力锯、铆螺母枪。噪声的主频在 200Hz 以下的，称之为低频噪声，如热力型压缩机、汽车发动机等辐射的噪声浑厚有力。噪声主频在 200~2000Hz 范围内的，称为中频噪声，如气环式真空泵。

机器的噪声之所以可以辨析出来是因为噪声的强度可以用声压表示出来，噪声的频率成分可以用频谱表示出来。现在的技术已经能够分析出机器声音的全频率段，但实际测试中并不需要全频率段的噪声值，因此如果测量全频率段噪声值反而造成资源的浪费。考虑到测量的便易性以及人的听觉对不同频率段声音的反应，使用滤波器将可听频率范围内声音的频率成分进行分段强度分析。在声学测量中常常使用的是带通滤波器，带通滤波器只允许信号中在某一频带内的频率成分通过。图 5.14 所示中虚线表示的是理想带通滤波器的幅频特性，$f_1 \sim f_2$ 为一个完全平坦的通带，信号在此通带内不被放大或者衰减，并且在通带之外（阻带）所有频率信号都完全被衰减掉。f_1 和 f_2 是滤波器的下截止频率和上截止频率。然而，实际滤波器的响应特性都是偏离理想矩形的（图 5.14）。对于一个实际滤波器，通带和阻带之间并没有严格的界限，在两者之间存在一个过渡带，在过渡带内的频率成分不会被完全抑制，只会受到不同程度的衰减。实际滤波器通带范围在其实际幅度的 $1/\sqrt{2}$ 处，因此在截止频率 f_1 和 f_2 处幅度衰减到 0.707，这就是所说的半功率点。

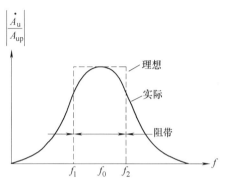

图 5.14 带通滤波器的幅频特性

在信号分析中，有两种类型的带通滤波器：恒带宽滤波器和恒百分比带宽滤波器。不论中心频率的大小，恒带宽滤波器的带宽都是一定的，而恒百分比带宽滤波器的上截止频率与下截止频率之比是恒定百分比。倍频程和 1/3 倍频程带通滤波器都是常用的恒百分比带通滤波器的例子。如 $f_2/f_1 = 2^n$，f_1、f_2 分别为倍频程关系的下、上截止频率，n 为两个频率相距的倍数。当 $n = 1$，就是倍频程，当 $n = 1/3$，就得到一个 1/3 倍频程，以此类推。在给定了 f_2 和 f_1 后就能得出中心频率 f_0：

$$f_0 = \sqrt{f_1 f_2} \tag{5-51}$$

对于倍频程来说，$f_2 = \sqrt{2} f_0 = 1.414 f_0$，$f_1 = (1/\sqrt{2}) f_0 = 0.707 f_0$，对于 1/3 倍频程，$f_2 = \sqrt[6]{2} f_0 = 1.123 f_0$，$f_1 = (1/\sqrt[6]{2}) f_0 = 0.89 f_0$。

2. 声级和 A 声级

计权声压级的提出是为了简便的解决声压级不能反映不同频率成分噪声对人耳听觉影响的问题。计权网络是为了模拟人耳主观感觉在不同频率上的灵敏度，在噪声测量设备内设置的一种网络，能够对采集到的信号进行加权修正，使之更接近人的响度感觉。经过计权网络测量得到的声压级，叫做计权声压级，简称声级。此时所得到的计权声压级，已与之前叙述的声压不同，这是经过听感修正的声压级，叫做计权声级或噪声级，单位为 dB。

在振动噪声测试仪中，A、B 和 C 三种计权网络使用较多。A 计权网络模拟人耳对等响曲线中 40 方纯音的响应，信号 1000Hz 以下的中、低频段有较大的衰减。B 计权网络用来模拟人耳对 70 方纯音的听觉响应，当有信号通过时，会在低频率段衰减掉一部分。对于 C 计权网络来说，其信号在全频率段的响应几乎是不发生衰减的。在测量中具体使用何种计权网络要进行标注，如 85dB（B）表示 B 声级 85dB。如果使用的是 A 声级可以不进行标注，即默认情况下为 A 声级。Z 计权声压级表示的是没有经过计权网络而得到的声压级，称为线性声压级，表示总声压级。此外，还有一种在飞机噪声测试中应用的 D 计权。

噪声测试仪器在获取振动噪声的有效值时，为了增加采集数据的准确度，对瞬时值进行指数平均或线性平均。采用 F、S 时间计权测量时间计权声级时，为了测量声压的有效值，运用的是指数平均，指数平均是通过采用 RC 电路的方法模拟低通滤波器对信号进行修正，滤除不稳定的信号波动（图 5.15）。所模拟的低通滤波器在 $-1/\tau$ 上具有一个实数极点。

$$L_{A\tau}(t) = 20\lg\left\{\left[\left(\frac{1}{\tau}\right)\int_{-\infty}^{t} p_A^2(\xi)\,\mathrm{e}^{\frac{-(t-\xi)}{\tau}}\mathrm{d}\xi\right]^{\frac{1}{2}} \bigg/ p_0\right\} \tag{5-52}$$

式中，τ 为指数时间常数；ξ 为某时间段内时间积分的变量；$p_A(\xi)$ 为瞬时声压（A）；p_0 为参考声压。

在式（5-52）中，最外层括号内的函数式的分子部分表示的是在测量时间 t 上对频率计权声压进行指数平均。

形成指数时间计权声级的主要步骤如图 5.15 所示。

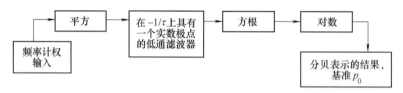

图 5.15　形成指数时间计权声级的主要步骤

在早期噪声测量过程中，关于计权网络的选择是以声级的大小来界定的，当声级小于 70dB 时用 A 网络，介于 70dB 和 90dB 之间时用 B 网络，大于 90dB 时用 C 网络。然而，越来越多的研究发现，A 计权声级的响应特性曲线已经非常接近于人耳的听觉特性。因此，在噪声测量中都用 A 计权声级来进行噪声评价。通常，使用 C 计权声级是为了与 A 计权声级进行对比，进而判断噪声属于何种频率特性。如果 A 计权声级和 C 计权声级基本相等，可以判断其频率特性为高频特性；如果 A 计权声级高于 C 计权声级，可以判断该噪声频率特性为中频特性；如果 A 计权声级低于 C 计权声级且差值较大，可以判断该噪声频率特性为低频特性。图 5.16 所示为 A、B、C 计权特性曲线。

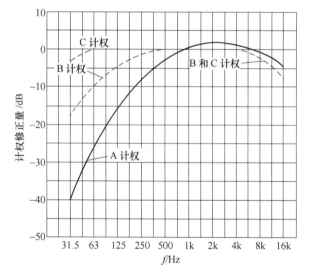

图 5.16　A、B、C 计权特性曲线

5.2.4　噪声源识别方法及其原理

噪声源识别是指同时存在多个复杂声源情况下，确定各个声源的声辐射性能，并对各个声源加以区分、测量和分析。接下来将介绍几种常用的噪声源识别方法及其原理。

1. 近场声强法

声强为声波平均能流密度的大小。对声强 I 进行面积分可得通过某一面 S 的声功率 W：

$$W = \int_S I dS \tag{5-53}$$

若已知测量表面法向振动速度 $u_n(t)$ 和测量表面周围声压 $p(t)$，则该测量表面声压可由式（5-54）表示：

$$I_n = \overline{p(t)u_n(t)} \tag{5-54}$$

可采用两个相互平行靠近的传声器，通过两个传声器输出信号的互功率谱来计算声强。通常采用将传声器和与其连接的通道互换位置的方法消除由信号的相对相位移动引起的误差。若交换前两传声器声压信号的互功率谱为 $G12$，交换后的为 $G21$，得出振动面附近法向声强频谱函数为

$$\ln(\omega) = 2Im\left(\frac{G12 - G21}{2}\right)\rho\omega\Delta r|H1||H2| \tag{5-55}$$

式中，Im 表示取虚部；$|H1|$ 为第一个传声器系统增益系数有效值；$|H2|$ 为第二个传声器系统增益系数有效值；ω 为角频率；ρ 为空气密度；Δr 为两传声器在振动面法向方向的距离。

对 $\ln(\omega)$ 进行傅里叶逆变换即可求得振动面附近法向声强 $\ln(t)$。一般在待测振动面附近进行多点测量，通过上述公式求得 W 的积分，便可得到该振动部件辐射的总声功率。近场声强法对测试环境要求不高，因而得到广泛应用。

2. 近场声全息法

近场声全息法是在邻近被测声源面处建立全息测量面，通过空间场变换技术，由全息面声压重建声源面的声压场、振速场和声强矢量场。近场声全息法不但能够记录传播波成分，还能记录高频瞬逝波成分，具体原理如下。

近场声全息技术的理论基础是 Helmholtz 方程：

$$\nabla^2 p(x,y,z) + k^2 p(x,y,z) = 0 \tag{5-56}$$

式中，$p(x,y,z)$ 为空间点的复声压；$k = \dfrac{\omega}{c} = \dfrac{2\pi}{\lambda}$ 为特征波数，c 为声速，λ 为特征波长。

在平面声全息条件下，定义所有声源均处于 $z = 0$ 平面以下（即 $z > 0$ 的空间）时为自由声场，由格林公式可求得自由声场内任意一点的声压为

$$p(x,y,z) = \iint_S p_{D.N}(x',y') g_{D.N}(x-x', y-y', z-z') dx'dy' \tag{5-57}$$

假设声源面为 z_s，重构面为 z，全息面为 z_H，当 $z \geq z_H$ 时即在全息面之外，由式（5-57）可得重构面声压与全息面声压的关系为

$$p(x,y,z) = \iint_S p(x_H, y_H) g_D(x-x_H, y-y_H, z-z_H) dx_H dy_H \tag{5-58}$$

式中，s 为无穷大的边界平面；x、y、z 为重构面上的点；g_D 为无穷大平面的格林公式；x_H、y_H、z_H 为全息面上的点。

$$g_D(x-x_H, y-y_H, z-z_H) = (z-z_H)\frac{(1-ikr)e^{jkr}}{2\pi r^3} \tag{5-59}$$

式中：

$$r = \sqrt{(x-x_H)^2 + (y-y_H)^2 + (z-z_H)^2} \tag{5-60}$$

使用空间内沿 x、y 方向的二维傅里叶变换公式：

$$F(k_x, k_y) = \int_{-\infty}^{\infty}\int_{-\infty}^{\infty} f(x,y) e^{-i(k_x x + k_y y)} dxdy \tag{5-61}$$

对式（5-58）两边做傅里叶变换，并由二维卷积公式可得：

$$p(k_x, k_y, z) = p(k_x, k_y) G_D(k_x, k_y, z - z_H) \quad (5-62)$$

式中 $G_D(k_x, k_y, z-z_H)$ 为 g_D 的二维傅里叶变换。

$$G_D(k_x, k_y, z - z_H) = e^{-ik_z(z-z_H)} \quad (5-63)$$

当 $k_x^2 + k_y^2 \leq k^2$ 时，

$$k_Z = \sqrt{k^2 + (k_x^2 + k_y^2)} \quad (5-64)$$

当 $k_x^2 + k_y^2 > k^2$ 时，

$$k_Z = i\sqrt{(k_x^2 + k_y^2) - k^2} \quad (5-65)$$

当 $z_s \leq z < z_H$ 时，即重构面处于声源面和全息面之间的情况，可通过逆向传递因子 [式（5-66）与式（5-67）] 获得重构面声压与全息面声压之间的关系。

$$g_D(x - x_H, y - y_H, z - z_H) = F_{x,y}^{-1}[G_D^{-1}(k_x, k_y, z_H - z)] \quad (5-66)$$

$$G_D(k_x, k_y, z - z_H) = G_D^{-1}(k_x, k_y, z_H - z) \quad (5-67)$$

5.3 国产4D20柴油发动机噪声源识别及正时链传动系统动力学分析

5.3.1 国产4D20柴油发动机振动噪声源的识别

本节以国产4D20柴油发动机的振动噪声问题为例，详细介绍发动机振动噪声源识别流程。

近场声强法具有对测试环境要求低，可进行现场测量，测量结果准确等优点而广泛应用于噪声源识别中。近场声强测试方法的主要原理是利用声强探头测试出被测机体的表面辐射噪声声强，从而绘制出声强分布图，工程人员通过声强分布图判断出声强峰值所在区域，进而确定噪声源位置。近场声全息技术则是以声场中靠近声源附近的全息面上声辐射的结果量作为输入值，通过相应的声辐射积分等式逆求解，计算得出声源表面的声压和法向振动速度，绘制相应全息图。本文综合运用两种技术，以准确识别发动机噪声源位置，流程如图5.17所示。

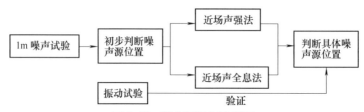

图 5.17 噪声源识别流程图

表5.2列出了4D20柴油发动机的基本参数。

表 5.2 4D20型发动机基本参数

	单 位	数 值
形式	—	直列
缸数	—	4
点火系统	—	共轨
最大转矩	N·m	286
最大转矩转速	r/min	1800~2750
燃油	—	柴油
额定功率	kW	100
额定功率转速	r/min	4000
低端转矩	N·m	190
低端转矩转速	r/min	1200

4D20 柴油发动机开发的噪声标准要求如下：
1. 在额定功率工况下（即 4000r/min 时）噪声值小于等于 97dB（A）；
2. 在额定转矩工况下（即 1800r/min 时）噪声值小于等于 85dB（A）；
3. 在怠速工况下（即 800r/min 时）噪声值小于等于 72dB（A）。

首先进行台架试验。台架主要由测量控制系统、试验对象（发动机）以及相关的辅助系统构成，用来测试发动机及相关零部件的可靠性，通过试验获得的数据判断发动机是否满足最初的设计标准。图 5.18 展示了 4D20 发动机台架试验的安装状况。

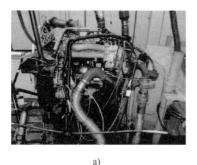
a)
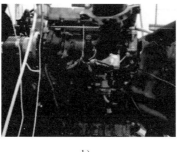
b)
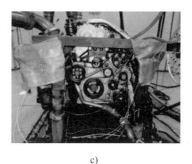
c)

图 5.18　4D20 发动机台架试验安装状况

对该柴油发动机进行 1m 噪声试验。试验数据显示（图 5.19a），在怠速工况下，1m 噪声测试 9 点平均值为 72.1dB（A），怠速倒拖工况下，平均噪声值为 70.6 dB（A），依据噪声开发要求，怠速工况下噪声值不超过 72.0dB（A），该测量结果勉强符合要求。4000r/min 额定功率工况下（图 5.19b），1m 噪声 9 点平均值为 95.6dB（A），低于 97dB（A），达到噪声开发要求。1800r/min 额定转矩工况，1m 噪声 9 点平均值为 87.5dB（A），超出噪声要求上线 85dB（A），不能满足噪声开发要求。因而，该发动机在怠速（800r/min）和额定转矩（1800r/min）工况下，噪声测量结果不满足噪声开发要求。

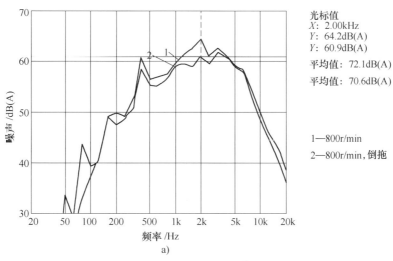

图 5.19　不同工况下 1m 噪声测量结果

a）怠速工况

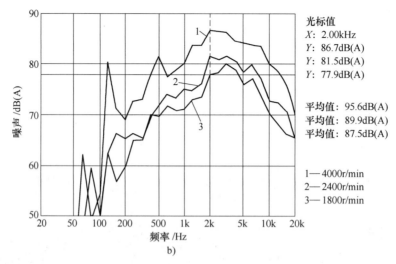

图 5.19 不同工况下 1m 噪声测量结果（续）

b）不同转速工况

不同工况下发动机瞬态噪声测试结果（图 5.20）显示发动机前端噪声值明显高于其他位置，在低转速范围高 7～8dB（A），高转速范围高出其他位置 5dB（A）左右。

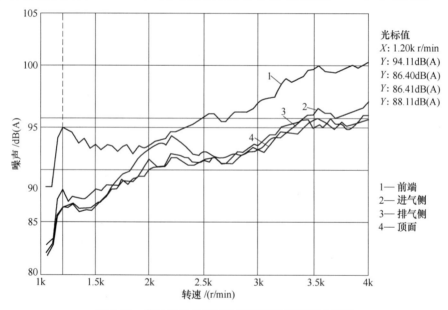

图 5.20 柴油发动机不同位置不同转速下瞬态噪声

同时，不同转速、不同负荷工况下稳态噪声测量结果（图 5.21）表明，发动机前端噪声高于其他位置噪声，在低转速范围高 5～7dB（A），高转速范围高出 5dB（A）左右。综合比较发动机在不同转速与工况下瞬态和稳态噪声测试结果，初步判定该发动机前端噪声为主要噪声。

对转速为 1200r/min 时 100%、75%、50%、25% 负荷不同位置测量数据进行 1/3 倍频程频谱分析，结果显示发动机前端噪声值较高，且在 2kHz 频带出现噪声峰值（图 5.22）。

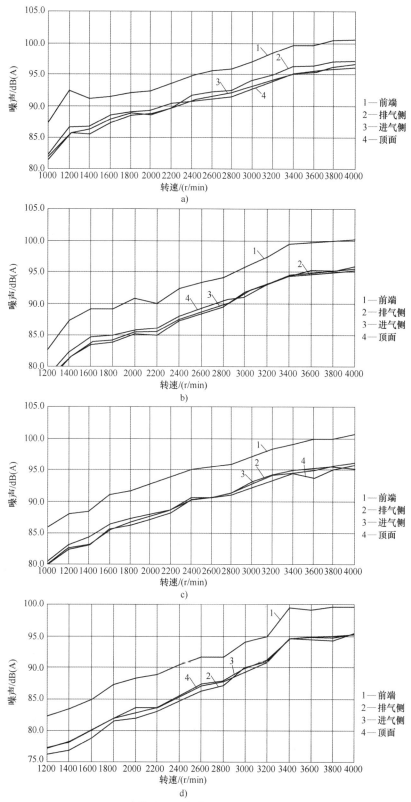

图 5.21 不同转速不同负荷下发动机稳态噪声测量结果

a）不同转速 100% 负荷工况　b）不同转速 50% 负荷工况　c）不同转速 75% 负荷工况　d）不同转速 25% 负荷工况

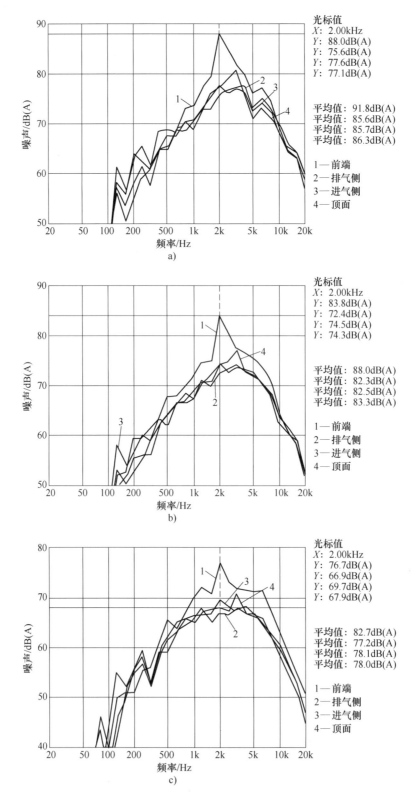

图 5.22　1200r/min 不同负荷下发动机不同位置 1/3 倍频程频谱分析结果

a）1200r/min100% 负荷工况　b）1200r/min75% 负荷工况　c）1200r/min50% 负荷工况

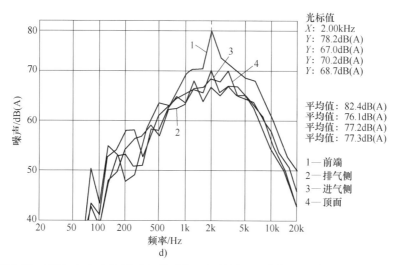

图 5.22 1200r/min 不同负荷下发动机不同位置 1/3 倍频程频谱分析结果（续）

d) 1200r/min25% 负荷工况

在 800r/min 怠速工况下（图 5.23），对不同位置测量数据进行 1/3 倍频程频谱分析，数据同样指出发动机前端噪声值较高，高于其他位置 4~6dB（A），且 2kHz 频带有极高的峰值，与 1200r/min 不同负荷工况下发动机 1/3 倍频程频谱分析结果一致。

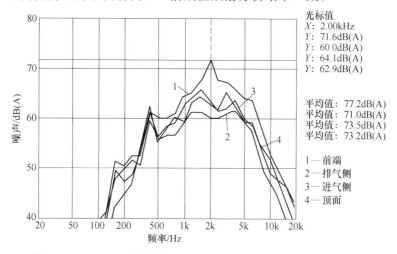

图 5.23 800r/min 怠速发动机不同位置 1/3 倍频程频谱分析结果

图 5.24 所示为发动机 800r/min 倒拖工况下，不同位置测量数据的 1/3 倍频程频谱，由该频谱可以看出 2kHz 频带有极高的峰值，且前端噪声值比其他位置噪声值高 3~4dB（A）。

综合分析 800r/min 怠速与倒拖和 1200r/min 工况下 1/3 倍频程频谱，分析结果表明发动机前端噪声都明显高于其他部位噪声值，且 2kHz 频带有极高峰值。因而，判定在低转速工况，发动机前端为主要噪声源，噪声峰值发生在 2kHz 频带处。

如图 5.25 所示发动机前端噪声与转速的关系，2~2.4kHz 范围内在低转速工况和高转速工况下分别出现高分贝噪声（图中标记部分）。而在其他测试位置（图 5.26 所示），在 2~2.4kHz 频带范围没有出现高峰值，表明发动机前端为发动机主要噪声源，且噪声峰值出现在 2~2.4kHz 频带范围。

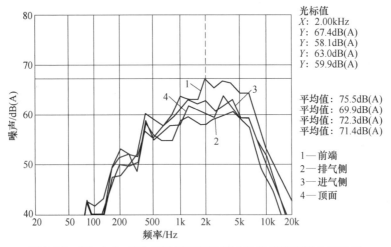

图 5.24　800r/min 倒拖发动机不同位置 1/3 倍频程频谱分析结果

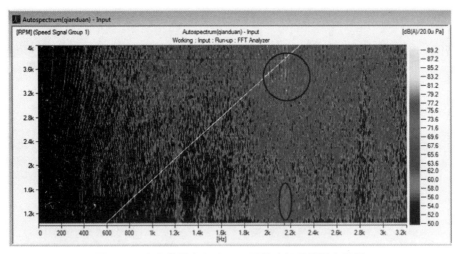

图 5.25　全负荷瞬态加速工况下发动机前端噪声云图

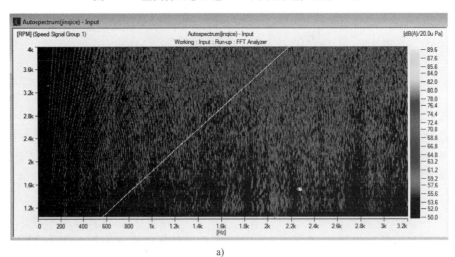

a)

图 5.26　全负荷瞬态加速工况下发动机其他测试位置噪声云图

a) 全负荷瞬态加速工况下发动机进气端噪声云图

第 5 章 正时链传动系统噪声测试及振动噪声特性研究

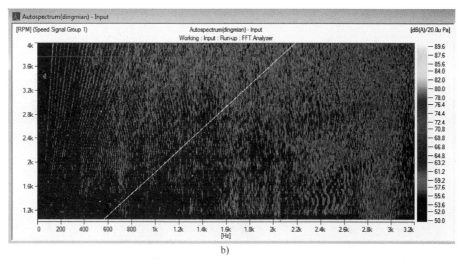

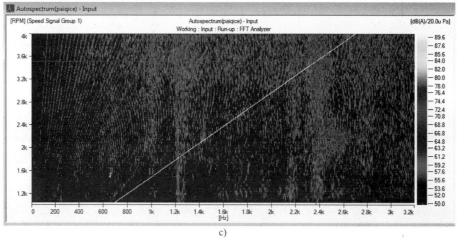

图 5.26 全负荷瞬态加速工况下发动机其他测试位置噪声云图（续）
b）全负荷瞬态加速工况下发动机顶面噪声云图 c）全负荷瞬态加速工况下发动机排气端噪声云图

为进一步确认噪声源，采用近场声强法对发动机前端位置进行测量以确定具体声源位置。声强分布云图如图 5.27～图 5.29 所示，800r/min 怠速、800r/min 倒拖与 3400r/min 50% 负荷工

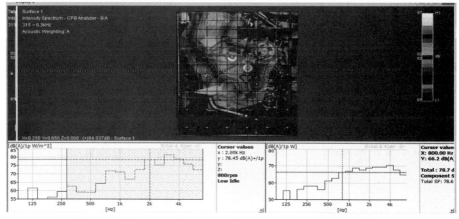

图 5.27 800r/min 怠速工况下发动机前端近场声强法测量结果

况下测试云图显示，高分贝噪声主要集中在链传动系统盖板位置，表明链传动系统盖板位置是噪声源源头，且在2kHz频带处出现峰值，与1m噪声结果相对应。

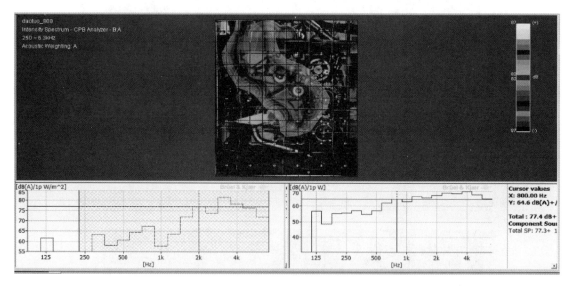

图 5.28　800r/min 倒拖工况下发动机前端近场声强法测量结果

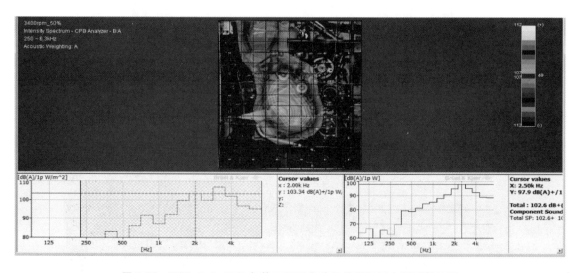

图 5.29　3400r/min 50% 负载工况下发动机前端近场声强测量结果

采用近场声全息法对800r/min 怠速、800r/min 倒拖与4000r/min 工况下发动机前端位置进行噪声测量，全息图片（图5.30～图5.32）同样指出链传动系统盖板部位噪声值最大，在2kHz 频带处出现峰值，与1m 噪声测试结果和近场声强法测试结果一致。因此，确认链传动系统盖板部位为发动机前端主要噪声源。

利用声强探头做近距离声强试验（图5.33），判别链传动盖板位置哪里声音最高，试验结果（图5.34，图5.35）显示链传动系统盖板部位的正时罩室位置是主要噪声发生源。

第 5 章 正时链传动系统噪声测试及振动噪声特性研究

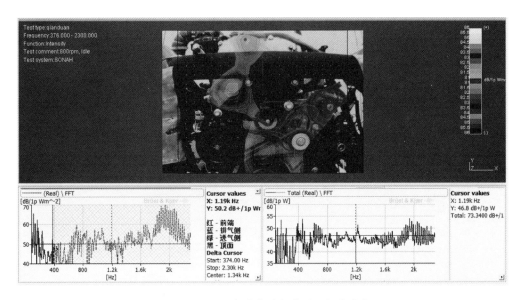

图 5.30 800r/min 怠速发动机前端近场声全息云图

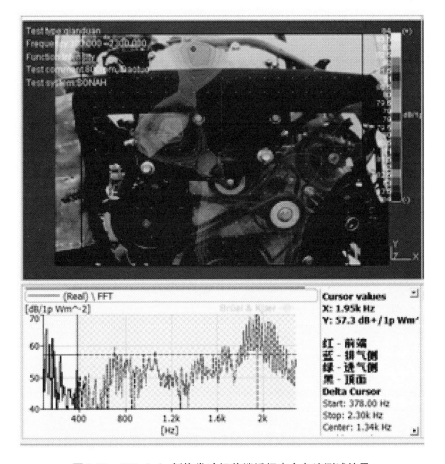

图 5.31 800r/min 倒拖发动机前端近场声全息法测试结果

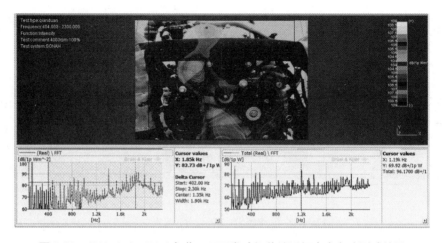

图 5.32　4000r/min 100%负荷工况下发动机前端近场声全息法测试结果

图 5.33　发动机前端近距离声强试验布局图

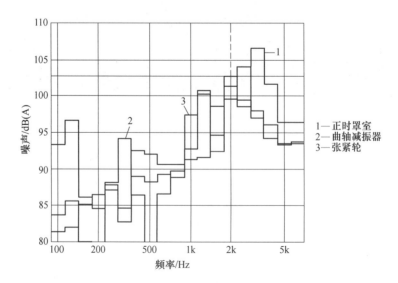

1—正时罩室
2—曲轴减振器
3—张紧轮

图 5.34　近场声强法测得发动机前端各部分噪声

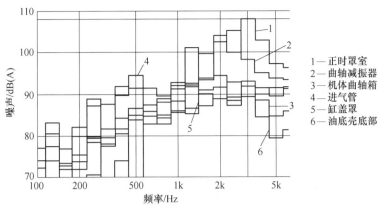

图 5.35 近场声强法测得发动机各部分噪声

为进一步确认正时罩室位置是主要噪声源,在正时罩室位置放置加速度传感器(图 5.36)做振动试验,振动试验结果(图 5.37)表明在 2kHz 频带范围正时罩振动测试结果有极高峰值,振动速度高达 115~116dB(A),远远超过标准要求的 100dB(A),振动试验的测试结果与近场声强法和近场声全息法的测量数据得出的结论一致。因此,正时罩室位置为发动机前端主要噪声源。推断正时链传动系统存在大噪声问题。

图 5.36 传感器安装示意图

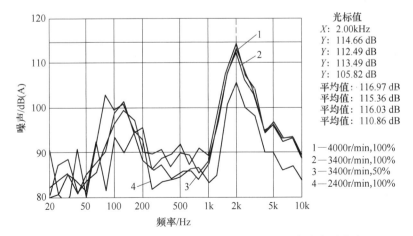

图 5.37 正时罩室位置在不同转速负荷工况下振动试验测试结果

综上，该试验建立了系统而完整的柴油发动机噪声源位置识别流程，即利用1m噪声台架试验，测得该发动机在怠速（800r/min）和额定转矩（1800r/min）工况下，噪声测量结果不满足噪声开发要求，进而对发动机低转速不同工况下噪声情况作了测量分析，发现发动机前端噪声明显高于其他位置，且在2kHz频段出现噪声峰值，因而粗略判断发动机前端为主要噪声源，且应特别注意2kHz频段噪声。通过使用近场声强法和近场声全息法确认无论在高转速还是低转速工况下该发动机前端正时罩室位置都是主要噪声源，采用近距离声强试验，确认正时罩室位置是主要噪声源，且在低转速工况下，2kHz频带有极高噪声值，最后利用振动试验进一步验证上述结论的正确性，推断链传动系统存在问题。由于该发动机正时链传动系统采用标准齿形，不涉及齿形问题，且张紧导轨和固定导轨型线也为经典多段圆弧式，技术成熟，因而判断正时链传动系统液压张紧器部位可能存在问题。接下来将利用多体动力学理论，对正时链传动系统进行动力学仿真分析。

5.3.2 国产4D20发动机正时链传动系统动力学分析

上一节试验结果表明发动机正时罩室位置噪声值极高，且在低转速工况下2000Hz频率时发动机噪声尤为显著，因而对发动机正时链传动系统进行分析。依据正时链传动系统振动噪声产生机理，本节将基于多体动力学理论，对低转速工况下发动机正时链传动系统进行动力学分析，以明确正时链传动系统振动噪声产生的原因，找到具体噪声激励源。

该发动机为直列四缸柴油发动机，其正时链传动系统结构布局如图5.38所示，该系统包含1个42齿凸轮轴链轮、1个21齿曲轴链轮、1个液压张紧器、张紧导轨、固定导轨和1挂由112个节距为9.525mm的套筒滚子链节连接而成的链条。链条与链轮结构参数由主机厂家提供。基于多体动力学理论，建立该正时链传动系统的分析计算模型如图5.39所示。

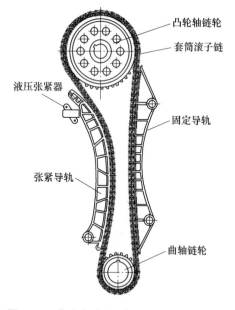
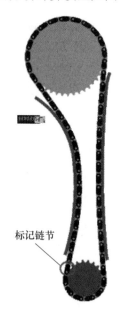

图5.38　柴油发动机正时链传动系统布局图　　图5.39　正时套筒滚子链3D分析模型

1. 正时链传动系统链条张力分析

考虑到凸轮轴链轮转矩变化与曲轴链轮速度波动这两种主要外部振动激励源对系统动力

学特性的影响，本仿真分析将曲轴链轮速度曲线（图5.40、图5.42）和凸轮轴链轮转矩曲线（图5.41、图5.43）作为计算分析的边界条件（由噪声试验结果可知，在低转速工况下，发动机前端噪声明显高于其他部位，因而分析了1000r/min和2000r/min稳态情况下发动机正时套筒滚子链传动系统的动力学特性），根据厂家提供的相应数据设置液压张紧器参数（表5.3、表5.4），尽可能真实的还原正时套筒滚子链传动系统在该款发动机中的工作环境，以更加准确的分析出引起正时套筒滚子链传动系统过大振动的原因，特别是在凸轮轴链轮附近的过大振动。液压张紧器结构如图5.44所示。

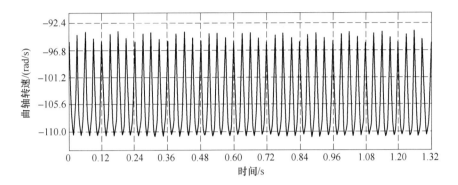

图 5.40　1000r/min 曲轴速度曲线

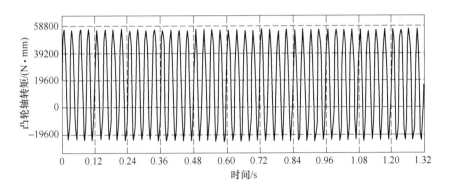

图 5.41　1000r/min 凸轮轴转矩曲线

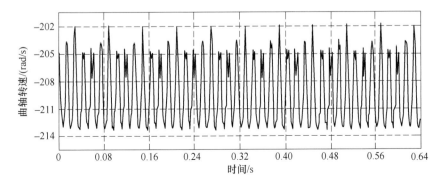

图 5.42　2000r/min 曲轴速度曲线

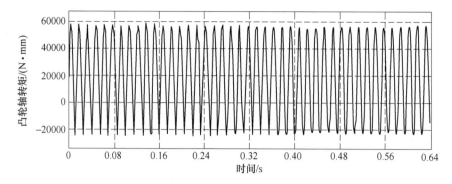

图 5.43　2000r/min 凸轮轴转矩曲线

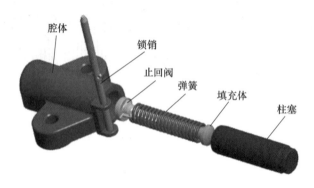

图 5.44　液压张紧器结构示意图

表 5.3　液压张紧器结构参数

名　　称	值
柱塞质量/g	16
初始工作腔体积/mm^3	2570
弹簧刚度/(N/m)	2020
弹簧预紧力/N	86
平均泄漏间隙（相对于直径）/μm	69
泄漏长度/mm	30
小球直径/mm	3
阀座直径/mm	2.5
最大小球升程/mm	0.5
小球质量/g	0.11

表 5.4　液压油参数

液压油属性	值
密度/(N·s^2/mm^4)	8.75×10^{-10}
黏度/(N·s/mm^2)	9.54×10^{-9}
体积弹性模量/MPa	1450
空气含量（%）	5

标记链节（图 5.39）绕整个系统运行四周，链条受力规律及张力大小如图 5.45 与图 5.47 所示。

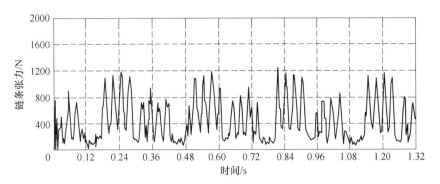

图 5.45　1000r/min 链条张力

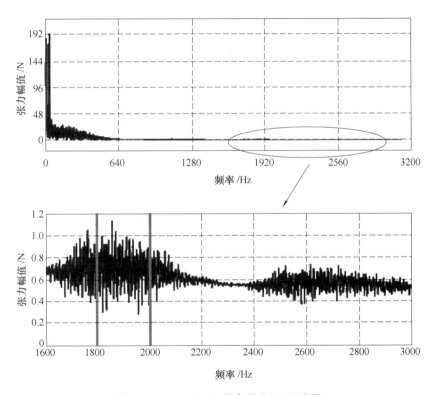

图 5.46　1000r/min 链条张力 FFT 结果

曲轴转速为 1000r/min 的稳态工况下，在第一周运动开始后，标记链节首先与张紧导轨接触，在该段运动过程中链条所受最大张力为 916N，接着链节与凸轮轴链轮轮齿啮合，在啮合初期由于链节与凸轮轴链轮的角速度存在差异，因而链条张力有一定波动，随着啮合的不断深入，链节与链轮保持同一角速度运动，链节受力变小，此时链条张力维持在较小范围内，为 90N 左右，随着凸轮轴链轮的不断转动，标记链节逐步与凸轮轴链轮脱离，开始与固定导轨接触，该段运动过程中，链条所受最大张力为 1220N，最后链节到达曲轴链轮处，实现与曲轴链轮的啮合，此时链条受力依然很小，维持在 140N 左右。如图 5.46 所示，FFT

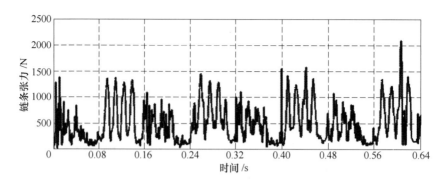

图 5.47 2000r/min 链条张力

结果显示在 1800~2000Hz 频率段内链条张力振动幅值波动剧烈，与噪声测试结果在 2000Hz 左右有高噪声结论相对应。

曲轴转速为 2000r/min 的稳态工况下，在第一周运动开始后，标记链节沿着张紧导轨运动，此过程中链条所受最大张力为 1110N，接着链节与凸轮轴链轮轮齿啮合，在此期间链条张力维持在较小范围内，为 109N 左右，随着凸轮轴链轮的不断转动，标记链节逐渐与凸轮轴链轮脱离，开始与固定导轨接触，这段运动过程中，链条最大张力为 1410N，最后链节与曲轴链轮啮合，此时链条受力在 150N 左右。在整个运动过程中，链条所受张力符合受力规律，张力大小也在允许范围内。然而，如图 5.48 所示 FFT 数据显示，在 2000~2400Hz 频率段内链条张力振幅存在剧烈波动，也与噪声测试结果在 2000Hz 左右有高噪声值相对应。

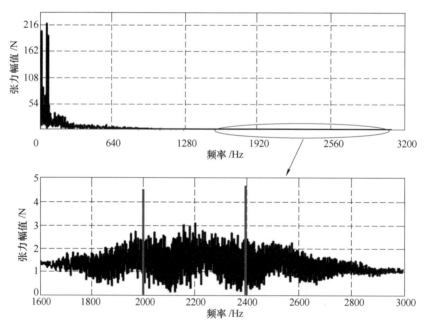

图 5.48 2000r/min 链条张力 FFT 结果

2. 液压张紧器特性分析

该正时链传动系统的链条与链轮采用标准齿形，同时系统导轨采用技术成熟的多段圆弧，因而推断液压张紧器是引起正时链传动系统振动噪声过大的主要激励源。噪声试验声强云图和声全息云图指出正时罩室处噪声值过高,正时链传动系统布局图显示该位置正是液压张紧器与凸轮轴链轮,所以对液压张紧器进行详细分析。

曲轴转速为1000r/min时,系统稳态运转工况下,液压张紧器计算分析结果如图5.49~图5.51所示。在液压张紧器平稳运行状态下,柱塞位移波动严重,最大位移大于1.4mm,表明液压张紧器提供张力不足,导轨摆动幅度较大,造成链条波动,形成冲击噪声。FFT数据显示在1800~2000Hz频段振幅波动剧烈,与链条张力FFT结果、噪声试验数据相对应,说明液压张紧器与正时链传动系统匹配不佳,在2000Hz频段附近形成激励,导致发动机前端产生过高噪声。

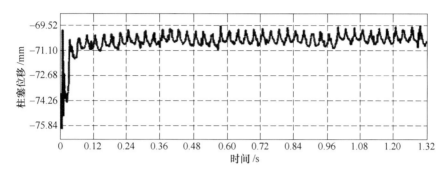

图5.49　1000r/min 液压张紧器柱塞位移

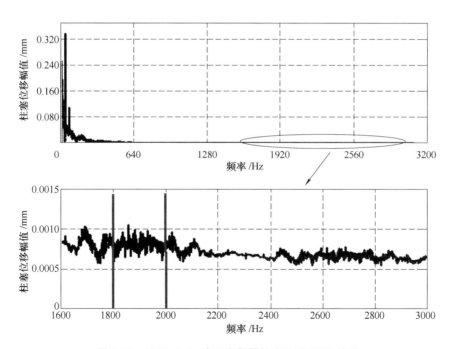

图5.50　1000r/min 液压张紧器柱塞位移 FFT 结果

曲轴转速为2000r/min时,系统稳态运动工况下,液压张紧器计算分析结果如图5.52~图5.54所示。在液压张紧器平稳运行状态下,柱塞最大位移大于1.3mm。FFT数据显示在2000~2400Hz频段振幅波动剧烈,与链条张力FFT结果相对应。

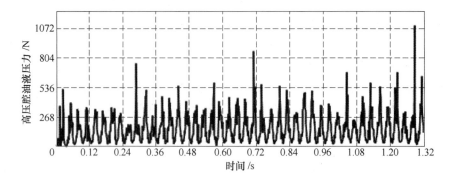

图 5.51　1000r/min 液压张紧器高压腔油液压力

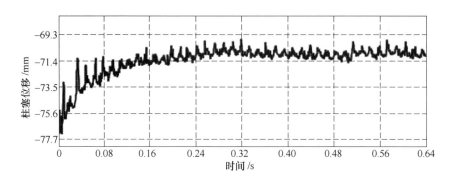

图 5.52　2000r/min 液压张紧器柱塞位移

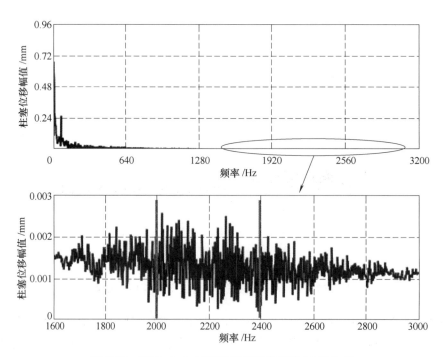

图 5.53　2000r/min 液压张紧器柱塞位移 FFT 结果

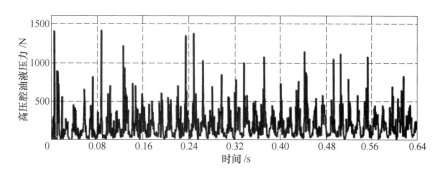

图 5.54 2000r/min 液压张紧器高压腔油液压力

综上，1000r/min 和 2000r/min 正时链传动系统动力学分析结果一致表明链条张力在 2kHz 处有峰值，进而系统分析液压张紧器动力学特性，表明液压张紧器柱塞位移幅值在 2kHz 处存在剧烈波动，该分析数据与噪声测试结果（即 2kHz 处噪声值极高）一致，说明液压张紧器为正时链传动系统振动主要激励源。

为改善液压张紧器的工作性能，修改了液压张紧器的相关参数（主要优化了液压张紧器液压油的空气含量），以提高液压张紧器的阻尼特性，从而增强液压张紧器对链条的张紧作用，吸收更多振动能量，曲轴转速为 1000r/min 与 2000r/min 时链条张力分析结果如图 5.55 ~ 图 5.58 所示。

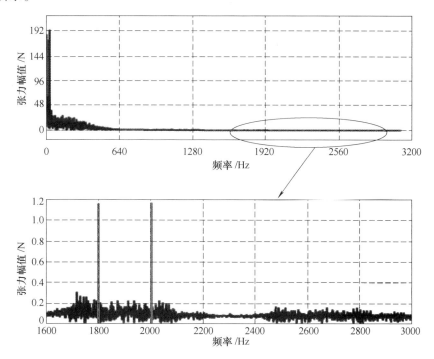

图 5.55 液压张紧器优化后 1000r/min 链条张力 FFT 结果

液压张紧器优化后，在曲轴转速为 1000r/min 时，链条张力曲线表明链条在运转过程中符合链条受力规律，链条最大张力为 1600N，比液压张紧器优化前的链条张力大，但仍满足链条的强度要求。频谱分析数据显示，在优化后整个频率段内链条张力的幅值明显下降，尽

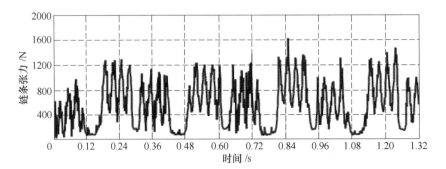

图 5.56　液压张紧器优化后 1000r/min 链条张力

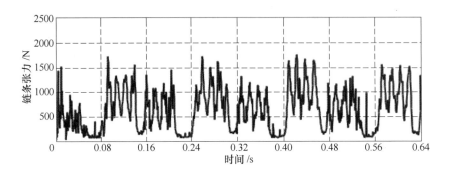

图 5.57　液压张紧器优化后 2000r/min 链条张力

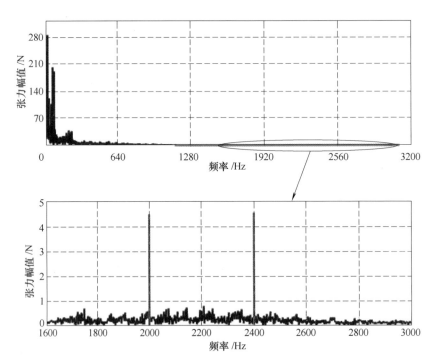

图 5.58　液压张紧器优化后 2000r/min 链条张力 FFT 结果

管没有消除 1800～2000Hz 频段内的激励成分,但是激励幅度显著下降。

液压张紧器优化后,在曲轴转速为 2000r/min 时,链条张力同样符合链条受力规律和强度要求,对比液压张紧器优化前后链条张力 FFT 数据可以看出,优化后链条在整个频率区间内振动幅值远远小于优化前链条的振动幅值。

以上仿真分析表明液压张紧器阻尼特性的提高有利于降低链条的振动,从而达到降低系统噪声的目的。

如图 5.59 和图 5.60 所示,在曲轴转速为 1000r/min 稳态运行过程中,液压张紧器柱塞最大位移量为 1.1mm 左右,小于优化前的 1.4mm,表明张紧导轨摆动位移量相对减小。柱塞位移频谱分析数据表明,尽管在 1800～2000Hz 区域激励幅值变化不大,但激励剧烈程度有所改善(即改善了液压张紧器对张紧导轨的激励状况),从而降低了对链条的振动激励。

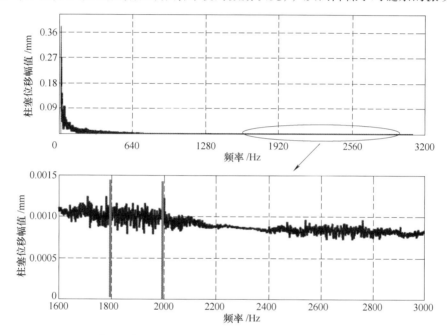

图 5.59　液压张紧器优化后 1000r/min 液压张紧器柱塞位移 FFT 结果

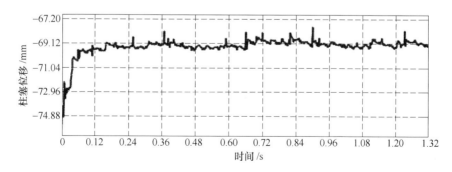

图 5.60　液压张紧器优化后 1000r/min 液压张紧器柱塞位移

图 5.61 与图 5.64 为优化液压张紧器参数后,在曲轴转速为 1000r/min 与 2000r/min 时液压张紧器高压腔油液压力,在同等工况下与优化前高压腔油液压力相比,优化后油液压力

增高，阻尼特性改善，液压张紧器输出力增大，能够更好地实现对链条的张紧。

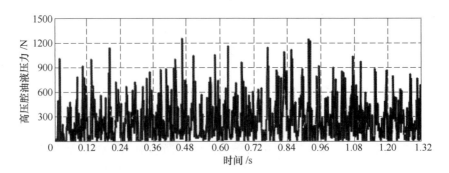

图 5.61　液压张紧器优化后 1000r/min 液压张紧器高压腔油液压力

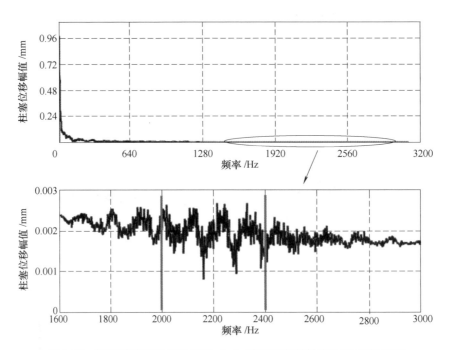

图 5.62　液压张紧器优化后 2000r/min 液压张紧器柱塞位移 FFT 结果

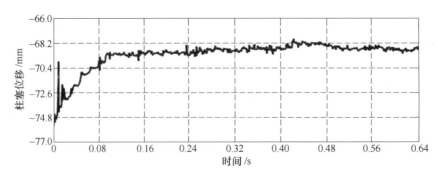

图 5.63　液压张紧器优化后 2000r/min 液压张紧器柱塞位移

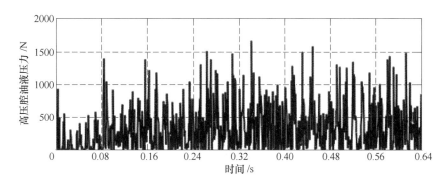

图 5.64 液压张紧器优化后 2000r/min 液压张紧器高压腔油液压力

如图 5.62 和图 5.63 所示,曲轴转速为 2000r/min 稳态运行过程中,液压张紧器柱塞最大位移量为 0.8mm 左右,张紧导轨摆动位移量明显减小。FFT 数据显示尽管在 2000~2400Hz 区域仍存在激励,但激励剧烈度明显降低,从而降低了对链条的振动激励。

通过上述仿真分析可以得出,液压张紧器阻尼特性欠佳导致柱塞位移波动严重,在特定频段内形成激励,使正时链传动系统产生较大噪声。通过改善液压张紧器结构(如为液压张紧器增加泄空气装置,或采用减小张紧器泄漏间隙、减小高压腔体积等方法),增强液压张紧器阻尼性能,显著改善激励幅值与剧烈度,从而从优化激励源角度,解决系统振动噪声问题。

5.4 正时链传动系统的振动特性研究

正时链传动系统的振动特性直接影响系统的噪声水平。基于 5.3 节中动力学分析相关数据,本节以曲轴转速为 2000r/min 的正时链传动系统振动特性为例,运用有限元方法,系统阐述正时链传动系统振动特性分析流程。

5.4.1 正时链传动系统有限元模型的建立

有限元模型的建模精度直接影响计算结果的准确性,为了得到确切的分析数据,对正时链传动系统进行了细致的网格划分。正时链传动系统有限元分析模型如图 5.65 所示。

该模型共包含 595104 个节点和 658745 个网格,由于分析计算中涉及非线性接触,为确保计算的收敛性,应使链片与销轴、导轨的接触部位网格尽量一一对应,因而对链条和导轨的网格划分提出了极高要求,链条和导轨的网格划分情况如图 5.66 所示。

导轨、链板和销轴所使用材料及相应材料属性见表 5.5。

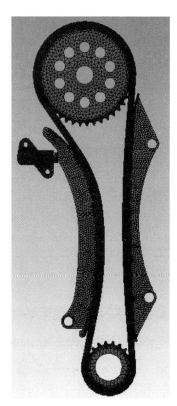

图 5.65 正时链传动系统有限元模型

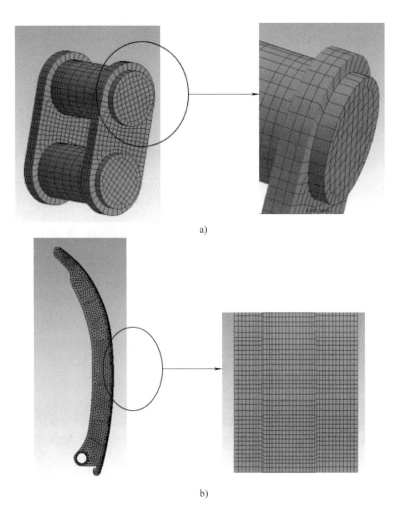

图 5.66 零部件的网格划分

a) 链节网格 b) 导轨网格

表 5.5 正时链传动系统各部件材料及属性

零件	材料	密度/(kg/m³)	弹性模量/MPa	泊松比	屈服强度/MPa	强度极限/MPa
链板	50CrVA	7850	2.06×10^5	0.29	≥1127	≥1274
销轴	38CrMoAl	7850	2.1×10^5	0.3	≥835	≥980
导轨	铸铝合金	2740	7×10^4	0.3	≥160	≥240

5.4.2 正时链传动系统的静力学分析

正时链条在运转过程中，链节与链节之间存在相应转动，因而在链板与销轴之间添加转动副（图 5.67），在张紧导轨、链轮与大地之间分别定义转动副。

为了重现链条在 2000r/min 工作状态下受力状况，利用液压张紧器为松边链条提供张力，由动力学分析数据可提取链条松边张力，由式（2-30）求得液压张紧器柱塞对张紧导轨的作用力，对液压张紧器柱塞施加力。对曲轴链轮施加顺时针方向转矩以模拟紧边链条张力。同时固定张紧导轨和液压张紧器的相应部位，如图 5.68 所示。

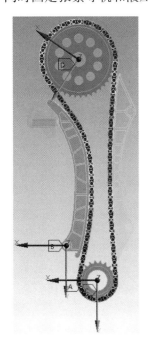

图 5.67　链板与销轴之间的转动副

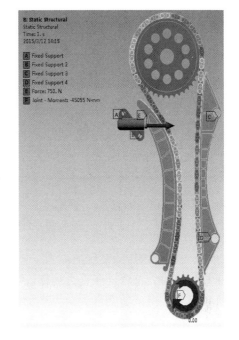

图 5.68　施加边界条件

在系统运行过程中，销轴与链板之间、链节与导轨之间接触形式为摩擦接触，因而该静力学分析为具有摩擦接触的非线性静力学分析，摩擦接触设置参数与力的分析收敛曲线如图 5.69、图 5.70 所示。

Scope	
Scoping Method	Geometry Selection
Contact	1 Face
Target	1 Face
Contact Bodies	Solid 7
Target Bodies	Solid 158
Definition	
Type	Frictional
Friction Coefficient	5.e-002
Scope Mode	Automatic
Behavior	Asymmetric
Trim Contact	Program Controlled
Trim Tolerance	0.1 mm
Suppressed	No
Advanced	
Formulation	Augmented Lagrange
Detection Method	Program Controlled
Penetration Tolerance	Program Controlled
Elastic Slip Tolerance	Program Controlled
Normal Stiffness	Manual
Normal Stiffness Factor	1.
Update Stiffness	Program Controlled
Stabilization Damping Factor	0.

图 5.69　摩擦参数设置

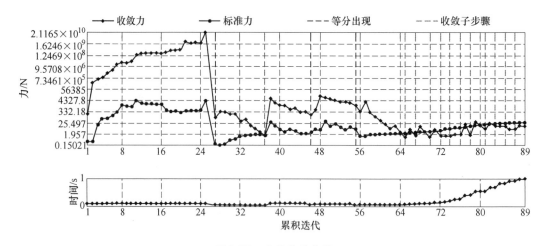

图 5.70 力的收敛曲线

图 5.71 所示为正时链传动系统的应力云图,可以发现系统应力主要集中在链条上,且紧边应力大于松边应力,符合链条受力规律,紧边最大应力为 306.86MPa,对比表 5.5 所列链板与销轴强度极限,链条所受最大应力小于许用范围,满足强度要求。

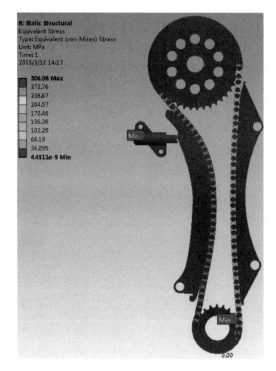

图 5.71 正时链传动系统应力云图

5.4.3 正时链传动系统的模态分析

在链条张力的影响下,链条刚度发生变化,因而对系统做有预应力的模态分析,分析正时链传动系统的模态振型。前 30 阶模态频率见表 5.6。前 6 阶模态振型如图 5.72 所示。

第5章 正时链传动系统噪声测试及振动噪声特性研究

表5.6 正时链传动系统模态频率及振型描述

阶次	频率/Hz	振 型 描 述
1	179.16	张紧导轨与链条的前后振动
2	285.22	张紧导轨与链条的前后振动
3	370.13	张紧导轨与链条的前后振动
4	632.88	张紧导轨与链条的左右振动
5	665.1	张紧导轨与链条的前后振动
6	721.54	张紧导轨与链条的1阶扭转振动
7	808.19	张紧导轨与链条的1阶扭转振动
8	964.36	链条的左右振动
9	1116.4	张紧导轨与链条的1阶扭转振动
10	1145.4	张紧导轨与链条、凸轮轴链轮的1阶扭转振动
11	1161.9	链条的左右振动
12	1227.5	链条与张紧器的左右振动
13	1307.5	张紧导轨与链条的1阶扭转振动
14	1606.2	链条的前后1阶扭转振动、张紧导轨左右摆动、链轮的前后扭动
15	1615.3	链条的前后2阶扭转振动、张紧导轨左右摆动、链轮的前后扭动
16	1670.5	链条的前后2阶扭转振动、张紧导轨和链轮的前后扭动
17	2165.6	固定导轨的前后1阶扭转振动
18	2223.2	链条的前后2阶扭转振动
19	2243.6	链条前后的3阶扭转振动、凸轮轴链轮的前后扭动
20	2268.2	凸轮轴链轮与固定导轨之间链条的左右1阶扭转振动
21	2345.9	曲轴链轮与固定导轨之间链条的左右1阶扭转振动
22	2501.9	凸轮轴链轮左右扭转振动、上部链条的左右摆动
23	2560.2	凸轮轴链轮的前后扭转振动
24	2578.6	凸轮轴链轮与张紧导轨之间链条的左右振动
25	2630.9	固定导轨的左右振动
26	2835.5	凸轮轴链轮的前后振动
27	2966.4	张紧导轨的前后2阶扭转振动
28	2977.9	张紧导轨的前后2阶扭转振动、链条前后3阶扭转振动、凸轮轴链轮前后振动
29	3034.7	曲轴链轮与张紧导轨之间链条的左右1阶扭转振动
30	3038	曲轴链轮与张紧导轨之间链条的左右2阶扭转振动

第1阶模态频率为179.16Hz,通过换算可知引起正时链传动系统在此频率处共振的发动机转速为10749.5r/min,此转速远远大于4D20柴油发动机最高转速(4000r/min),因而发动机转速不会与正时链传动系统形成共振。前5阶系统模态振型以链条与张紧导轨的摆动为主,从第6阶模态开始系统出现扭转振型。系统前30阶模态频率处于179Hz到3038Hz之间,相邻阶次频率值最大差距为300Hz,最小仅为2Hz,系统振型密集,主要集中在张紧导轨和链条上。如果激励频率与振型频率相近,将更容易引起张紧导轨和链条的振动。

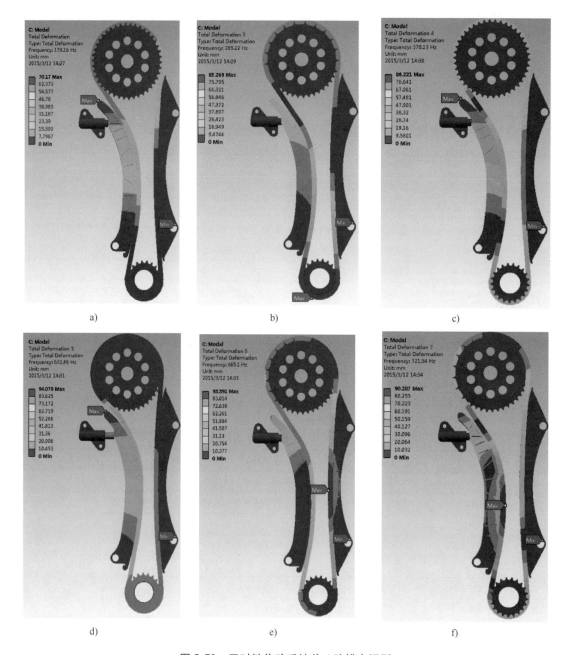

图 5.72 正时链传动系统前 6 阶模态振型

a) 1 阶模态振型 b) 2 阶模态振型 c) 3 阶模态振型 d) 4 阶模态振型 e) 5 阶模态振型 f) 6 阶模态振型

5.4.4 正时链传动系统的谐响应分析

为了进一步分析正时链传动系统在特定激励下的振动响应，在有预应力模态分析的基础上对系统进行谐响应分析。

由正时链传动系统振动噪声产生机理可知，系统激励源主要有液压张紧器对张紧导轨的激励和链条与链轮的啮合冲击。以 5.3 节动力学分析数据为边界条件，分析正时链传动系统振动特性。首先分别提取液压张紧器高压腔压力（模拟液压张紧器对张紧导轨的作用力）和链条与凸轮轴链轮、曲轴链轮啮合时的接触冲击力，由于谐响应分析要求输入频域下数据，因而对提取的时域数据做 FFT 处理，最后将转换后的数据作为边界条件施加于正时链传动系统（图 5.73）。

该谐响应分析计算 0~3200Hz 之间正时链传动系统的响应状况，采用模态叠加法对系统进行了计算。系统变形量云图如图 5.74 所示，由该云图可以看出张紧导轨侧在激励作用下响应剧烈，说明液压张紧器对系统的激励是引起系统振动的主要原因。

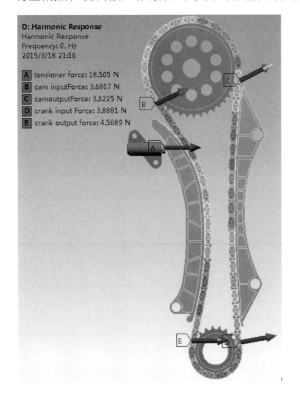
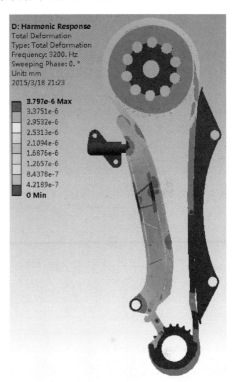

图 5.73　谐响应分析边界条件　　　　图 5.74　正时链传动系统总变形云图

图 5.75 所示为正时链传动系统在激励下 X 方向的振动位移响应曲线，可以看出在 640Hz 处出现振动峰值，该频率与系统 4 阶模态振型频率接近，这个频段下的激励引起系

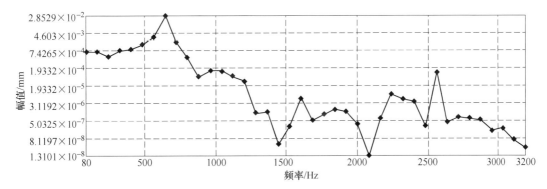

图 5.75　正时链传动系统 X 方向振动位移响应曲线

共振。随着频率的增加,振动幅值逐渐降低,在接近1500Hz左右时,激励强度增大,系统振动响应幅值开始上升而后下降,在2100Hz左右振动幅值再次上升,在2560Hz左右出现另一个振动峰值,该频率与系统26阶模态频率一致,造成系统剧烈响应。

由系统各部件 X 方向振动位移曲线可以看出(图5.76),在整个频率段内系统在640Hz处有大位移变化,系统振动剧烈,其中张紧导轨在此频率内振动位移最大,链条次之。放大1500~3000Hz频段可看出,2000~2400Hz内有一小峰值,此区间内张紧导轨和链条振动位移较大,在2400~2700Hz频段内出现另一峰值,此时固定导轨响应最为剧烈,张紧导轨和链条次之。

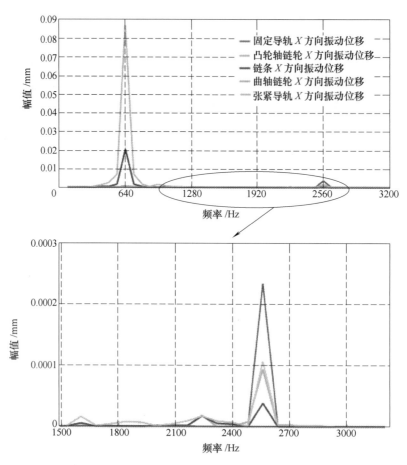

图5.76 正时链传动系统各部件 X 方向振动位移响应曲线

从正时链传动系统各部件 X 方向加速度响应曲线可以发现(图5.77,图5.78),正时链传动系统各部件 X 方向加速度分布规律与 X 方向振动位移曲线所示分布规律基本一致。在低频段内张紧导轨与链条反应较大,在2000~2400Hz区域内张紧导轨与链条的振动占主导地位,2400~2700Hz频段内固定导轨振动最为严重,张紧导轨与链条次之。

综上,在0~3200Hz频段内正时链传动系统模态振型密集,主要集中在链条与张紧导轨部分。液压张紧器激励是正时链传动系统主要激励源,在640Hz与2560Hz处引起系统共振,造成正时链传动系统在该频段内的振动。同时分析系统各部件 X 方向振动位移曲线和 X 方

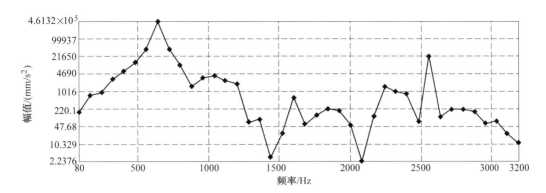

图 5.77 系统 X 方向加速度响应曲线

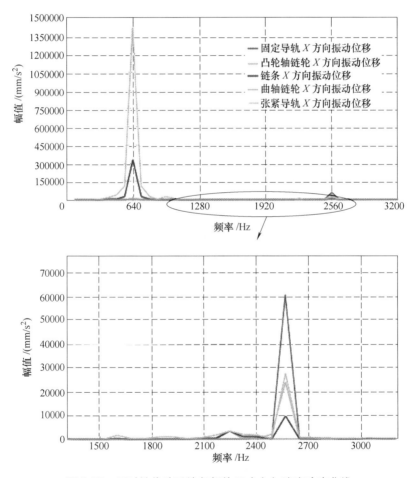

图 5.78 正时链传动系统各部件 X 方向加速度响应曲线

向加速度响应曲线可以看出,在液压张紧器激励和链节与链轮啮合冲击共同作用下,正时链传动系统各部件在低频段内有振动响应,其中张紧导轨和链条振动最为剧烈;在 2000~2400Hz 区域振动曲线出现第二个峰值,此时张紧导轨与链条的振动占主导地位;2400~2700Hz 频段内振动响应曲线出现第三个峰值,固定导轨振动最为严重,张紧导轨与链条次之。

图 5.79 为液压张紧器参数优化后正时链传动系统总变形云图,与优化前(图 5.80)相比,变形量最大部位变为固定导轨侧链条,张紧导轨侧变形得到改善。

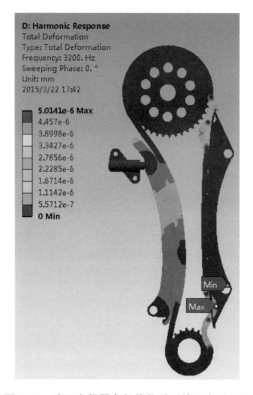

图 5.79 液压张紧器参数优化后系统总变形云图

由图 5.80 和图 5.81 可以看出,尽管改善液压张紧器工作性能后系统振动位移响应曲线和加速度响应曲线基本变化趋势和优化前曲线相比改善不大,但是在 2000~2400Hz 频段内,系统振动位移幅值和加速度幅值波动平缓。因而液压张紧器工作阻尼特性的优化有利于改善正时链传动系统在此频段的振动特性,降低正时链传动系统在该频段的噪声值。

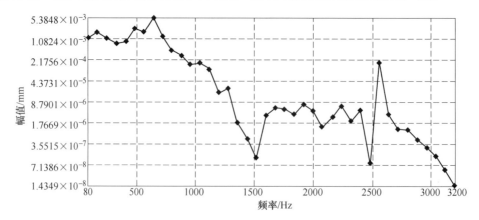

图 5.80 液压张紧器参数优化后系统 X 方向振动位移响应曲线

第 5 章 正时链传动系统噪声测试及振动噪声特性研究 | 237

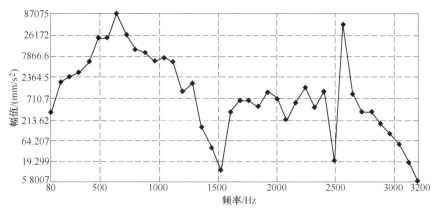

图 5.81 液压张紧器参数优化后系统 X 方向振动加速度响应曲线

5.5 正时链传动系统振动噪声预测分析

正时链传动系统的噪声水平直接影响发动机品质，对正时链传动系统振动噪声进行预测，有助于工程技术人员在产品研发阶段了解评价正时链传动系统特性，缩短研发周期。本章以声学边界元理论为支撑，以国产 4D20 柴油发动机正时链传动系统在曲轴转速为 2000r/min 稳态工况下振动噪声水平预测为例，详细介绍正时链传动系统噪声值预测方法流程。

边界元法包括直接边界元法和间接边界元法，直接边界元法要求网格是封闭的，只可以计算封闭网格内部声场或外部声场，不能同时计算网格的内部和外部声场。间接边界元网格可以是封闭的，也可以是有开口的，能够同时计算网格内部声场和外部声场。本文采用间接边界元法对正时链传动系统进行噪声计算。

完整的声学噪声预测过程包括动力学分析，结构振动特性分析和声学分析。首先使用 RecurDyn 软件对正时链传动系统进行动力学分析（5.3 节），然后使用 ANSYS 软件对正时链传动系统振动特性进行研究，分析系统在特定激励下的响应（5.4 节），最后使用 LMS Virtual.Lab Acoustics 软件对正时链传动系统辐射噪声特性进行研究，详细流程如图 5.82 所示。

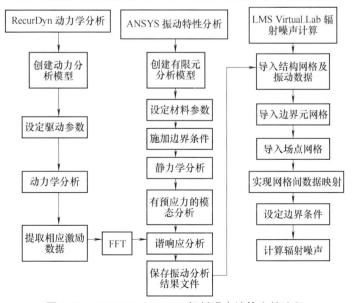

图 5.82 LMS Virtual.Lab 辐射噪声计算完整流程

5.5.1 导入结构有限元模型

模型为 5.4 节正时链传动系统振动分析时的有限元模型,导入的文件中不仅包括有限元网格还包含 ANSYS 计算的振动数据,图 5.83 显示的是 1440Hz 的振动位移云图。

5.5.2 导入声学边界元网格和场点网格

使用 LMS Virtual.Lab Acoustics 进行声学边界元分析计算时,对网格单元长度有一定要求,通常要求最大单元长度不超过最短波长的 1/6,或小于最大计算频率处波长的 1/3,要求边界元网格单元类型为线性单元。例如声音在某流体介质中传播速度为 c,且最高计算频率为 f_{max},则其边界元网格单元长度应满足:

$$L \leqslant \frac{c}{6 f_{max}} \tag{5-68}$$

根据式(5-68),流体声速为 340m/s,最高计算频率为 3200Hz,则单元长度不应大于 18.8mm,实际正时链传动系统声学边界元网格最大单元长度为 8.6mm,满足声学边界元网格划分条件,正时链传动系统声学边界元网格如图 5.84 所示。

导入声学边界元模型后需要对模型定义流体材料属性,本计算中流体为空气,因而直接定义声速为 340m/s,空气密度为 1.225kg/m³。然后导入场点网格,如图 5.85 所示,场点位于正时链传动系统前端 20cm 处,场点网格类型为 shell,共包含 1638 个节点,1525 个单元。

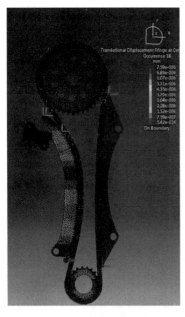
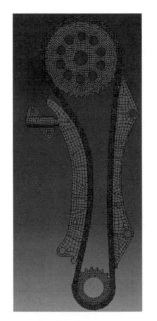
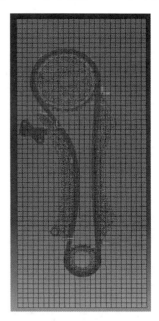

图 5.83 1440HZ 振动位移云图　　图 5.84 系统声学边界元网格　　图 5.85 系统场点网格

5.5.3 结构网格与声学网格之间的数据映射

在 LMS Virtual.Lab 计算系统中,现已有结构网格和声学网格,振动数据包含在结构网格上而不在声学网格上,为了计算辐射噪声,需要将结构网格上的振动数据转移到声学网格上，这就要进行数据映射。但是这些网格间的节点和单元往往不是一一对应的，因此需要定义两网格间的映射关系。

数据映射关系可根据模型实际进行定义。以数据从结构网格到声学网格为例，在声学网格节点距离范围 D 内，从结构网格上寻找最多 n 个最近的节点对应该声学网格节点。若距离范围 D 内有超过 n 个结构网格节点，那么寻找最近的 n 个；若不满 n 个，则全取；若 D 内没有响应的结构网格，那么该声学网格上没有数据。如图 5.86 所示，结构网格有 4 个节点对应声学网格中一个目标节点 A，这 4 个节点到 A 的距离为 $d_i(i=1,2,3,4)$，$d_i \leqslant D$，那么假设 $n=4$，此时目标节点 A 上的振动速度 V_A 可由下式计算：

$$V_A = \frac{\sum_{i=1}^{4} \frac{v_i}{d_i}}{\sum_{i=1}^{4} \frac{1}{d_i}} \tag{5-69}$$

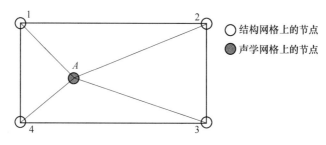

图 5.86 数据映射示意图

依据上述数据映射关系设置数据映射参数，完成正时链传动系统结构振动数据向声学网格上的数据转移。

5.5.4 声学计算结果

设置相应声学计算边界条件，确定声学计算频率范围进行声学求解。计算出系统在 0～3000Hz 范围内的声功率曲线。

如图 5.87 所示，在 600Hz 左右首先出现一个 70dB（A）的噪声峰值，随着频率的增加，噪声水平逐渐下降，在 1400Hz 左右又开始逐渐升高，于 2100Hz 附近出现一个小峰值，噪声值约为 55dB（A），在 2600Hz 附近系统噪声达到最大值 80dB（A）。

图 5.88 所示为正时链传动系统噪声峰值处辐射噪声云图，由此可见正时链传动系统凸轮轴链轮位置噪声值较高，与 5.3 节测试结果正时罩室位置噪声较大相对应。因而利用该方法计算正时链传动系统辐射噪声响应具有一定可靠性。

优化液压张紧器参数后正时链传动系统声功率曲线如图 5.89 所示，在 2000～2400Hz 频段内噪声值相比于优化前（图 5.87）得到明显改善，整个频率段内噪声值变化平缓，整体噪声值低于 50dB（A），与动力学分析和振动特性分析结果一致。正时链传动系统 2056Hz 频段处噪声分布云图（图 5.90）表明张紧导轨侧凸轮轴链轮部位辐射噪声明显降低，此处噪声主要是由固定导轨侧引起，但整体噪声值不高。因而，验证改善液压张紧器阻尼特性有利于降低正时链传动系统在 2000～2400Hz 频段内噪声值。

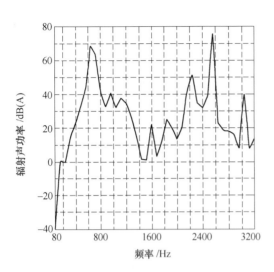

图 5.87 正时链传动系统声功率曲线

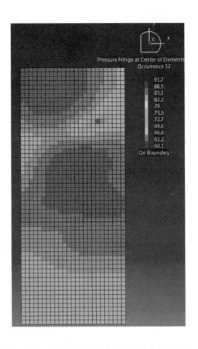

图 5.88 正时链传动系统噪声峰值处辐射噪声云图

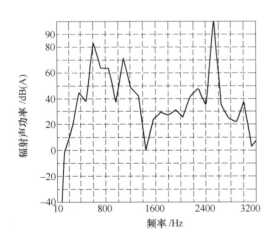

图 5.89 液压张紧器参数优化后正时链传动系统声功率曲线

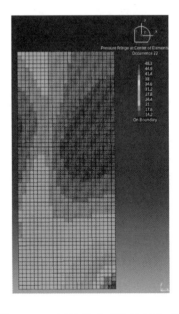

图 5.90 正时链传动系统 2056Hz 处辐射噪声云图

5.6 正时链传动系统噪声台架试验

正时链传动系统噪声的试验研究包括台架试验和点火试验两部分。其中，台架试验是为了研究无负载的正时链传动系统在发动机缸头的噪声情况，没有考虑发动机点火时刻各部件之间的冲击及发动机正常工作时刻曲轴速度波动和凸轮轴负载波动。进行正时链传动系统台架试验是验证正时链传动系统可靠性的关键环节，因其具有成本低、易操作等优点，已经得到越来越多发动机生产企业的认可。点火试验是在台架试验满足要求之后，在发动机整机上进行的正时链传动系统的噪声试验。

5.6.1 TA1 正时链传动系统布局

四冲程汽油机的运转是按进气行程、压缩行程、做功行程和排气行程的顺序不断循环往复的。并且，每个行程中活塞的位置都要和进排气门的开闭相互配合，正时链传动系统在配气机构中起到了一个媒介的作用，将曲轴的运动和动力传递给其他相关机件。

TA1 发动机具体参数见表 5.7。

表 5.7 TA1 发动机具体参数

TA1	类型	缸径/mm	冲程/mm	排量/L	连杆长度/mm	气门数	额定功率点	最大转矩点
参数	直列4缸	73	80	1.339	129.5	16	67kW/6000r/min	120N·m/3600~4000r/min

TA1 发动机的正时链传动系统的布局与普通的正时链传动系统有所不同，机油泵链轮与曲轴链轮、凸轮轴链轮在空间上处于同一工作平面，采用同一链条整合在同一系统内。系统由曲轴链轮，机油泵链轮，进排气凸轮轴链轮，两个固定导轨，一个张紧导轨，一个液压张紧器和一挂齿形链条组成。图 5.91 所示为 TA1 汽油发动机的正时齿形链传动系统。

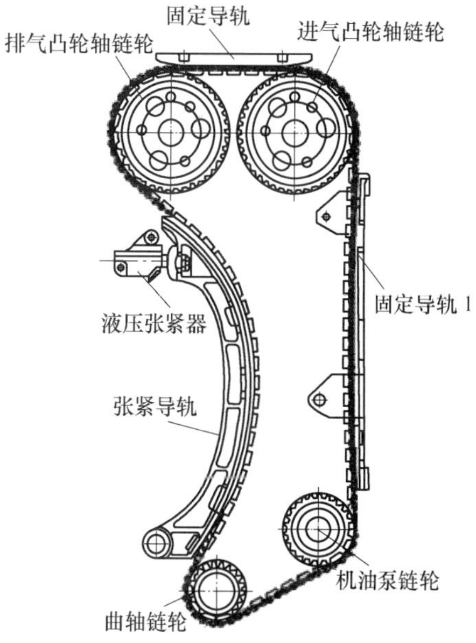

5.6.2 噪声台架试验的设备及测试仪器

1. 电动机的选取

根据试验需要，电动机的功率、转速、负载转矩分别应接近 18kW、3000r/min、10N·m，选定的电动机型号是 Y160L-2，其额定功率为 18.5kW，额定转速为 2930r/min，额定转矩为 60N·m，效率为 89%。满足试验需求。

2. 联轴器的选定

联轴器选用的是凸缘式联轴器（GYH-5，轴孔直径 42mm），它具有结构简单，性能稳定，便于拆卸，不易变形，传递转矩大等优点，但它的缺点是吸收冲击的能力较差，为了避

图 5.91 TA1 发动机用正时齿形链传动系统

免引起附加载荷,对轴与轴之间对中的精度有一定要求。该联轴器转速范围在1400~13000r/min之间,满足试验需求。

3. 主轴尺寸的确定

(1) 零件的轴向定位(以轴肩、套筒、轴端挡圈、轴承端盖和圆螺母进行轴向定位);

(2) 零件的周向定位(常用键、花键、销、紧定螺钉以及过盈配合进行);

(3) 各轴段直径的确定:

1) 依据公式估算出最小轴径;

2) 有配合要求的轴段要采用标准直径;

3) 为使零件装拆方便,减少表面损伤配合,靠外轴段的直径应小于相对靠内轴段的直径。

(4) 各轴段长度的确定:

1) 根据各零件与轴配合部分的轴向尺寸和相邻零件间的必要空隙确定;

2) 与齿轮、联轴器相配合部分的长度一般比轮毂长度短2~3mm。

对于实心轴来说,轴的最小直径应满足以下公式:

$$d \geqslant \sqrt[3]{\frac{5T}{[\tau]}} = A\sqrt[3]{\frac{P}{n}} \tag{5-70}$$

式中,d 为计算剖面处轴的直径(mm);T 为轴传递的额定转矩(N·mm);P 为轴传递的额定功率(kW);n 为轴的转速(r/min);$[\tau]$ 为许用扭转切应力(MPa)。

根据电动机的规格,轴的理论最小直径20.1mm,因此最小直径21mm满足要求。主轴后端(左侧)尺寸(42mm)和选用的电动机轴尺寸相同(图5.92),第一个轴肩的尺寸(50mm)防止联轴器的轴向窜动,第一段轴的轴向长度(110mm)和联轴器的长度大体相当;当第一个轴肩(50mm)确定之后,就知道了第二段轴的径向长度(50mm),用第二段轴的径向长度来选择需要的轴承;第二个轴肩的径向尺寸是根据轴承的安装尺寸来确定的;主轴前端的尺寸和曲轴前端的尺寸一致,这样便于安装曲轴链轮。在主轴前端,同样有一个轴承,它的尺寸和后端轴承的尺寸一致。在主轴的前端开一个螺纹孔,预选的螺栓为双头螺柱。其主要目的是固定主轴和链轮,使它们产生的摩擦力转矩能克服负载转矩。

图5.92 试验台主轴模型图

4. 机油泵轴尺寸的设计

机油泵轴用来固定机油泵链轮,轴前端径向尺寸根据机油泵链轮孔的尺寸来确定。机油泵轴上键槽的设计计算如下:

首先根据轴端的轴径,选取的普通型平键尺寸为 $b=5$mm,$h=5$mm,$L=20$mm,根据平键的校核公式:

$$\sigma_p = \frac{2T}{dkl} \leqslant [\sigma_p] \tag{5-71}$$

式中，k 为键与轮毂键槽的接触高度，$k=0.4h$，h 为键的高度，单位（mm）；l 为键的工作长度，圆头平键 $l=L-b$，平头平键 $l=L$，单圆头平键 $l=L-b/2$，L 为键的长度，b 为键的宽度，单位（mm），$l=L=20\text{mm}$；d 为轴的直径，单位（mm）；$[\sigma_p]$ 为键、轴、轮毂三者中最弱材料的许用挤压应力，单位（MPa）。

取负载转矩为 5N·m，把键的尺寸代入校核公式：

$$\sigma_p = 15.625\text{MPa} \leqslant 30\sim45\text{MPa}$$

5. 轴承的选取

主轴上有两个轴承，选用的是深沟球轴承，其特性是极限转速非常高，既可以承受径向载荷，也可以承受纵向载荷。根据主轴轴颈，选取的是代号为 61810 的轴承。机油泵轴上的轴承选用的是 61803 的深沟球轴承。深沟球轴承在脂润滑方式下轴承允许的 dn 值为 160000mm·r/min，其中 d 为轴承的内径 mm，n 为转速 r/min，因此对于主轴承来说 dn = 150000mm·r/min < 160000mm·r/min，需进行脂润滑。同样对机油泵上的轴承进行脂润滑也能满足要求。

结合合作项目中 TA1 发动机中的正时链传动系统，设计出了与之配套的噪声试验台，进而在三维建模软件 CATIA 中建立相应零件的三维模型后进行装配（图 5.93），按照设计图样，将设计的试验台加工装配，进行试验验证。

图 5.93　噪声试验台三维模型

进行发动机正时链传动系统噪声台架试验的试验台包括以下三个模块：电动机模块、正时链传动模块和油泵润滑模块。其中，电动机模块由变频电动机和变频器组成，电动机主轴的转速快慢是通过调节变频器的频率升降得到的，本试验选择的电动机额定功率为 18.5kW，转速范围在 0～3000r/min，以电动机通过联轴器带动曲轴链轮转动模拟曲轴转动，进而驱动整个正时链传动系统运转，电动机转速损失较小，因而曲轴转速波动较小。油泵润滑模块主要包括油箱、油泵电动机组以及润滑油路。油箱用来储存润滑油，油箱中的润滑油经油泵通过润滑油路对运行中的链轮链条润滑,同时为液压张紧器进行供油,提供供油压力。整个系统除了正时链传动系统之外,还包括发动机的缸盖和气门,如图 5.94 所示。

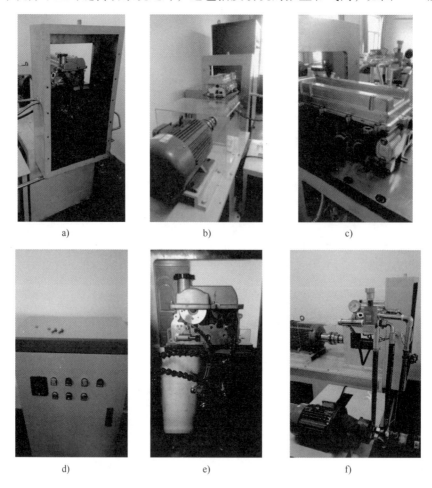

图 5.94　发动机正时链传动系统台架安装图

进行噪声测量的仪器采用的是 AWA6290A 多通道噪声与振动采集仪。AWA6290A 型多通道噪声与振动采集仪是由杭州爱华仪器公司开发的一种基于计算机进行噪声信号采集处理的仪器,可以进行实时频谱分析。采集仪主机主要负责数据采集和实时分析,数据采集与分析软件基于 Windows 操作系统,主要完成测试、命令操作、信号及数据的显示和存储等工作。AWA6290A 的信道包括噪声测试通道和振动测试通道,可以进行任意通道组合,另外还能够添加转速通道。表 5.8 列出了台架试验的试验设备清单。

表 5.8　台架试验的设备清单

设 备 名 称	型号/规格	测量范围（用途）
噪声测试系统	AWA6290A 多通道噪声与振动采集仪	30 ~ 140dB
台架	自主开发正时链传动系统试验台	0 ~ 3000r/min

5.6.3 噪声台架试验的试验规范

进行噪声测试的正时齿形链传动系统中,各部件参数如下:链板节距为 6.35mm,链节数为 158,曲轴链轮齿数为 21,进排气凸轮轴链轮齿数均为 42,机油泵轴链轮齿数为 25。

为了验证自主开发的正时链传动系统的噪声性能,先后对日本原正时链传动系统和自主开发的系统进行噪声的台架测试,本次试验中使用的是原机所带液压张紧器。为了保证试验结果的可靠性,共进行了 5 次测试,并进行了多组数据的对比分析。

进行噪声测试前,在距离发动机缸头前端 1m 处用三脚架固定送话器。用液压站或泵供给各种压力和温度下的机油,测量要求见表 5.9。利用变频器控制电动机来测量不同转速情况下的噪声值。具体测试步骤如下:

1. 手动安装正时链传动系统组件及链条,安装完毕,在测试之前让整个系统运转 5min 进行暖机,以确保机油温度和压力等参数在要求范围内。

2. 测试开始后,利用变频器控制转速从 800~2800r/min 依次递增($\Delta n = 400$r/min),在转数稳定、测量值无明显波动时,保存记录不同转速下的数据。

3. 测试完毕,换装另一组正时链传动系统,重复以上步骤。进行 5 次试验后进行数据对比,选取可靠数据。

表 5.9 台架试验的测量要求

序号	项 目	内 容 描 述	备 注
1	油温	20℃±5℃	
2	油压	4×10^5 Pa	
3	试验用油	10W-30 汽油发动机油	
4	测量范围	800~2800r/min	$\Delta n = 400$r/min
5	噪声测量	20℃±5℃下,日本原系统和自主开发系统在不同转速下系统噪声值	

5.6.4 台架试验结果对比

在完成台架试验后,对采集到的数据进行处理,包括数据的导出、格式的转换、数据的整理等,在整理完数据之后进行详细的分析,进而评价自主开发的正时链传动系统和日本原系统的噪声性能。

1. 相同转速 5 次测量结果分析

为了得到准确可靠的数据,每组转速都做了 5 次试验。图 5.95(只选取 800r/min、2800r/min 做展示)所示为相同转速下 5 次测量噪声值对比。从 1/3 倍频程频谱分析结果看出,相同转数下,5 次所测噪声值随频率变化的趋势基本吻合,说明 5 次测试的数据基本准确。在低速时,不论是日本原正时链传动系统还是自主开发的系统,各中心频率上 5 次噪声值吻合度都较高。但是在高速时,特别是转速高于 2400r/min 时,噪声值出现较大波动,原日本正时链传动系统尤为明显。不论在何种转速下,噪声的峰值分布在中频段,这一点可以通过比较 A 计权噪声值和 C 计权噪声值的大小得到,虽然 A 计权噪声值小于 C 计权噪声值,但是两者相差较小,所以噪声呈现高频特性。此外,5 次测量 A 计权噪声值的变化幅度非常小。

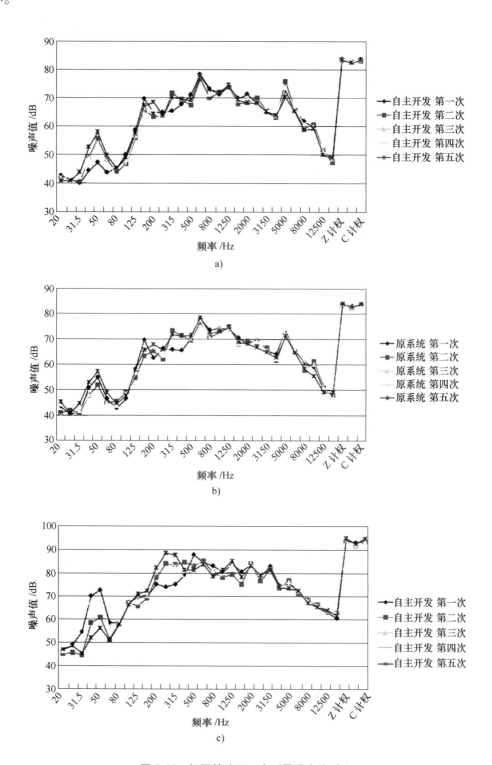

图 5.95 相同转速下 5 次测量噪声值对比

a) 800r/min—自主开发 b) 800r/min—原系统 c) 2800r/min—自主开发

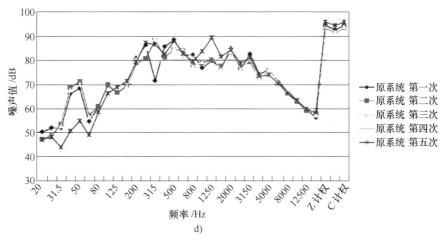

图 5.95 相同转速下 5 次测量噪声值对比（续）

d）2800r/min—原系统

2. A 计权平均值对比

A 计权声压的特性曲线已经非常接近于人耳的听觉特性，因此采用 A 计权声压能够较好的反映噪声的整体水平。采用 5 次的平均值是为了减小测量中的误差，提高数据的准确性。

表 5.10 为不同转速 5 次 A 计权声压的平均值，可以看出随着曲轴转速从 800r/min 递增到 2800r/min，两链条的噪声值是逐渐增加的。在转速为 1200r/min、1600r/min、2000r/min、2400r/min 时，自主开发的正时链传动系统与日本原系统的噪声平均值分别相差 0.26dB、0.16dB、0.26dB、0.2dB，在转速为 800r/min、2800r/min，自主开发系统比原系统分别低 0.02dB、0.94dB，两者的差值均在规定的范围内。图 5.96 所示为不同转速 A 计权噪声对比曲线。

表 5.10 A 计权声压的平均值

转数/(r/min)	800	1200	1600	2000	2400	2800
自主开发/dB	82.72	84.72	86.18	87.86	89.4	91.94
原系统/dB	82.74	84.48	86.02	87.6	89.6	92.88
差值/dB	−0.02	0.26	0.16	0.26	0.2	−0.94

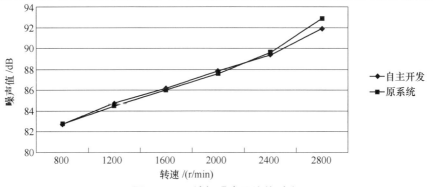

图 5.96 A 计权噪声平均值对比

3. 不同转速下噪声对比

如图 5.97（选取了第二次和第四次测量的相关数据）所示，从不同转速噪声值的对比可以看出：随着转速的提高，在低频率段（20～200Hz）噪声值起伏较大，呈现不规律变化，当频率大于200Hz时，噪声值随着转速的变化整体上呈现逐渐上升的趋势。不同转速下噪声的峰值对应在不同的中心频率，但是噪声的峰值基本上分布在中高频阶段（200～3150Hz）。不论在何种转速下，在5000Hz都会出现峰值而且噪声值的大小基本相当，经过分析可知，这是机油泵电动机组主要频率所在的区间。

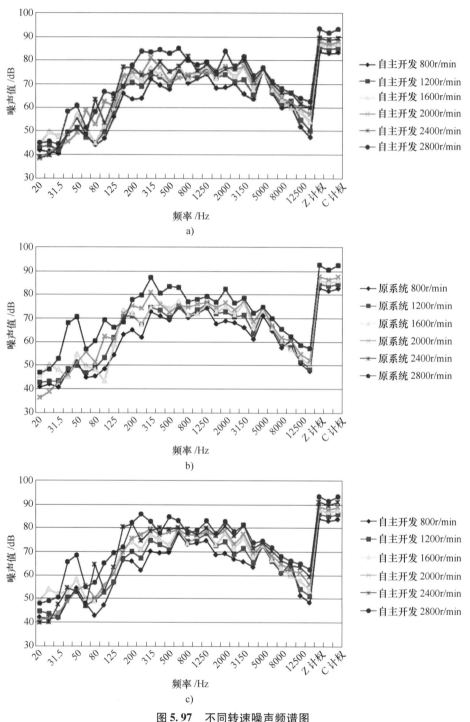

图5.97 不同转速噪声频谱图

a) 第二次测试—自主开发 b) 第二次测试—原系统 c) 第四次测试—自主开发

第 5 章 正时链传动系统噪声测试及振动噪声特性研究

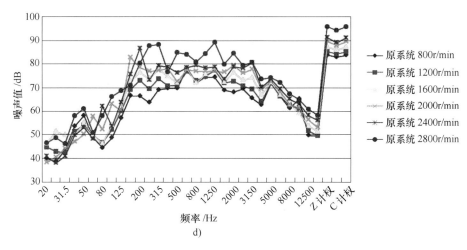

d)

图 5.97 不同转速噪声频谱图（续）

d) 第四次测试—原系统

4. 相同转速噪声对比

为了直观地反映自主开发的正时链传动系统与日本原系统在各频率段上的噪声性能，选取了第三次测量 800r/min、1600r/min、2400r/min 的数据进行分析对比（图 5.98）。在曲轴

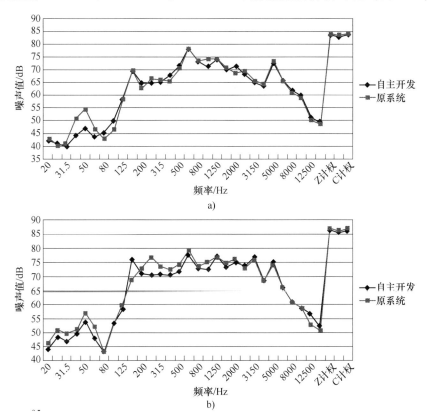

图 5.98 相同转速下，原系统和自主开发系统噪声值

a) 800r/min 噪声值对比　b) 1600r/min 噪声值对比

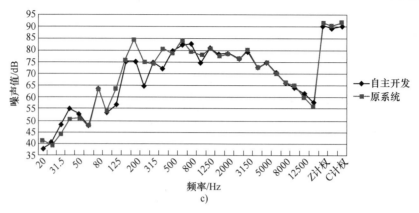

图 5.98 相同转速下,原系统和自主开发系统噪声值(续)

c) 2400r/min 噪声值对比

转速较低时,自主开发的正时链传动系统各中心频率上的噪声与日本原系统相差不大,变化趋势相当。在高转速(转速高于2000r/min)时,日本原正时链传动系统在频率较低时噪声起伏较大,而自主开发的正时链传动系统噪声在各频率段变化都较为平稳。

5. 不同液压张紧器的正时链传动系统噪声对比

上述台架试验中采用的都是日本 DID 公司的止锁环式液压张紧器。为了实现发动机正时链传动系统核心部件的国产化,本课题组自主开发了棘爪式液压张紧器(第2章)并进行了加工装配。为了验证自主开发的棘爪式液压张紧器的性能,在与上述噪声台架试验相同的试验条件下,对自主开发的正时链传动系统+棘爪式液压张紧器和日本原系统+止锁环式液压张紧器分别进行噪声台架试验。试验操作的步骤包括电动机转速的控制和噪声的采集工作,与上述试验步骤基本一致,只是在换装正时链传动系统组件的同时,要进行液压张紧器的拆卸与安装。

1/3 倍频程频谱分析,相同转速下,采用自主开发的棘爪式液压张紧器的正时链传动系统与采用止锁环式液压张紧器的日本原系统所测噪声值随频率变化的趋势基本相同(图 5.99)。在转速低于 2000r/min 时,自主开发的系统在各中心频率上的噪声值都比日本

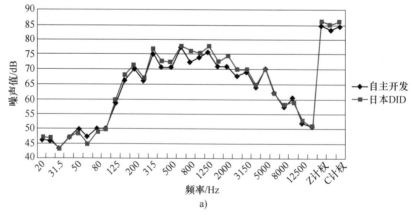

图 5.99 采用不同液压张紧器的两正时链传动系统噪声值对比

a) 1200r/min 时噪声值对比

第 5 章 正时链传动系统噪声测试及振动噪声特性研究 251

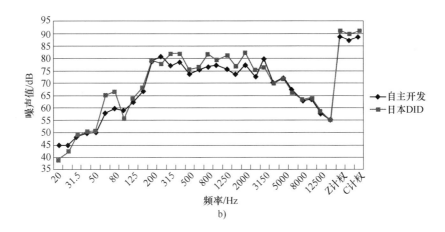

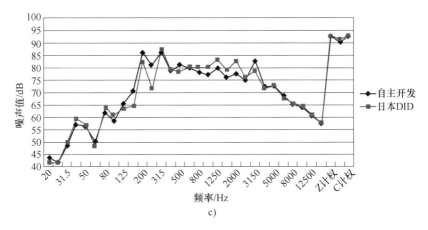

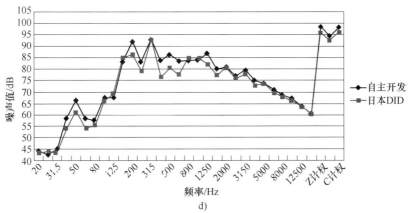

图 5.99 采用不同液压张紧器的两正时链传动系统噪声值对比(续)

b) 2000r/min 时噪声值对比 c) 2400r/min 时噪声值对比 d) 2800r/min 时噪声值对比

原系统略低,所以其 A 计权值比日本原系统低;当转速在 2000~2400r/min 时,在 315~2000Hz 区间内,日本原系统噪声出现较大波动,而自主开发的系统噪声变化较为平稳;在转数为 2800r/min 时,在 400~1600Hz 区间内,自主开发的系统噪声出现较大波动,其值高于日本原系统。

图 5.100 所示为 A 计权噪声值对比曲线，可以看出在曲轴转数从 800r/min 递增到 2800r/min 的过程中，采用自主设计液压张紧器的 TA1 正时链传动系统与日本原系统的噪声值都是逐渐增加的，但是增加的幅度是不同的。在曲轴转速分别为 800r/min、1200r/min、1600r/min、2000r/min 和 2400r/min 时，自主开发的系统比日本原系统的噪声值分别低 0、1.7dB、1.7dB、2.5dB 和 1.1dB，噪声值降低明显；在转速为 2800r/min 时，自主开发的系统比日本原系统的噪声值高出 1.9dB。出现上述情况的原因在于，自主开发的液压张紧器在加工时并不是采用批量化精密加工，因而在柱塞和壳体的加工精度上有所欠缺，这将导致液压张紧器柱塞与壳体之间的油液泄漏间隙比理论值大，通过液压张紧器的滞回曲线（图 5.101）可以看到随着油液泄漏间隙的增大，柱塞所产生的阻尼力逐渐减小，滞回曲线所围成的面积越来越小，这将导致液压张紧器吸收冲击波动的能力逐渐降低，也就是阻尼性能越来越差。由于液压张紧器泄露间隙过大，导致高速运转时，液压张紧器不能及时做出响应，起不到吸收链条波动能量的作用。综上分析，自主开发的棘爪式液压张紧器的性能已经能够达到甚至超过日本 DID 止锁环式液压张紧器的性能，能够满足正时链传动系统对于液压张紧器吸收链传动过程中波动的性能要求。

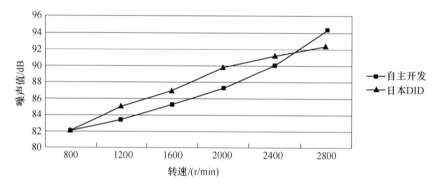

图 5.100　A 计权噪声值对比

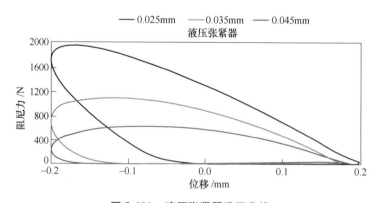

图 5.101　液压张紧器滞回曲线

本部分在相同的试验条件下进行了两次对比试验，首先，在采用止锁环式液压张紧器的前提下，对自主开发的 TA1 正时链传动系统和日本原正时链传动系统进行噪声台架试验。通过两链条试验数据的对比，分析得出自主开发的系统噪声性能已经可以跟日本原系统相当。在中低速时，自主开发系统的噪声比日本原系统稍大，但是两者差距较小，而在高速时自主开发系统的性能优于日本原系统。在之后进行的试验中，在采用与之前相同的外部试验条件下，分别对自主开发的系统和日本原系统使用了相对应的自主开发的棘爪式液压张紧器和止锁环式液压张紧器，进行了噪声台架试验。通过对采集数据进行分析，可以看出，自主开发的液压张紧器吸收振动与噪声的能力已经达到甚至超过日本原系统的液压张紧器，能够满足使用要求，对于发动机核心零部件技术的掌握具有重要的意义。

5.7 改进试验台后的正时链传动系统噪声试验

5.7.1 噪声试验台的改进

5.6 节正时链传动系统噪声台架试验采用的是图 5.102a 所示试验台，试验台中电动机的额定功率为 18.5kW，可实现转速范围 0~3000r/min，采用联轴器传递转矩，因而电动机转速即曲轴链轮转速。该试验台为初次设计，虽然能够满足试验要求，但仍具有一定的改进提升空间。首先，电动机功率较高，体积较大，裸露在试验台的上方，对实际测量的噪声有较大的影响。同时，联轴器在高速转动过程中也会发生振动，进而对整体的噪声产生影响。另外，整机体积较大，重量较高，移动不便。本节结合首次开发试验台的经验，对噪声试验台进行了改进，改进后的试验台如图 5.102b 所示。

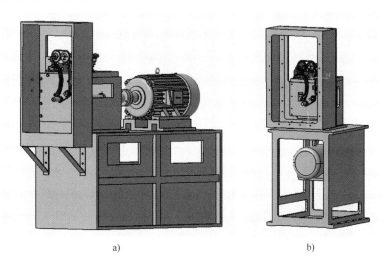

图 5.102 改进前后的试验台模型

相比于上一代试验台，该试验台进行了较大的改动，性能有所提升。在曲轴链轮转速方面，可实现曲轴转速范围 0~4000r/min，较上一代试验台转速提升了 33%。但是本次改进所采用电动机型号为 Y132M-4，额定功率为 7.5kW，仅为上一试验台功率的 40.5%，额定转速为 1400r/min，额定转矩为 51N·m。本次设计的试验台所用电动机额定功率和转速大幅下降，是因为该试验台采用了带传动驱动进行升速，传动比为 2.8，使得电动机额定功率和转速虽然降低，但是曲轴转速反而能够上升到 4000r/min。在降低电动机功率、减小了电动机体积的同时，缩小了电动机转速的变化区间，避免了因电动机转速急剧升高而引起的噪声问题。由于采用带传动替代了联轴器,避免了联轴器在传动过程中的噪声对整体噪声的影响。另外电动机采用底置式,充分利用了试验台箱体的空间,使得整机的体积仅为上一代试验台的1/2,重量降低了一半以上。同时,试验台箱体增加了隔音板,使得电动机在一个密闭的环境中运行,可以起到隔离电动机噪声的作用,降低电动机噪声对实际测量噪声的影响。

5.7.2 改进试验台噪声试验

为了验证改进后试验台的性能,并在改进的试验台上验证自主开发的正时链传动系统的噪声性能,先后对日本大同(原)正时链传动系统和自主开发的TA1正时链传动系统进行噪声的台架测试,本次试验中使用的是同一液压张紧器(原)。

由于是对同一正时链传动系统进行噪声台架试验,正时链传动系统各部件参数相同,测试要求、试验设备和试验方法基本一致,本章不再赘述。但是本次测试最低转速为400r/min,最高转速可达3957r/min。图5.103所示为正时链传动系统台架安装测试图。

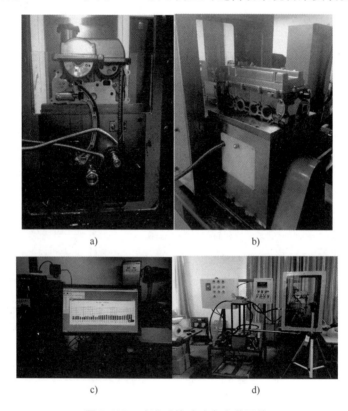

图 5.103 改进后的试验台安装图片

5.7.3 改进后试验结果分析

1/3倍频程频谱分析结果如图5.104所示,可以看出相同转速下,自主开发的正时链传动系统与日本原系统所测噪声值随频率变化的趋势基本吻合。除低频段(125Hz以下)的个别频率区间外,自主开发系统的噪声稍低于日本原系统。在100Hz和630Hz处不论转速如何，始终有噪声的峰值出现。在大于2000Hz区间的噪声值随转速变化比较小，因而推断是机油泵电动机组的噪声。在20~100Hz区间内的噪声主频为电动机转动噪声。

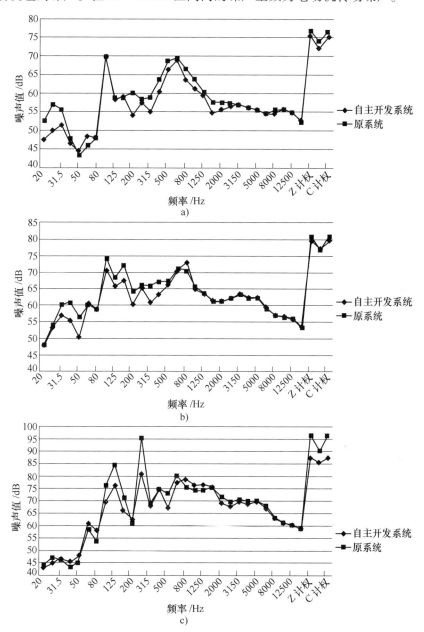

图 5.104　改进后两正时链传动系统的噪声频谱
a) 曲轴转速 400r/min　b) 曲轴转速 2000r/min　c) 曲轴转速 3957r/min

由于链板和链轮存在速度上的差异，在接触的瞬间将会产生强烈的冲击，进而产生较大的啮合噪声。链轮每转过一圈，链轮上所有的齿都与链板产生了啮合，因此，正时链传动系统的啮合频率为

$$f = Z \times \frac{n}{60} \tag{5-72}$$

式中，Z 为曲轴、凸轮轴或机油泵链轮的齿数，n 为发动机转速。

由式（5-72）可以得到，当转速分别为 400r/min、800r/min、1200r/min、1600r/min、2000r/min、2400r/min、2800r/min、3200r/min、3600r/min、3957r/min 时，对应曲轴链轮的啮合频率分别为 140Hz、280Hz、420Hz、560Hz、700Hz、840Hz、980Hz、1120Hz、1260Hz。在所测转速范围内，噪声的峰值都出现在 100～2000Hz 区间内，正时链传动系统的噪声主频在此频率段。

不论在何种转速下，噪声的峰值分布在 100～2000Hz 区间内，这一点可以通过比较 A 计权噪声值和 C 计权噪声值得到，由采集的数据可得，在所有转速情况下，A 计权噪声值小于 C 计权噪声值，两者差值在 10dB 以内，所以噪声呈现低频特性。

通过图 5.105 和表 5.11 可以看出随着转速从 400r/min 递增到 3957r/min，两链条的噪声值都是逐渐增加的。但是，自主开发正时链传动系统噪声值的变化趋势更加平稳，而日本原系统在转速高于 3600r/min 时噪声突然加大。在转速分别为 400r/min、800r/min、1200r/min、1600r/min、2400r/min、2800r/min、3200r/min、3957r/min 时，自主开发的系统比原系统的平均噪声值（A 计权）分别低 1.7dB、1.3dB、0.7dB、0.7dB、0.8dB、1.1dB、0.2dB、4.1dB，在转数为 2000r/min、3600r/min 时，自主开发的系统比原系统的平均噪声值分别高 0.2dB、0.4dB，在允许的范围之内。

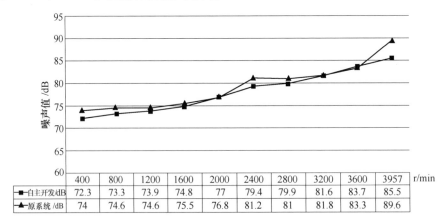

图 5.105　A 计权值对比

表 5.11　改进后两正时链传动系统噪声差值

转数/(r/min)	400	800	1200	1600	2000	2400	2800	3200	3600	3957
自主开发/dB	72.3	73.3	73.9	74.8	77	79.4	79.9	81.6	83.7	85.5
原系统/dB	74	74.6	74.6	75.5	76.8	81.2	81	81.8	83.3	89.6
差值/dB	-1.7	-1.3	-0.7	-0.7	0.2	-0.8	-1.1	-0.2	0.4	-4.1

在台架试验的过程中，机油泵电动机的噪声始终是一个重要的噪声来源，尤其是对原试验台进行改进后，电动机噪声有了明显降低。本次试验中将其定义为背景噪声，因此可以对实际测量到的噪声进行修正，修正后的噪声可以由以下公式得到：

$$L_a = \overline{L_p} - L_y = \overline{L_p} - 10\lg\left(1 + \frac{1}{10^{\frac{L_x}{10}-1}}\right) \tag{5-73}$$

式中，L_a 为去除背景之后的修正值；$\overline{L_p}$ 为实际测量的平均噪声值；L_y 为背景噪声修正值；L_x 为测量噪声与背景噪声的差。

通过对修正后的噪声与实际测量的噪声值进行对比（图 5.106），可以判断润滑油泵电动机组噪声对整体噪声的影响。对两正时链传动系统来说，在低转速时，修正后的 A 计权噪声值与实际测量的噪声值相比差值较大。在转速为 400r/min 时，自主开发系统修正值的差值为 7.7dB，日本原系统修正值的差值为 4.9dB。在转速为 800r/min 时，自主开发系统修正值的差值为 4.7dB，日本原系统修正值的差值为 3.9dB。在转速为 1200r/min 时，自主开发系统修正值的差值为 3.7dB，日本原系统修正值的差值为 3.9dB。此后，随着转速的提高，自主开发系统修正值的差值逐渐和日本原系统相近。可以看出，低速时，油泵电动机组的噪声对自主开发系统噪声的影响要大于日本原系统，但是从整体上看，自主开发系统的噪声值还是低于日本原系统，实际上，油泵电动机组的噪声并没有影响两者的噪声对比结果。随着转速的升高，修正后的数据与实际测量数据的差距越来越小，当转速大于 2000r/min 时，实际测量的噪声值与修正后的噪声值差值几乎可以忽略不计。综上所述，在低转速时，

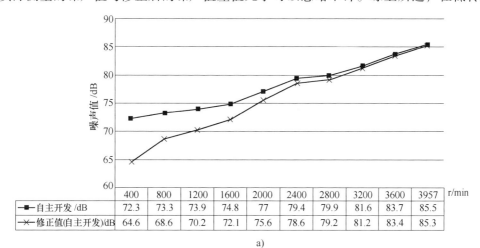

r/min	400	800	1200	1600	2000	2400	2800	3200	3600	3957
自主开发 /dB	72.3	73.3	73.9	74.8	77	79.4	79.9	81.6	83.7	85.5
修正值(自主开发)/dB	64.6	68.6	70.2	72.1	75.6	78.6	79.2	81.2	83.4	85.3

a)

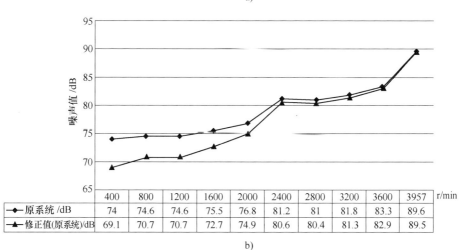

r/min	400	800	1200	1600	2000	2400	2800	3200	3600	3957
原系统 /dB	74	74.6	74.6	75.5	76.8	81.2	81	81.8	83.3	89.6
修正值(原系统)/dB	69.1	70.7	70.7	72.7	74.9	80.6	80.4	81.3	82.9	89.5

b)

图 5.106　修正后的 A 计权噪声值

a）自主开发系统修正噪声值　b）原系统修正噪声值

油泵电动机组的噪声对整体噪声有较大影响，但是随着转速的升高这种影响越来越小，到了高转速时几乎没有影响。同时，不论是实际测量的噪声值，还是修正之后的噪声值，自主开发的系统整体噪声都要低于日本原系统的噪声，进一步验证了自主开发正时链传动系统优良的噪声性能。

5.7.4 改进前后试验结果对比分析

通过分析测量结果可以知道，对试验台进行改进之后，不论是日本原系统还是自主开发系统，整体噪声都有很大程度的降低（图5.107）。但是自主开发系统的噪声降低幅度更大，除了在800r/min时，改进前后的差值为9.4dB，在其他转速上噪声降低的幅度都在10dB以上，并且对应转速上的降幅都大于日本原系统。而日本原系统的噪声也有较大降低，在转速为800r/min、1200r/min、2400r/min时，改进前后的噪声差值为7.9dB、9.9dB和8.4dB，在其他转速，改进前后的差值也都大于10dB（表5.12）。此外，改进后台架试验的噪声在3200r/min时还要低于改进前台架试验在800r/min时的噪声值。改进后电动机对台架试验的噪声值的贡献有较大的降低，这是因为所选取的电动机功率大幅度减小，并且采用了底置式，在台架箱体上增加了隔音板。通过对两次台架试验的结果进行分析，可以看出，不论电动机对台架试验的噪声值贡献度大小如何，自主开发正时链传动系统的噪声性能都要优于日本原系统。

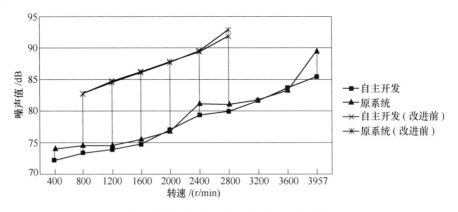

图 5.107　改进前后 A 计权噪声值对比

表 5.12　改进前后正时链传动系统噪声差值

转速/(r/min)	400	800	1200	1600	2000	2400	2800	3200	3600	3957
自主开发/dB	72.3	73.3	73.9	74.8	77	79.4	79.9	81.6	83.7	85.5
自主开发（改进前）/dB	—	82.7	84.7	86.2	87.9	89.4	91.9	—	—	—
差值/dB	—	9.4	10.8	11.4	10.9	10	12	—	—	—
原系统/dB	74	74.6	74.6	75.5	76.8	81.2	81	81.8	83.3	89.6
原系统（改进前）/dB	—	82.7	84.5	86.0	87.6	89.6	92.9	—	—	—
差值/dB	—	7.9	9.9	10.5	10.8	8.4	11.9	—	—	—

图 5.108 所示为改进前后两系统的修正噪声值对比。通过对比发现，不论是日本原系统还是自主开发系统的噪声都有很大幅度的下降，除了在2400r/min时的降幅低于10dB，其

余转速情况下的降幅都在 10dB 以上。并且改进前两系统的修正曲线随着转速变化的趋势相当，从改进后的修正曲线明显看出，自主开发系统的修正值比日本原系统的噪声值低且变化趋势更加平稳，噪声的变化更加稳定，而日本原系统在 2400r/min 时具有较大波动，造成了噪声的急剧增加，因而性能不够稳定。

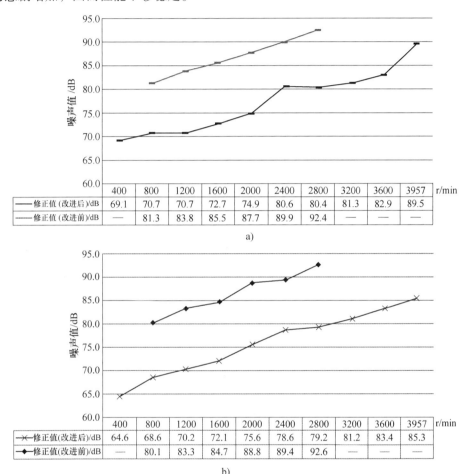

图 5.108 改进前后两系统的修正噪声值对比

a) 原系统修正噪声值对比　b) 自主开发系统修正噪声值对比

将改进前的 A 计权噪声值去除油泵电动机组噪声的影响之后，两系统的噪声值有一定程度的降低，但是降低的幅度很小，最大降低幅度值在自主开发系统，当转速为 800r/min 时，最大降幅为 2.7dB。并且随着转速的提高，修正前后的差值越来越小，机油泵电动机组的噪声对整体噪声的作用越来越不明显。因此，在改进前试验台进行的试验中，机油泵电动机组噪声对整体噪声的贡献度较小。然而整体噪声却比改进之后的噪声高出很多，原因在于第一次噪声测试的台架试验所用的电动机功率较大，且安装位置处在试验台的正上方，因而对实际测量噪声值具有较大的影响，并且联轴器在运转过程中会产生振动增大噪声。图 5.109 所示为改进前 A 计权噪声修正曲线。

前面已经介绍了液压张紧器对于整个正时链传动系统的噪声性能起着极其重要的作用，

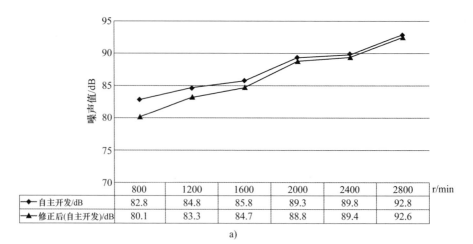

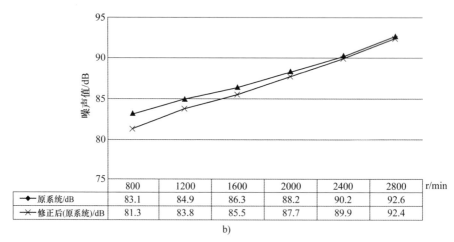

图 5.109　改进前两系统的修正曲线

a) 自主开发系统修正噪声曲线　b) 原系统修正噪声值曲线

因此,液压张紧器性能的优劣也是影响系统噪声级的重要因素。在采用同一挂链条的基础上,分别对两种不同形式的液压张紧器进行了台架试验,并采集到了相关数据进行了分析对比,如图 5.110(选取了部分转速)所示。

通过对相同转速下,采用两种不同形式液压张紧器正时链传动系统的噪声测试,在转速低于 2000r/min 时,在各个中心频率上,采用自主开发张紧器的系统与使用日本 DID 液压张紧器的系统噪声值随着频率变化的趋势大体相同,且自主开发液压张紧器的噪声性能比日本 DID 液压张紧器稍低。在转速高于 2000r/min 时,使用自主开发液压张紧器正时系统的各频率段的噪声值与日本 DID 液压张紧器系统的噪声值相当。

通过 A 计权噪声值对比(图 5.111),可以看出随着转速的升高,采用两种不同形式的液压张紧器的系统的噪声整体上都是逐渐增加的。在转速低于 2400r/min 时,采用自主开发液张紧器的系统和采用日本 DID 液张紧器系统的噪声随着转速的增长趋势吻合度非常高,且自主开发液压张紧器噪声低于日本 DID 液压张紧器,两者的差值分别为 - 0.9dB、- 1.0dB、- 1.0dB、- 0.7dB、- 1.2dB、- 1.1dB。当转速高于 2400r/min 时,虽然采用自

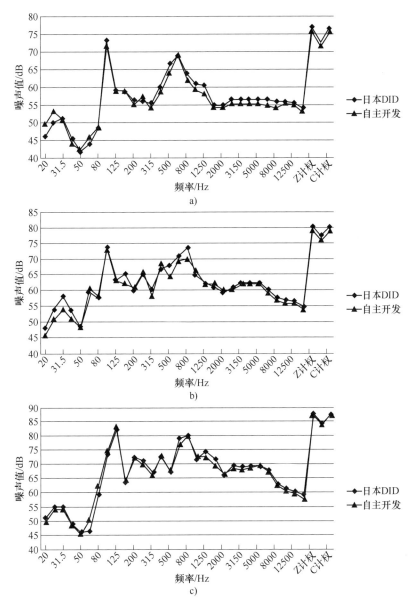

图 5.110 不同转速下两种液压张紧器噪声值对比

a) 400r/min　b) 2000r/min　c) 3600r/min

主开发液压张紧器的系统在 2800r/min 和 3200r/min 时整体的噪声高于采用日本 DID 液压张紧器的系统,但是差值较小,分别为 0.6dB 和 0.2dB。可以看出,自主开发的液压张紧器的性能已经达到甚至优于进口液压张紧器的性能水平。

本部分在与首次台架试验相同的试验条件下,在新型试验台上对相同形式的正时链传动系统进行了噪声的对比试验。在本次进行的试验中,由于电动机布置方式的改变和功率的降低,使得电动机噪声有明显的降低。在都使用日本 DID 液压张紧器的前提下,再次对自主开发的正时链传动系统和日本原系统进行噪声台架试验。通过两挂链条试验数据的对比,得出在电动机噪声对整体噪声影响较小的情况下,自主开发的系统(TA1)噪声性能已经与日

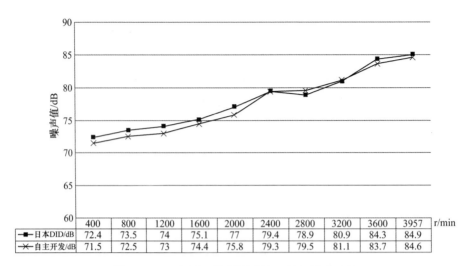

图 5.111　不同液压张紧器系统 A 计权噪声对比

本原系统性能非常接近。在大多数转速工况下，自主开发系统的噪声值要低于日本原正时链传动系统，甚至在转速为 3957r/min 时，日本原系统的噪声突然增大，而自主开发的系统运转依然平稳。通过对 A 计权噪声值进行修正，去除润滑油泵电动机组的噪声之后，得到修正后的噪声值，经过对比发现，在转速较低时机油泵电动机组的噪声对整体噪声的贡献值较大，随着转速的不断升高，这种贡献越来越小，当转速高于 2000r/min 时，润滑油泵电动机的噪声对整体噪声的贡献可以忽略不计。同时经过修正后，自主开发系统的噪声值依然低于日本原系统，在验证自主开发系统噪声性能的同时，也说明了机机油泵电动机的噪声对本正时链传动系统噪声的影响较小。在降低了电动机噪声之后，对实际测量的数据进行了噪声修正，去除了机油泵电动机组噪声对系统噪声的影响，证明了电动机噪声以及油泵组噪声并不能够对实际对比结果产生影响。

5.8　正时链传动系统噪声点火试验

5.8.1　消声室基础理论

通过首次台架试验和改进后的台架试验，可以在正时链传动系统空载时，对系统的振动噪声性能进行验证，在这种工况下，自主开发系统的噪声性能已经与日本原系统相当。然而，台架试验测量的是在正时链传动系统无负载或负载很小（10N·m）的工况下的噪声性能，因而具有一定的局限性。汽车行驶和怠速状态是发动机工作的常态，在发动机点火时刻、怠速和正常工作时，缸内气体对气门的压力波动、活塞高速往复运动产生的惯性力引起的曲轴角速度波动、气门开闭造成的凸轮轴负载转矩的波动、气门连杆对凸轮轴存在瞬时冲击以及发动机负载波动都会对正时链传动系统噪声测量产生较大的影响。

消声室是指无声音反射的室内声学试验室，可以把内部声音反射和外部杂音降到最低（图 5.112）。消声室的六面墙壁上都要铺设吸声材料，所铺设的吸声材料对声能的吸收率极高，必须使声音反射减小到千分之一，在试验室内部形成声学自由场。因而，用于构建消声室的吸声材料，其吸收系数必须不低于0.99。全消声室的优点在于在既能够保存声源的方向信息和声音时程的同时，也能达到较高的声音测试精度水平。但是全消声室成本较高，造价昂贵，使用不方便，地面也铺设了吸声材料，因而不适合对重量较大的工业设备和大型机器结构进行声学测试。

图 5.112 全消声室

由于对重型工业设备和大型机器试验的需要，因此，出现了一种进行声学试验和噪声测试的声学试验场所，称为半消声室（图 5.113）。半消声室与消声室的不同之处在于其地表面采用的是硬质刚性反射面，其余与消声室相同。半消声室虽然精度不如全消声室，但是相对于波长而言，较小的声源依然能够实现保存声源的方向信息的功能，又由于其地面材料使用的是硬质材料，所以能够承受较高的重量，能够承担大型机器、车辆、工程器械和建筑设备等的噪声声压级以及声功率级等的测量任务，而且使用方便。半消声室成本更低，节省资金。但在高频时，当接收器远离地面时，将会产生使声场出现严重偏差的声反射，这将导致声场不再是自由场，因此在半消声室内进行噪声测量的时候具有高频限。半消声室在噪声测试中占有极其重要的地位，是声学试验中非常关键的试验场地。其作用是提供一个具有半自由场空间、低背景噪声的测试环境。

图 5.113 半消声室

5.8.2 噪声点火试验规范

为了更深入的研究自主开发正时齿形链传动系统在实际点火工况和最大转矩工况下的噪声特性，在一汽技术中心全消声室对自主开发正时链传动系统和日本原系统进行发动机点火试验，通过发动机点火试验来研究发动机怠速时刻以及100%负载工况下自主开发的系统与日本原系统的噪声性能。

1. 试验仪器

测试使用BBM振动噪声测量系统，前端序列号：908MM4880。测试用送话器及放大器具体参数见表5.13。

表5.13 送话器及放大器具体参数

通道	送话器 B&K		前置放大器 B&K	
	型号	序列号	型号	序列号
1	4190	2486389	2669L	2502215

活塞发声器型号为B&K4231，序列号1859151。测试所用仪器均在有效检定期内。

2. 试验环境

本试验在动力总成消声室内（图5.114）进行，其内部净空间：$9m \times 8m \times 7m$，采用平板式吸声材料，声学特性符合ISO 3745标准要求。测功机为AVL公司AFA-T 440/2.5-8，发动机点火试验工况控制系统采用的是AVL公司的PUMA OPEN 1.3.2系统。利用IMTECH系统来实现对于消声室内部环境的控制，使室内温度保持在25℃±3℃。

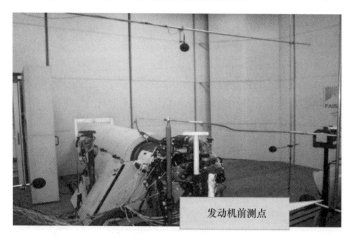

图5.114 测点位置图

3. 试验工况

本次试验在两种稳态工况下进行噪声测试，一种为怠速工况下噪声测量，一种为转速4000r/min下噪声测量（此时发动机负荷为100%）。

4. 试验步骤

利用测功机AFA-T 440/2.5-8模拟发动机的负载工况，利用AVL自动控制系统调节发动机转速，测量时间为20s，利用软件系统记录发动机前面距离参考体1m远处的五个送话器的声压级。测试完毕，换装自主开发齿形链系统，进行相同条件试验。

5.8.3 噪声点火试验结果分析和评价

TA1 发动机在全消声室条件下，在急速工况时，原机（即使用日本原系统时）前测点噪声为 63.9dB（A），换装自主开发齿形链后前测点噪声为 63.7dB（A）。在 4000r/min100% 负荷时，原机前测点噪声为 91.7dB（A），换装自主开发齿形链后前测点噪声为 92.1dB（A）。表 5.14 为噪声测量试验结果。

在急速工况下，安装自主开发齿形链传动系统的试验噪声值比原机噪声低 0.2dB（A），在最大负载转矩工况下即 4000r/min 时，安装自主开发齿形链传动系统的试验噪声值比原机噪声值高 0.4dB（A）。经过分析认为，出现上述状况的原因在于试验所用的自主开发样链系统的链轮齿形加工采用的是慢走丝线切割加工，并没有采用刀具精密加工或粉末冶金技术，这就导致了链轮齿表面粗糙度较大，使得轮齿与链片啮合过程中的滑动摩擦和冲击较大，在低速下影响较小，但是在高速大冲击工况下会引起链片的波动进而使噪声值有所提高。然而即使在这种不利情况下，两者差值依然非常小，能够满足本款自主开发正时齿形链传动系统整体噪声值不高于原系统 0.5dB（A）的技术开发要求。

表 5.14 噪声测量试验结果

发动机转速/(r/min)	负荷（%）	前测点/dB（A）	
		原　　机	换装自主齿形链
急速	—	63.9	63.7
4000	100	91.7	92.1

综上，结合两次台架试验的测试结果和点火试验的结果，可以看出自主开发正时链传动系统与日本原正时链传动系统的噪声性能已经非常接近，因此对于实现发动机齿形正时链传动系统的国产化和自主化具有非常重要的意义。

5.9　本章总结

本文在分析研究发动机振动噪声技术国内外研究现状、链传动的振动特性和发动机正时链传动系统国内外研究现状的基础上，以国产 4D20 柴油发动机振动噪声问题为工程案例，建立了柴油发动机噪声源识别试验流程，并对噪声源即发动机正时链传动系统进行了动力学分析，提出了系统而完整的发动机正时链传动系统振动噪声特性研究与噪声值预测方法流程；与一汽技术中心合作，针对自主开发的 TA1 汽油发动机用正时齿形链传动系统，通过台架对比试验和发动机点火对比试验，对自主开发正时齿形链传动系统与原日本开发系统进行了不同转速、不同试验条件下的噪声特性分析与研究，以期形成国内自主的正时齿形链传动系统噪声特性试验规范与分析能力。具体结论如下：

（1）在阐述改善发动机振动噪声重要性的基础上，详细研究了发动机振动噪声技术的研究方法和国内外研究现状，介绍了链传动的振动特性和发动机正时链传动系统的国内外研究现状。

（2）阐明了柴油发动机正时链传动系统振动噪声产生机理，介绍了噪声测量技术和噪声源识别方法及其理论。为柴油发动机噪声源识别和正时链传动系统振动噪声特性的研究提供了有力的理论支撑。

（3）本章以近场声强、近场声全息理论为基础，针对国产 4D20 柴油发动机振动噪声问题，建立了柴油发动机振动噪声源识别流程。首先，利用 1m 噪声测试对发动机怠速工况、不同转速不同工况下瞬态噪声、不同转速不同工况下稳态噪声进行测试，指出发动机低转速噪声不达标，且发动机前端噪声明显高于其他部位，是发动机主要噪声源。通过对测试数据的频谱分析发现 2000～2400Hz 范围内噪声值极高。接着，利用近场声强法和近场声全息法对发动机前端不同工况下的噪声进行测量，两种方法的测试结果都显示链传动系统盖板部位噪声值最大，在 2kHz 频带附近出现峰值，与 1m 噪声测试结果一致。然后，使用近场声强探头做近距离声强试验，表明正时罩室位置是主要噪声发生源。最后，对正时罩室位置做振动试验，振动试验结果表明盖板处在 2kHz 频带范围，振动测试结果有极高峰值，高达 115～116dB，远远超过标准要求的 100dB，振动试验的测试结果与近场声强法和近场声全息法测量得出的结论一致，说明正时罩室位置为发动机主要噪声源，且发动机低转速工况下 2kHz 频段噪声尤为明显。通过上述试验方法确定正时罩室位置为主要噪声源，因而指出发动机正时链传动系统出现振动噪声过大问题。接下来基于多体动力学理论，以发动机厂家提供的正时链传动系统参数为依据，在考虑边界条件曲轴速度波动和凸轮轴转矩波动对正时链传动系统的影响下，建立了国产 4D20 发动机正时链传动系统的动力学分析模型。分析了正时链传动系统在曲轴转速为 1000r/min 和 2000r/min 稳态工况下的动力学特性。计算结果表明在低转速工况下，在标记链节运转一个周期期间内，链条张力符合受力规律且张力小于链条许用应力，通过对分析数据进行快速傅里叶变换（FFT），分析链条张力频谱，发现在 2kHz 频段幅值大于附近其他频段，与噪声测试结果（即 2kHz 频段噪声极高）相对应。进而对液压张紧器特性进行系统分析，结果表明在运动过程中液压张紧器柱塞位移波动严重，FFT 数据显示液压张紧器在 2kHz 频段内幅值有剧烈波动，指出液压张紧器与正时链传动系统不匹配是造成系统振动噪声的主要原因，液压张紧器为主要噪声激励源。改善液压张紧器阻尼特性，增强液压张紧器对链条的张紧作用后，再次分析正时链传动系统的动力学特性，结果显示液压张紧器柱塞位移波动状况明显改善，频谱分析数据同时表明尽管没有消除正时链传动系统在 2kHz 频段的振动，但是系统振动幅值改善显著，有利于系统振动噪声值的降低。

（4）基于振动分析理论，利用 ANSYS 软件建立发动机正时链传动系统的精确有限元模型，为后续系统振动特性分析奠定基础。对正时链传动系统进行有预应力的模态分析，得出系统前 30 阶模态振型，其模态频率处于 179Hz 和 3038Hz 之间，相邻阶次频率值最大差距为 300Hz，最小仅为 2Hz，系统振型密集，主要集中在张紧导轨和链条上。以液压张紧器激励和链节与链轮的啮合冲击为激励源，对正时链传动系统进行谐响应分析，分析系统在 0～3200Hz 之间的振动响应特性。正时链传动系统变形量云图表明张紧导轨侧变形明显，进一步讨论正时链传动系统 X 方向振动位移响应曲线和 X 方向振动加速度响应曲线，表明在 640Hz 和 2560Hz 处出现振动峰值，该频率与正时链传动系统 4 阶模态振型、26 阶模态振型频率接近，说明这个频段下的激励引起了系统共振。分析正时链传动系统各部件 X 方向振动位移响应曲线和振动加速度响应曲线，在整个频率段内系统在 640Hz 处有剧烈响应，其中张紧导轨在此频率内响应最为剧烈，链条次之。放大 1500～3000Hz 频段可看出，2000～

2400Hz 内有一小峰值，此区间内张紧导轨和链条振动位移较大，在 2400～2700Hz 频段内出现另一峰值，此时固定导轨响应最为剧烈。因而在 2000Hz 频段附近产生噪声的主要原因是张紧导轨与链条的振动。改善液压张紧器阻尼特性后，正时链传动系统振动特性明显改变，尽管优化前后振动位移与加速度响应曲线趋势基本一致，但是，系统 X 方向位移响应曲线和加速度响应曲线在 2000～2400Hz 频段内波动更为缓和，表明优化液压张紧器工作阻尼特性有利于改善系统在此频段内的振动特性。

（5）在声学边界元理论的基础上，建立了完整的正时链传动系统噪声值预测方法流程。以正时链传动系统曲轴转速为 2000r/min 稳态工况下噪声值预测为例，详细阐述了辐射噪声值预测的具体步骤。辐射噪声声功率曲线指出在 0～3000Hz 频段内，600Hz 左右首先出现一个达到 70dB（A）的噪声峰值，随着频率的增加噪声水平逐渐下降，在 1400Hz 左右又开始逐渐升高，于 2100Hz 附近出现一个小峰值，噪声值约为 55dB（A），在 2600Hz 附近系统噪声达到最大值，约 80dB（A），且在正时链传动系统辐射噪声极值频率处，系统噪声云图显示凸轮轴链轮附近噪声值极高。通过分析优化后，在 2000～2400Hz 频段内噪声值相比于优化前得到明显改善，整个频率段内噪声值整体低于 50dB（A），且张紧导轨侧噪声值改善显著，表明改善液压张紧器阻尼特性有利于降低正时链传动系统 2000～2400Hz 频段内的噪声值。

（6）在自主开发的汽车正时链传动系统振动噪声试验台上，在相同的外部测量条件下对自主开发齿形链传动系统和日本原系统进行不同转速下多次噪声测试试验，通过结果对比可以看出，自主开发系统的噪声水平已经与日本原系统相当。此外，还通过对比试验验证了自主开发液压张紧器的优良性能。

（7）在首次自主开发噪声测试试验台的基础上，开发了一种体积更小转速更高的试验台，在改进后的噪声试验台上对两正时链传动系统进行台架试验，再次验证了自主开发系统的噪声性能与日本原系统相当。通过对改进后与改进前的数据进行对比分析，验证了改进后试验台的性能有了较大提升。经过对 A 计权噪声值进行修正，证明电动机及机油泵电动机组并不会对噪声对比产生影响。

（8）为了研究自主开发正时齿形链传动系统在实际点火工况下的噪声特性，在动力总成消声室对自主开发正时链传动系统和日本原系统进行了发动机点火试验。通过发动机点火试验研究了发动机点火时刻以及 4000r/min 满载时正时链传动系统噪声特性，将得到的数据结果进行了对比分析，发现自主开发正时链传动系统与日本原正时链传动系统的噪声性能已经非常接近，验证了自主开发齿形链传动系统优良的噪声特性。

参 考 文 献

[1] 吕静，陈达亮，舒歌群. 汽车噪声法规标准及主要控制技术 [J]. 天津汽车，2007，4：22-26.
[2] 杨安杰. 汽车噪声标准与测试探讨 [J]. 噪声与振动控制，2010，30（4）：110-114.
[3] 孙林. 国内外汽车噪声法规和标准的发展 [J]. 汽车工程，2000，22（3）：154-158.
[4] 李兆文. 柴油机燃烧噪声影响机理及控制研究 [D]. 天津：天津大学，2009.
[5] 王厚记，邓兆祥，王攀. 内燃机配气机构噪声控制 [J]. 现代制造工程，2009，11：124-127.
[6] 李帅. 发动机配气机构振动噪声研究 [D]. 长沙：湖南大学，2012.
[7] 孙少军. 重型车用发动机振动与噪声控制的理论与应用研究 [D]. 天津：天津大学，2008.

[8] 张俊红,郑勇. 内燃机振动噪声的多体动力学分析 [J]. 中国机械工程,2006,17 (1): 25-28.

[9] 李玉军. 柴油机结构噪声预测及其优化控制的研究 [D]. 武汉:武汉理工大学,2007.

[10] S H CHO, S T AHN, Y H KIM. A simple model to estimate the impact force induced by piston slap [J]. Journal of Sound and Vibration, 2002, 255 (2): 229-242.

[11] TUAN ANH NGUYEN, YUICHIRO KAI, MASATO MIKAMI. Study on combustion noise from a running diesel engine based on transient combustion noise generation model [J]. Journal of Automotive Engineering, 2012, 3: 131-140.

[12] 姚德源,王其政. 统计能量分析原理与应用 [M]. 北京:北京理工大学出版社,1995.

[13] 马晓文. 基于统计能量分析方法的内燃机噪声预示 [D]. 大连:大连理工大学,2006.

[14] 刘爱群,陈文枢,张兴准. 统计能量分析法在发动机噪声控制中的应用 [J]. 北京邮电学院学报,1989,12 (3): 9-16.

[15] 胡旭东,刘小勇. 基于统计能量分析的火箭发动机噪声测试分析 [J]. 压电与声光,2010,32 (3): 487-489.

[16] W L, AGREN A. Applicability of the experimental statistical energy analysis to an engine structure [R]. SAE Technical Paper, 1995.

[17] MAHALINGAM S. Transverse vibration of power transmission chains [J]. British Journal of Applied Physics, 1957, 8: 145-148.

[18] WANG K W. Vibration analysis of engine timing chain drives with camshaft torsional excitations [C]. In Proceeding of 1991 Noise and Vibration Conference, May 13-16, 1991, Traverse City, Michigan, USA. SAE, 1991: 196-207.

[19] TROEDSSON I, VEDMAR L. A dynamic analysis of the oscillations in a chain drive [J]. Journal of Mechanical Design, 2001, 123 (3): 395-401.

[20] JACK S P LIU, DAS RAMNATH, RAJESH ADHIKARI. Analytical prediction for the chain drive system resonance [J]. SEA: 2007-01-0112.

[21] Zheng H, Wang Y Y, Liu G R, et al. Efficient modelling and prediction of meshing noise from chain drives [J]. Journal of sound and vibration, 2001, 245 (1): 133-150.

[22] NARAYANASWAMY R, GLYNN C D. Vibro-Acoustic methods to predict chain noise in automotive transfer cases [R]. SAE Technical Paper, 2005.

[23] 张广义,李欣欣,毛成斌. 滚子链传动的横向振动 [J]. 起重运输机械,2003,7: 40-43.

[24] 宁兴江. 基于多自由度系统模型的链传动横向振动研究 [D]. 长春:吉林大学,2006.

[25] 宋薇,张海燕,陈小军. 基于 MATLAB 的印刷机传送链条振动特性 [J]. 轻工机械,2007,6: 20-23.

[26] 罗一扬. 链传动系统之声场模拟流程与修正方法 [D]. 台南:台湾成功大学,2010.

[27] 孙威. 齿形链传动系统振动声辐射研究 [D]. 长春:吉林大学,2013.

[28] 彭国民,马小英,蓝军,等. 汽油机链传动啸叫噪声研究 [J]. 汽车工程学报,2011,1 (Z1): 26-32.

[29] 梁兴雨. 内燃机噪声控制技术及声辐射预测研究 [D]. 天津:天津大学,2006.

[30] 荣长发,郑志峰. 啮合冲击载荷对链传动的影响及其改善措施 [J]. 石油矿场机械,1991,20 (6): 16-19.

[31] Zheng H, Wang YY, Liu G R, et al. Efficient modelling and prediction of meshing noise from chain drives [J]. Journal of Sound and Vibration, 2001, 245 (1): 133-150.

[32] 胡玉梅,范芳,雷应锋. 发动机凸轮轴负载扭矩计算及振动控制分析 [J]. 重庆大学学报,2013,36 (1): 15-21.

[33] SAKA Z, YILMAZ Y. Torsional vibrations of camshafts [J]. Mechanism and Machine Theory, 1992, 27

(3): 225-233.

[34] Yu X H, Zhang J D. Vibration prediction of power transmission device based on elastic vibration of crankshaft [J]. Journal of South China University of Technology (Natural Science Edition), 2007, 35 (2): 47-49.

[35] SINGIRESU S RAO. Mechanical vibrations [M]. 5th ed. Miami: Prentice Hall, 2011.

[36] 王孚懋, 任勇生, 韩宝坤. 机械振动与噪声分析基础 [M]. 北京: 国防工业出版社, 2006.

[37] 池万刚. 采用近场声强测量研究电机表面声学特性 [J]. 电机技术, 1998 (2): 36-38.

[38] DONAVAN P, RYMER B. Quantification of tire/pavement noise: Application of the sound intensity method [C]. Proceedings of Inter-Noise, 2004.

[39] WILLIAMS E G. Regularization methods for near-field acoustical holography [J]. The Journal of the acoustical society of america, 2001, 110 (4): 1976-1988.

[40] 于飞, 陈剑, 周广林. 噪声源识别的近场声全息方法和数值仿真分析 [J]. 振动工程学报, 2003, 16 (3): 339-343.

[41] 陈克安, 曾向阳, 李海英. 声学测量 [M]. 北京: 科学出版社, 2005.

[42] 刘鹏, 刘更, 吴立言, 等. 有限元/边界元方法在卡车驾驶室声学分析中的应用 [J]. 噪声与振动控制, 2005, 25 (3): 25-28.

[43] VIRTUAL. Lab Acoustics 声学仿真计算从入门到精通 [M]. 西安: 西北工业大学出版社, 2013.

[44] VIRTUAL. Lab Acoustics 声学仿真计算高级应用实例 [M]. 北京: 国防工业出版社, 2010.

[45] 邓晓龙, 李修篷, 冯敬. 基于 Virtual Lab/Acoustic 的发动机结构噪声预测 [J]. 噪声与振动控制, 2008, 27 (6): 80-83.

[46] 庞剑, 谌刚, 何华. 汽车噪声与振动理论与应用 [M]. 北京: 北京理工大学出版社, 2006.